U0045316

天下文化

BELIEVE IN READING

社會人文 BGB507

正義之戰

中日戰爭激發中國新民族主義

CHINA'S GOOD WAR

How World War II Is Shaping a New Nationalism

芮納・米德 Rana Mitter ── 著
劉維人、廖珮杏、盧靜 ── 譯

獻給馬拉維卡與依斯干達

For Malavika and Iskandar

復活的死者

死去的士兵夢著

離去的愛人

無暇

悲痛

——紀堯姆．阿波里奈，〈關懷〉

Ce sont les morts qui se relèvent

Ce sont les soldats morts qui rêvent

Aux amours qui s'en sont allés

Immaculés

Et désolés

—Guillaume Apollinaire, *Les Attentives*

目錄

第一章　熱戰與冷戰：一九三七至一九七八年間的各種衝突　57

第二章　歷史之戰：歷史研究如何影響中國政治　105

第三章　記憶、懷舊、顛覆：

第四章　舊記憶與新媒體：

第五章 由重慶到延安：地方記憶與抗戰認同 257

第六章　開羅症候群：二戰與中國當代的國際關係 317

正義之戰

中日戰爭激發中國新民族主義

CHINA'S GOOD WAR

How World War II
Is Shaping a New Nationalism

分享出版者的初心

高希均（遠見．天下文化事業群創辦人）

（一）出版「翻譯本」的初心

在選擇英文或其他外文，翻譯成繁體字中文版時，我們希望每一本書，都能達到信、達、雅的境界。

譯著的範圍涉及經濟、政治、社會、科技、文化、國際關係等主題時，外國作者有他（她）們的價值判斷，我們出版的態度一如中文版：就這些作者撰述的，我們尊重；如果因此引起的爭論，我們同樣尊重。我們的出版以專業水準檢驗內容，不以自己的主觀價值來評論對錯。

我們希望透過博學多才外籍作者的素材、論點、故事，為國內讀者開啟一扇全球化潮流中的知識之窗，其中進步的要學習；卓越的要吸收；偏執的要了解；傲慢的要避免；我們絕不能變成井底之蛙或陷入自我感覺良好。

「民主」與「科學」在大陸與臺灣猶待扎實的深耕；我們所重視的「經濟」與「教育」，所嚮往的「文化」與「文明」，所追求的永續發展、天人合一，也還有很長的路要走。

出版優秀的中譯本，希望它具有催化加速的功能。

（二）唯有和平，才是閱讀戰爭史的積極動機

二次世界大戰序幕在歐洲大陸揭開之前，中國早已在對日抗戰的戰火下，煎熬近十

年。戰後七十多年來，臺海兩岸、美國與日本等國的學者與政治人物對中日戰爭的歷史書寫軌跡，盡在本書作者米德（Rana Mitter）教授巨細靡遺的爬梳之中，本書呈現這場苦難戰役如何影響著現今全球的權力運作，及至今日地緣政治的大國角力。然而在這當中，我們必不可遺忘的，是上一代人在戰火下承受的苦難。

天下文化曾出版對日抗戰的重要相關著作：

1.《被遺忘的大屠殺：一九三七南京浩劫》（張純如；一九九七年）

2.《巨流河》（齊邦媛；二〇〇九年）

3.《我們生命裡的七七：從蘆溝橋到中日八年抗戰》（張作錦、王力行主編；二〇一四年）

4.《血淚與榮耀：郝柏村還原全面抗戰真相 1937-1945》（郝柏村；二〇一九年）

這些作品不僅深受研究政治與戰爭史的學界重視，亦是膾炙一時的暢銷且長銷書籍。

本書作者米德的上一本著作《被遺忘的盟友》（*Forgotten Ally: China's world war II1937-1945*）亦是天下文化的譯作，出版後米德教授於二〇一四年來臺參加學術會議，與我和齊邦媛教授等朋友見面。米德教授是一位年輕的印度裔英國歷史學者，略通中文。這次他以專業的歷史解讀，帶領大家重新回看二戰後的政治與歷史書寫，他大量引用官方與民間出版品與史料，齊邦媛的《巨流河》、張純如的《被遺忘的大屠殺》皆見引於本書，米德的多方視角讓《正義之戰》更具時代性。我們從中看到的兩層歷史意義：（一）抗日戰爭的詮釋，兩岸在不同見解下，有共同的肯定，這是歷經七十年的和平契機，我們應當珍惜且持續交流；（二）戰爭始終有著相悖的二元矛盾：既勝利光榮，實則是毀滅；不論勝利者在戰爭結束後如何宣揚光榮，毀滅帶來的災難，更多是無以計量與回復的。

苦難之後的七十餘年，當各大國都在利用各種紀念二次大戰勝利的機會，宣揚關於自己的勝利與戰後的發展，此刻讀這本書，我們更要警惕：如何避戰，正是我們這一代人最大的責任。

二〇二四年十月于臺北

前言

中國的戰爭、記憶、民族主義

二戰結束大約八十年後，北美、歐洲、亞洲大部分地區的人們依然不斷想像過往那段歷史。布洛考（Tom Brokaw）一九九八年出版的著作《最偉大的世代》（*The Greatest Generation*），以及史蒂芬・史匹柏（Steven Spielberg）與湯姆・漢克（Tom Hanks）二〇〇一年的影集《諾曼第大空降》（*Band of Brothers*），在美國都大受歡迎，至今依然不斷影響著美國文化。英國政治人物把英國脫歐的決定，說成敦克爾克戰役（Battle of Dunkirk）和不列顛戰役（Battle of Britain）；情境喜劇《老爸上戰場》則文雅地調侃二戰時期的英國國民軍（Home Guard），開播半個世紀以來，至今仍在電視上反覆播映。*日本人用電影探討各種主題，從戰線大後方人民的苦難，一路拍到神風特攻隊員的心理狀態。波蘭法院直接裁定要以什麼樣的方式來描述納粹占領時期的滅絕營，才符合法律。[1]第二次世界大戰離現在思考這個主題的社會已經相當遙遠；但美國、東歐、西歐、日本的人們都還隱隱記得全球衝突的影響有多大，這道暗流只要輕輕一撥就會浮出水面。

但也許更令人驚訝的是，中國也不例外。外國人提及中國的集體記憶，通常都會想到文化大革命、十九世紀的鴉片戰爭這類歷史事件，其中很多都帶著創傷。如果是更正面一點的，大家會想到古中國傳承下來的思想。但其實中國過去幾十年開始愈來愈在乎另一段歷史：二戰的歷史，也就是中國人所說的抗戰。如今北京會有成千上萬的學生排成一列參觀中國人民抗日戰爭紀念館。南京大屠殺、河南饑荒，以及各種抗戰題材的電影，在排行榜上高居龍頭。網友會在討論區聊一九三七年淞滬會戰的細節，評估當時對峙在黃浦江兩岸的中國軍隊與日軍的實力差距。

二〇一五年的一場活動，讓我們看見中國公領域如何看待抗戰，如何從過去的回憶思考未來。那年的九月三日，北京市中心的天安門廣場舉行大閱兵，一輛輛飛彈車、坦克，以及一排排的士兵，在海內外成千上萬觀眾的眼前走過。這場閱兵是為了紀念二戰在亞洲結束七十週年，調性卻與歐洲各國在春天舉行的紀念活動相差甚遠。歐洲的活動氣氛哀戚，無論是一月的奧斯威辛集中營解放紀念，還是五月的歐戰勝利七十週年紀念，都在述說過去的戰爭已經結束，參加活動的退伍老兵和倖存人民都知道，他們之中大半的人都會在八十週年紀念前歸於塵土。中國卻非如此，雖然退伍老兵被放在閱兵的中心位置，人們卻更強烈地覺得這場活動不是在向舊中國告別，而是在見證新中國的崛起。

這場活動還有另一項重要意義。這是中國第一次以全國性的大型活動，公開紀念中國在二戰中的角色。中國對於抗戰集體記憶的態度，在這三十多年來改變甚大，並對國內政治與國際關係產生重大影響。而這次活動正是重要的里程碑。

*譯注：這部影集於一九六八年至一九七七年在英國廣播公司（BBC）播出；二〇〇四年，榮獲觀眾票選出來的十二部最佳情境喜劇（Britain's Best Sitcom）之一，排名第四。

我參加了那場閱兵。在花了大約二十年去觀察、書寫中國對待抗戰歷史的態度如何變化之後，我覺得這場典禮實在太有趣了，它證實了我之前思考了好一陣子的想法。在二〇一三年出版了講述中國抗戰史的《被遺忘的盟友》（北美書名為 *Forgotten Ally*，其他地區則為 *China's War with Japan, 1937-1945*）之後，我愈來愈相信抗戰在中國並沒有遠去，而是一直留在博物館、電影、新媒體等各種日常生活之中。二〇一四年，貝爾法斯特女王大學（Queen's University Belfast）邀我開設懷爾斯講座（Wiles Lectures），讓我思考中國人為什麼會在最近四十年，突然在政治與文化中開始回憶一九三〇年代與一九四〇年代。而紀錄片《二戰：被中國遺忘的戰爭》（*WWII: China's Forgotten War*）的訪談，也讓我思考媒體如何去呈現這場戰爭。[2]

上述各項結果催生了這本書，我將在本書中指出，中國回憶抗戰的方式，與它目前國內的民族主義認同和它在國際上扮演的角色密切相關。只要涉及到領土爭議或者撰寫愛國教材，中國就會不斷提到抗戰。當代中國是以大步跨向亞洲與全世界的自信，以及國內同等堅定的民族主義政治信念所打造出來的。而這兩個因素表面上未必與中國對二戰歷史的看法有關，但其實都深受其影響。

中國對二戰的看法，包括戰爭中的事件、戰爭的目的、戰爭的遺留影響等等，深深影響了它與其他國家交流的方式，而且與過去表現出來的形象差很多。在冷戰期間，中國基本上都說自己是個共產、革命、反帝國主義的國家。到了二十一世紀，它卻不僅以偉大的經濟成就來進行國際交流，更以此述說自己。但中國的經濟成長傳奇幾乎完全不提道德問題。原因之一是中國雖然藉由加入世界貿易組織（WTO）、協助降低全球暖化等方式來分擔道德義務，但並不遵守人權規範等發展中國家的行為準則。

如今的中國自信滿滿，不僅主張擁有東海與南海的領土，也試圖影響目前的國際秩序，甚至在二〇一五年設立亞洲基礎設施投資銀行來打造新秩序。但同時，中國也迫切想找理由，試圖使其他國家不僅因為中國的經濟與軍事實力而追隨，更認為在道德上有理由接受它的領導。其證據之一，就是它正近乎偏執地發展奈伊（Joseph S. Nye Jr.）所說的「軟實力」。[3]

政治學者史密斯（Rogers Smith）以「道德建構敘事」的概念，來解釋社會為什麼會深深相信某些說法。[4] 中國最近就建構了一整套故事，說這個國家不僅如今相當強大，而且從二戰開始就是正義道德之邦。[5] 用美國前國務卿艾奇遜（Dean Acheson）的話來說，中國思想家主張這個國家「參與了創造世界的過程」，是打造二戰後世界樣貌的領導者之一。因此中國可以像美國一樣，以戰勝國為由，去決定自己與亞洲國家的關係；也可以像其他二戰盟國一樣，以自己對二戰勝利的貢獻來支持自己目前的作為，維護自己的聲望。

但中國處理抗戰史的方式，對中國外交方針的影響與對其國內的影響緊密相連。抗戰回憶改變了中國內部的政治文化。階級是中國在毛澤東時代的身分核心，但到了鄧小平時代，資本主義的復興讓階級之間的差異愈來愈模糊，需要一個階級以外的理由來維繫國家認同。而不同階級共同抵抗日軍入侵的故事，這時候就成了打造新型民族主義的利器。

現代中國當然不只有這四十年來的抗戰敘事。中國在上個世紀最強調的故事，通常都是共產黨的崛起與勝利。除此之外，中國的經濟成長，鴉片戰爭、殖民、治外法權等被壓迫的往事，以及在國際社會中「挑起擔子」等想法，也都產生深刻影響。

但某些歷史敘事就是比其他故事更有力量。一些學者指出，中國之所以很喜歡提「國恥」故事，就是因為它可以用過去列強對中國的侵略與敵意，來要求當代的其他國家尊重當代中國，給中國更多地位。例如中國就常拿十九世紀的鴉片戰爭來說其他國家一直欺負它。但這種譬喻有個缺點：中國在故事中打了敗仗，看起來一點都不強大。同理，一九二〇年代的軍閥割據、一九四〇年代的國共內戰、一九六〇年代的文化大革命，也都很難讓中國人產生民族主義。至於孔子那些古代思想家的傳統中國哲學，雖然能讓中國人覺得自己很有文化，卻很難讓人覺得中國打造了現代世界。相比之下，二戰顯得相當好用，其他二戰盟國都成功利用這段歷史把自己說成強大勝利的正義之師，中國自然也可以。習近平就說過，「中國人民抗日戰爭勝利，是近代以來中國抗擊外敵入侵的第一次完全勝利。」二戰讓中國浴火重生，一躍成為世界強國。[6]

近年來，關於抗戰的論述在中國變得很重要，但其實相關的話題還是分析得不夠，而這也正是本書的出版目的。本書不是要討論中國公共生活中的所有二戰論述，不是要從各種抗戰電視劇談到學校教科書；但我會在書中提到一些外交策略、史學論爭、賣座電影、線上討論串、公立博物館等等，從中可以看出，在改革開放之後，抗戰變得多麼重要。在中國一邊重塑亞洲地區的秩序、一邊強化國內民族主義的二〇一〇年代與二〇二〇年代，若要了解今天的中國究竟如何建構自己的國家概念，以及如何看待自己在國際社會中的地位，那麼抗戰的故事與遺緒就是相當重要的一環。

二戰與中國在國際秩序中的地位

中國政府一直在推動一種新的二戰集體記憶，藉此讓中國能夠更合理的在國際秩序中扮演現在的角色。許多分析中國行為的研究，都著重於中國是否遵守各種國際規範，或者這個大國的作風是否符合修正主義。伊肯伯里（John Ikenberry）和江憶恩（Alastair Iain Johnston）這些學者認為，中國雖然想擠進目前還算自由主義的國際秩序，但只要碰到聯合國的「國家保護責任」（responsibility to protect）或者世貿組織的國際貿易規範這類問題，就會想把相關國際秩序修改成對自己有利的樣子。米爾斯海默（John Mearsheimer）*和艾利森（Graham Allison）**的看法則更激進，他們認為崛起的中國想取代美國在亞洲的霸權。[7]

中國顯然想在亞洲當老大，在全世界扮演重要角色。[8] 其中一種方法是利用物質、軍事、經濟手段，另一種則是靠說詞。學術界對前一種有比較全面的研究；以經濟為例，二〇〇〇年後許多人都認為中國的全球經濟地位不斷上升。[9] 弗格森（Niall Ferguson）提出的「中美共同體」（Chimerica）概念，認為中國買了很多美國國債之後，已經跟美國纏在一起。[10] 二〇〇七年至二〇〇八年的金融危機提升了中國的經濟地位，就在那些西方主要大國即將系統性崩潰的時候，中國決定印鈔票打造基礎建設來穩住全球經濟，同時調整自己的基礎設施（不過代價是十年後出現了房地產與信貸泡沫）。二〇一三年更是大膽提出

＊譯注：美國著名國際關係學者，以「攻勢現實主義」（offensive realism）著名，認為國家為了保障自身，勢必會想稱霸，過程中可能無法避免戰爭。

＊＊譯注：美國著名國際關係學者，以修昔底德陷阱（Thucydides's Trap）一詞形容中國崛起造成的危機，認為新興強國威脅到既有霸主地位時，雙方難以避免戰爭。歷史上十六次這種危機中，有十二次都發生了戰爭。

了「一帶一路」計畫，打算花費多年建造一條以東南亞為起點的道路，穿過東非與中歐，一路連到西歐的貿易與商業區。一帶一路的初期計畫，以及建立亞洲基礎設施投資銀行的行動，顯示了中國打算成為經濟金融大國，並讓人民幣緩慢地國際化。到了二〇一七年，川普（Donald J. Trump）要求美國退出《跨太平洋夥伴協定》（Trans-Pacific Partnership）的決議，更是讓中國為亞太地區提出的《區域全面經濟夥伴協定》（Regional Comprehensive Economic Partnership）愈受重視。中國在亞太地區的經濟影響力持續成長，卻無法獲得貿易夥伴的信任，這些國家都擔心中國的野心太大，而且太難以預測。[11]

不信任的原因之一來自中國軍費增加。中國在二〇〇〇年的軍事開支大約是每年一百二十億美元，二〇一九年卻增加到每年一千七百五十億美元。解放軍的人數大約有兩百多萬，無論怎麼看都是全世界最大的武裝力量。[12]中國外交政策透露出來的風向原本就彼此矛盾，加上決策過程不透明，就更令人擔心了，就連中國自己也因決策不透明而無法制定出清楚的外交方針。富特（Rosemary Foot）說得好，北京這方面的錯誤決定，讓它難以在亞洲充分實現外交願景。[13]

自從一九四五年以來，美國就一直支持那些維持軍事與經濟安全的國際機構，藉此維持自由國際秩序（liberal international order）。美國雖然自己常常違反這套制度背後的自由主義價值，尤其在亞洲和拉丁美洲格外嚴重，但這些價值確實形成一套規範，可以用來批評這類行為。二〇〇〇年代，中國發現自己有必要打造另一種國際話語權，而且因為目前的體系對國際社會很有吸引力，這套新說法必須保有既存體系的優點。於是，這套新的國際話語權大部分都只提中國，只定義中國在國際間的地位，而不討論其他人。它對其他國家的政策大部分都刻意跟美國唱反調：它強調不干涉其他國家的內政、不強加特定的經濟援助。因此，人們認為它想用來進一步影響亞洲地區的意識型態論述，幾乎無法形成一套「厚實的規範」（thick norms），無法長出一整套緻密的法律、假設、習慣網絡，去嵌入附近國家的生活。因為這些規範論述太淺薄（thin），人們就更擔心中國會說變就變，會突然某一天捨棄這些論述，再次用現實主義世界觀來比拳頭。中國外交部長楊潔篪二〇一〇年在河內的東南亞國協會議上的演講就有這種影子，他怒不可遏地說：「中國是大國，其他國家只是小國，這是不爭的事實。」14

只不過，即使其他國家真的是小國，楊潔篪的這種言論也不會讓別人更覺得應該讓中國成為霸主，反而會讓人覺得中國就像它經常譴責的西方列強一樣，不斷咄咄逼人。其實從一九八〇年代起，北京就開始出現一種以二戰為主軸的新論述。這種論述一方面想要進一步證明目前的中國的確有權控制一九四五年之後的領土，另一方面則想讓日本在亞洲徹底出不了頭，此外，還想名正言順提高中國在亞洲和全世界的分量。

中國的歷史修正主義想以另一種方式詮釋亞洲當代秩序的起源，藉此取代以美國為核心的「參與了創造世界的過程」那種說法。雖然這套詮釋是為了說給中國人聽的，但打造它的人們也希望在時機來臨時能推廣到國外。目前最有名的戰後秩序創始故事，把美國當成主角，中國在故事中即使不是跑龍套的，最多也只是阻礙故事進行的配角。照這個故事的說法，美國在一九四一年珍珠港事件後參戰，一邊制定歐洲優先的戰略，一邊提供夠多的支援和力量阻止亞洲落入日本之手。[15]後來它在日本投下原子彈，瞬間結束亞洲戰場之後，獨自占領日本，不用像德國那樣，得在一九四五年春天跟其他歐洲國家協商該怎麼瓜分。而中國原本可以成為亞洲秩序的要角，卻在一九四九年國民黨敗給共產黨之後淪為一場幻夢。在一九五一年讓美國結束占領日本的《舊金山和約》（Treaty of San Francisco），既排除了中華人民共和國，也排除了臺灣的中華民國。

戰後秩序奠基在兩件事實之上。第一件事，中國被隔絕在美國和大部分西方國家之外。第二件事，美蘇兩國各自擁有友好國或附庸國，美國主導了南韓、臺灣、大部分東南亞和大部分大洋洲，甚至還跟日本建立正式的安保聯盟；共產主義則控制了越南、北韓、中國。後來中蘇在一九六〇年代決裂，美國得以在一九七二年和中華人民共和國建立連結，進一步主導亞洲。到一九八九至一九九一年歐洲冷戰結束時，亞洲的現有秩序卻仍停留在一九四五至一九五二年建立的模式中。

中國並不認為戰後秩序是這樣形成的，它以前很少把自己的詮釋具體陳述出來，近年卻說得愈來愈清楚。在中國的版本裡，亞洲戰場不是從珍珠港事件才開始的，二戰早在一九三七年的中日戰爭就爆發了（中國政府在二〇一七年甚至將其進一步提早到一九三一年的九一八事變）。中國在沒有正式盟友的狀態下獨自打了四年半的仗，直到一九四一年才有美國與大英帝國的加入。在二戰最後幾年以及戰爭剛結束的幾年，其他國家保證之後會給予中國援助、提升中國的國際地位，並邀中國共同打造戰後的亞洲秩序。但一九四九年共產革命成功之後，中國卻被孤立了，美國也趁機在蘇聯幾乎毫不干預的狀態下成功掌控了亞洲，打造了目前的架構。不過，到了一九七一年，中國從臺灣政府手中拿走了聯合國常任理事國的席次，等到冷戰結束時，中國的半個身子已經進入了一九四五年後國際秩序的殿堂中。根據上面這種詮釋，大部分的人至今都太過忽視，或太低估中國在戰後國際秩序誕生過程中扮演的角色。中國的分析者如今主張，如果美國可以用二戰時的貢獻為由支配亞洲數十年，中國當然也可以。

這種論述和另一種在中國之外更常聽到的說法有關：中國打算在二十一世紀初重新成為亞洲霸主。楊潔篪二〇一〇年盛怒之下的言論就是個好證據。但看看中國重新詮釋二戰的方式就會發現，它不僅僅是想奪回歷史上持續很長一段時間（longue durée）的主導地位，更想「參與重新創造世界的過程」，對既有秩序做更細緻的處理，改造成它想要的樣子。但要完成這項任務，就更需要一套道德論述去抗衡美國在冷戰後與亞洲國家的關係，因為日本、臺灣、菲律賓這些國家主要都是在民主政治的基礎上決定主動和美國交好，而非出於美國的強迫。如果中國要改造這套秩序，就得找到一套道德上說得通、但不需要民主同意（democratic consent）的論點。

如果你覺得這實在太虛偽，你可能要了解，除了中國的政治宣傳人士，還有很多人都想扭轉人們對一九四五年後世界秩序起源的看法。最近的學術研究發現，一九四五年後的秩序似乎並不像過去以為的那樣，是由一小群美國與歐洲國家高層人士決定的。例如赫雷那（Eric Helleiner）就指出，戰後布列敦森林體系（Bretton Woods System）的成立與很多勢力都有關係，尤其來自亞洲和拉丁美洲的影響力特別大。[16]

不過，如果中國要重新解釋自己一九四五年以降的國際地位從何而來，就不得不面對許多尷尬問題。其中之一就是必須重新看待蔣介石的國民政府，畢竟戰後許多與中國有關的安排，例如打造布列敦森林體系、打造好幾種國際經濟與社會組織，以及戰爭罪的審判等等，都是蔣介石的國民政府而非毛澤東的共產政府去參加的。為了讓故事能說得通，中國以不說白的方式，明顯重新肯定了國民政府在抗戰中的貢獻。而平反國民政府的過程，正是本書的主題之一。

這種修正主義說法對歷史研究有其重要意義。中國對二戰的貢獻也許並不像支持這套說法的人所宣稱的那麼大，但在目前全球戰爭史學中確實被嚴重低估。儘管如此，我並不認為中國可以用在二戰中對盟軍勝利的貢獻為由，恣意改動目前亞洲的領土與法律秩序。雖然目前的秩序是奠基於二戰的遺澤，但也包含了很多別的東西，例如亞洲各國在文化與價值觀上走向民主，就跟美國的影響有很深的關係。而二〇一〇年代浮現的大問題之一，就是跑出一個比之前的美國總統更不在乎民主規範的川普，和公然反對自由主義的中國，這些問題究竟是會讓亞洲的民主成為一閃即逝的煙火，還是開啟新紀元的嚆矢？這個問題的答案在二〇二〇年代便能見分曉。

記憶迴路

中國處理抗戰集體記憶的方式，在引用歷史之外，又揉合了政治與社會手法，這些手法在某些地方與其他國家很像，某些地方卻截然不同。本書認為，**記憶迴路**（circuits of memory）這個概念可以幫助我們理解集體記憶如何在時間與空間中流動。這和胡梭（Henry Rousso）的記憶「載體」（vector）概念不同，「載體」是指那些幫助記憶不斷傳承下去的制度和機構；記憶迴路則是那些讓記憶跨越國界、跳脫時間順序限制而得以在各地擴散的東西。無論是戰爭還是任何歷史事件，世界各地的記憶方式通常都不同。在二戰後的漫長歲月中出現了好幾種不同的記憶迴路，其中某些經驗、理解、判斷是相同的，例如都認為二戰的主要目的是打擊法西斯主義；但不同迴路所承載的回憶卻彼此獨立、各自不同。其中一個迴路出現在西歐、北歐、北美，另一個迴路出現在俄羅斯以及幾個周邊鄰國，第三個迴路在日本，第四個則在中國。中國的記憶迴路之前主要都是說給自己人聽的，但最近變了，它開始想把這種迴路和其他在國際間更有影響力的迴路，以及其他可能產生國際影響力的迴路整合起來。[17]

目前還沒有專門針對中國二戰經歷回憶的全面研究。而這樣的研究在近年變得愈來愈迫切，主要有兩個原因。首先，中國變得與其他二戰同盟國、甚至是軸心國更加相似，它利用二戰的社會記憶來建構民族認同和國際身分。其次，中國的二戰回憶在同盟國當中是獨特的。美國人心中的二戰就像特凱爾（Studs Terkel）那句有趣的反諷一樣，是一場「正義之戰」（the good war），是一場美國士兵解放了歐洲與亞洲的戰爭。英國人則把二戰視為一段英國不屈不撓抵抗納粹轟炸與入侵的歲月，對日戰爭普遍被排除在核心敘事之外。蘇聯則稱其為「祖國保衛戰」（Great Patriotic War），普丁（Putin）政府甚至想把一切貶低這場戰爭的行為全都定為犯罪。至於法國，則已經成功把被德軍占領的故事轉化為抵抗納粹的故事。[18]

在二戰的盟軍主要參戰國中，中國在戰後對二戰意義的看法轉變得最為徹底。中國在冷戰前半段由毛澤東領導，它在這段期間對抗戰輕描淡寫，即使提到也只著重於中共的彪炳戰績，以及抗戰在中共革命成功的過程中扮演的角色。此外，也不太提及國民黨軍隊在抗戰中的貢獻。[19]但到了一九八〇年代之後，抗戰變成了官方敘事的核心之一，寫進教科書、建了紀念館，甚至拍了一堆相關電視劇。可以討論的抗戰主題這時候也變得愈來愈廣，最明顯的就是中共過去的敵人國民黨在敘事中重新出現。如今中國人所熟知的許多二戰故事，例如南京大屠殺、重慶大轟炸、《波茨坦宣言》與《開羅宣言》的意義爭論等等，其實都是一九八〇年代之後才出現的。[20]

記憶，尤其是和戰爭有關的記憶，近幾十年來已經成為歷史研究的重點之一。阿布瓦希（Maurice Halbwachs）、諾哈（Pierre Nora）、福塞爾（Paul Fussell）等人打開了這片浩瀚的領域。[21]而二戰的記憶更吸引了許多學者去研究記憶與戰後政治之間的關係。而且與一戰相比，許多研究二戰的學者聚焦於研究戰爭記憶與大規模暴力事件之間的關係，而大屠殺正是其中的核心。[22]穆勒（Jan-Werner Müller）指出，在研究戰爭記憶如何形塑戰後歐洲社會時，「必須同時思考國內政治、國際政治、社會科學、歷史、倫理，才能充分理解記憶與權力。」[23]沒有任何一種觀點足以解釋記憶形塑社會的重要性，這項洞見貫穿了全書。

早期研究戰爭記憶的文獻，無論是研究加害者還是受害者的記憶，大多都集中在西方國家，少數則研究日本。葛魯克（Carol Gluck）、馬毅仁（Ian Buruma）、賽拉菲（Franziska Seraphim）、五十嵐惠邦（Yoshikuni Igarashi）等人的著作都顯示，記憶與遺忘二戰時期強大力量的方式，已經深深改變了戰後的日本文化，甚至讓這個國家在冷戰期間一直以「戰後」國家自居。[24] 其他非西方國家也慢慢有學者開始研究戰爭記憶的形成過程，例如阮越清（Nguyễn Thanh Việt）就顯示了越南與美國講述二戰的方式有多麼不同。[25] 但目前還很少有研究去比較不同亞洲國家的二戰記憶，而研究中國二戰記憶的就更少了。

目前還需要進一步去分析非自由國家的二戰記憶有哪些共通之處。二戰記憶的研究對象大多是英美這種自由國家，以及日德這種戰後走向自由陣營的國家。在二戰時期或戰後**仍屬**非自由陣營的交戰國中，記憶分析最徹底的只有前蘇聯以及一九九一年後的俄羅斯。戰後的蘇聯把祖國保衛戰的概念當成自我認同的核心，蘇聯人可以在某些公領域討論戰爭的枝微末節，但主要的說法全都由國家掌控，至少在戈巴契夫（Mikhail Gorbachev）稍縱即逝的改革開放之前都沒有放鬆。另一方面，那些曾經影響蘇聯與東歐共產國家戰爭記憶如何發展的因素，後來也影響了今天的中國，中國只開放某些二戰主題供人自由討論，其他部分則是禁區。

二戰不僅重新進入了中國人的生活，而且似乎會一直存在。如今中國不僅想要統一臺灣，也不再像冷戰時期那樣需要淡化日本二戰暴行，不再需要強調國民黨過去的暴政；至於馬克思主義，如今在中國也逐漸失去了權威，這些因素都明顯影響了官方允許討論的抗戰主題。其中最明顯也可能最令人驚訝的改變，就是中國如今以更正面的角度公開評價蔣介石國民政府的抗戰貢獻。過去它幾乎把勝利完全歸功於中國共產黨，如今卻讓國民黨的事蹟出現在教科書、商業片、紀念館之中。當然，毛澤東時代不斷回顧的國共衝突故事如今並未消失；但已經開始把主角的位子讓給國共團結起來抵抗日本侵略與暴行的故事。與此同時，日本的各種戰爭罪行，尤其是一九三七至一九三八年的南京大屠殺，以及日本的血腥侵略者形象，如今變得愈來愈顯著。那些過去很常談論的悲劇，例如大躍進，以及一九七〇年代與一九八〇年代經常談及的文化大革命等等，都退到了記憶的的第二線。鎂光燈的焦點如今換成了國共兒女在高貴的愛國情操下攜手合作、共同擊潰邪惡日本鬼子這類在道德上黑白分明的故事。[26]

雖然中國的轉變特別明顯，但還有很多國家在戰後幾十年間都改變了對二戰的整體敘事。英法兩國違背承諾捨棄了波蘭，但最後還是被拖下水，被迫對德開戰；蘇聯與美國參戰，則是因為分別被德國與日本攻打。盟軍那些守護世界的民主、防止歐洲猶太人被毀滅等參戰理由，其實全是開打之後才提出來的。等到戰後進入一段前景不確定的日子，盟軍各國就紛紛把二戰回憶成一段充滿了砲火的美好往日。畢竟那時候的英國就像是艾奇遜所說的那樣，「既賠掉了整個帝國，在世界舞臺上又找不到角色」；美國捲入越戰和一九六〇年代的各種抗議活動中；蘇聯則是在冷戰時期以坦克、水泥牆、鐵絲網綁架整個東歐，成了一位慍怒的巨人。這些國家都得想辦法解釋自己究竟如何淪落至此，而不列顛戰役、中途島戰役、史達林格勒之戰自然就成了很好的理由。但對中國來說，二戰往事就尷尬很多了，它跟日本打完仗之後沒多久就陷入了內戰，過去的盟友如今變成了敵人。它不像俄羅斯，俄羅斯可以讓人民共同回憶過去的對德戰事，戰後的中國很難讓各地以相同的方式回憶抗戰的日子。[27]

不過會為二戰同盟關係而尷尬的當然不是只有中國。希臘在一九四六至一九四九年間也像中國那樣陷入內戰，雖然反共勢力最後打贏了，戰後卻沒有彌合撕開的傷口，於是政治變得非常兩極化，一九六七年爆發了軍事政變，然後怨恨在社會中愈積愈深，直到今天都沒有完全消失。儘管如此，中國在盟軍各國中依然相當特別，因為它還沒來得及消化跟軸心國打仗留下來的問題，自己人就開打起來。

也許中國的內戰在某方面讓它與大部分盟軍國家相當不同，但它的通敵歷史與法國十分相似。中國和法國一樣，在二戰中既是同盟國，也是被軸心陣營統治的通敵國。後來法國人研究二戰史的時候，維琪政權一直是重要主題之一。胡梭一九八七年那本如今已成經典的《維琪症候群》（*The Vichy Syndrome*）指出，法國在整個冷戰期間都以相當微妙的方式來回憶二戰，雖然想把自己說成一支地下反抗勢力，卻無法抹滅當時的法國由通敵政權所主控的事實。二戰時的中國也有類似困境。例如方德萬（Hans van de Ven）就指出，對當時的中國而言，「這場戰爭的對手不只是日本，還有自己」。[28] 雖然它在二戰初期比法國投入了更多力氣去對抗軸心國，一九三七至一九四五年間卻在中部與東部出現了一系列通敵政權。

法國有很多文獻研究通敵時期的歷史，中國至今卻幾乎沒有。有一些人討論蔣介石時期留下來的架構有哪些延續到了毛澤東時代，或者為毛澤東時代留下了哪些遺產；卻幾乎沒有任何人討論通敵領袖汪精衛是不是也為日後的統治者留下了類似的東西。

不過雖然團結抗日的英雄史詩背後暗藏了許多玄機，而且通敵政權的問題至今都還沒人談，對日抗戰與中國在二十世紀發生的其他戰爭相比，依然有一個優勢：這場仗並不是中國人捅出來的婁子。民國時期的各種內戰，尤其是一九一〇年代與一九二〇年代的劇烈內戰，以及一九四六至一九四九年間最後一次的國共內戰，都是中國人在打中國人；中華人民共和國時期的大躍進與文革這類巨大動盪，以及不斷動員群眾搞階級鬥爭等事件，也是中國人在自相殘殺。相比之下，帝國主義的侵略乍看單純多了，中國人在邪惡的侵略者面前簡直一塵不染。在諸多反侵略的戰爭中，年代最近、傷害也最大的就是對日抗戰。在歐洲人心中，二戰通常和一戰類似；但在中國人心中，抗戰通常更像是一場類似鴉片戰爭這種抵抗外國侵略的戰爭。[29] 總之，中國重新開始重視二戰，顯示它正在把這段記憶修成樣板（normalizing）。它愈來愈強調這場戰爭與整個世界的關係，而且在離戰爭本身愈遠的部分說得愈用力。

中日關係

如今中日兩國的緊張關係，似乎顯然和它們對二十世紀中葉這場衝突的集體記憶有關。但這兩者之間的關聯並非一望即知。中日關係在二十一世紀最初幾年起起落落。在二〇〇一至二〇〇五年間，相對被動的中國國家主席胡錦濤和採修正主義立場的日本首相小泉純一郎之間的緊張局勢升溫；後來人稱「對華鷹派」的安倍晉三在二〇〇六至二〇〇七年繼任，但在任內對中關係轉為溫和。民主黨執政之後，在二〇〇九至二〇一二年間試圖改善對中關係，不幸遭到拒絕。這兩國的關係也在那幾年開始惡化，二〇一〇年和二〇一二年各爆發了釣魚臺群島／尖閣諸島的嚴重爭端，一直延燒到二〇一三年初習近平剛上臺時。直到二〇一七年，習近平與安倍晉三都獲得更多權力之後，緊張局勢終於再次舒緩，雙方同意牽起熱線防止兩國在東海擦槍走火，之後中日領導人維持著每年低調的會面。

但這兩國的爭端，在某些層面上與其說是中國與日本之間的衝突，還不如說是中國內部在不斷爭論「中國人」的本質時，所衍生出來的火花。這兩國日復一日甚至年復一年的談判過程時好時壞，但這些談判通常都與二戰集體記憶在中國所深深影響的論述和意識型態問題無關。那些涉及中日關係的問題雖然重要，但都是暫時性的工具性問題，而且都可以用一般的外交手段解決。中國之所以重提抗戰，大部分的原因都幾乎跟日本無關，而且跟當代的日本更是幾乎扯不上邊。當代的民調甚至顯示，很多中國人，特別是菁英份子，都很尊重當代日本社會的某些特質。[30]

也正因如此，許多旁觀者和外部機構提出的改善中日關係方法，例如日本進一步道歉、中日聯合編寫教科書，都不太可能從根本解決問題。[31] 要處理情緒和意識型態的問題，這些方法都過於理性。這些方法都假設，只要做出某些行動，就能改變深深根植於中國人身分認同的各種因素，例如就能讓中國人覺得，與其去正視那些自二戰以來一直困擾著中國的內部衝突，還不如去檢視、討論和哀悼二戰期間所發生的事情比較安全。中國內部的經濟不平等、族群間緊張關係之類的問題，比中日之間的衝突還要棘手。

本書一開始將簡述中國在二戰期間發生了哪些事，並主張那些重要的中國參戰者之所以參戰，主要都是想維護秩序，而非促進民主或維護自由。接下來，我會在第一章整理中國在冷戰時期如何討論二戰，之後的討論方式又如何因為國際與國內政治局勢的關係而不斷改變。在二戰結束後的幾年內，國民政府以中國在二戰中做出的貢獻去改變國際社會中的位置，讓中國從過去那個有許多領土都被殖民的大國，搖身一變成為雖然還很貧弱卻相當重要的主權國家。可惜國民黨丟掉中國大陸之後，這種論述也隨之腰斬。一九四九年之後，毛澤東統治下的中國決定不去談國民黨絕大多數的戰績，它在冷戰期間討論抗日戰爭的方式，幾乎完全僅限於中共抵抗日本入侵的「人民戰爭」。

接下來的四章，則會討論中國在冷戰結束後如何重新喚起抗戰記憶。第二章的主題是，中國學術界在國家最高領導人鄧小平及他任命的胡耀邦、趙紫陽這些改革派支持下，首開先例以不那麼墨守成規的方式來研究抗戰歷史；同時又在保守派學者胡喬木等人的支持下，開始重新重視國民黨之前的論述。這樣的新氣象，讓政府開始願意支持學術界研究一系列之前的禁忌話題，例如國民黨在抗戰中的貢獻。我將討論中國在歷史書寫角度不斷改變的過程中，曾探索過抗戰的哪些不同層面，包括國民黨與共產黨在抗戰中的角色、中國與其他國家的聯盟、抗戰中的通敵政權等等，也包括最關鍵的一點：一九四五年之後的國際秩序如何形成，而中國在這個秩序中扮演什麼樣的角色。

到了第三章和第四章，我將討論一九九〇年代的公共記憶場域。中國從一九八〇年代起，已經形成了好幾股不同的抗戰公眾記憶，呈現在博物館、電視節目、電影、公共藝術、通俗文學等各種傳承集體記憶的機構或物件之中。這些物件以抗戰故事打造出一種新的中國身分認同神話，對當代中國形成民族主義產生重大影響。

後來到了世紀之交，中國人的抗戰公共記憶從書籍轉向了電影和社群媒體，並因此可以用非官方的方式，去討論抗戰究竟留給當代中國哪些東西。無論是崔永元在電視上討論抗戰老兵的命運，還是匿名網友在討論區評論戰爭中的戰術優劣，都證明中國人即使在虛擬空間（cyberspace）也很重視對日抗戰與戰後遺緒。

第五章會從北京主導的抗戰說法，轉向地方性的身分認同案例：重慶人看待抗戰的方式。蔣介石的國民政府丟掉南京之後，在一九三七至一九四六年間逃到這座西南部的城市，將其做為戰時首都。而這座城市在過去二十五年間，也藉由重現抗戰時期的歷史，發展出自己的身分認同。如今重慶人口中的國民政府抗戰偉業，已經開始默默與北京主導的抗戰敘事彼此競爭。除了重慶，該章還會討論其他最近出土的地方性抗戰敘事，例如中共延安總部的詳盡記載，以及一九四二年河南饑荒的記憶。

第六章則從國內轉向國際，探討中國如何利用二戰敘事來強化國際社會中的地位與主張，尤其是那些與東亞秩序相關的部分。如今它再次開始關注一九四三年的開羅會議這類問題，並因此想要重新描述一九四五年之後國際秩序的形成過程。這些思維不僅直接影響了談判策略，更改變了中國在國際社會中用來展現自我的說法。

英國自一九四五年之後，就一直利用各種二戰相關故事來塑造國家認同，尤其是在二〇一六年六月決定脫歐的前後時期最為明顯。[32]二戰時期的故事，讓那些既覺得英國需要改變自己的定位，又找不到方法去對抗國際化親歐論述的人，有了一個好譬喻去說明英國應該成為什麼樣的國家。

中國不需要像英國那樣焦慮自己究竟是誰，但它的意識型態卻比其他國家貧乏許多，除了成為一個日益威權的「非美系」國家，至今依然很難說清楚它的經濟和國家安全究竟要走向何處。它的歷史充滿禁區，太多事情不能討論，國家主席習近平甚至直接阻止各種「歷史虛無主義」，希望大家不要再聊文化大革命那些敏感話題。直至今日，想要直言不諱地全面回顧毛澤東、鄧小平這類人物，依然很困難。

但另一方面，二戰也給了中國一種有用的說詞。它讓中國能夠對海內外宣示，這個國家過去不僅曾被自己無法掌控的敵對勢力入侵，是個受害者；而且還能在困境中逆勢而起，加入國際反法西斯聯盟，守護整個世界的安全。中國一直想砍掉那個它在一九三〇年代至一九四〇年代打造出來的身分，把二戰中的形象改成一個在整個世界深陷危機時與外國攜手合作、發揮重大影響力的二戰關鍵盟友。但有趣的是，照此說來，中國就也是一個「戰後」國家，跟其他二戰時的同盟國與軸心國一樣，被二戰時的經驗，以及更重要的，理解戰後遺緒的方式，影響了二戰結束後的國家樣貌。如今隨著中國重新回顧抗戰歷史，它對這場戰爭以及「戰後中國」的看法應該會愈來愈多。

要了解「戰後」的中國，就必須了解這場戰爭本身的意義。西方國家眼中的「中日戰爭」（Sino-Japanese War）是指一九三七至一九四五年的戰爭，「中緬印戰區」（China-

Burma-India Theater）則是指美國在珍珠港事件之後對這些地方的稱呼。但在中國人心中，這場戰爭打從一開始就是「抗日戰爭」。接下來，我們就要先來看看這場戰爭發生了哪些事，以及中國人怎麼看待這些事情，藉此了解這場戰爭為何至今還能持續困擾這個與過去相差甚大的中國，又如何陰魂不散地影響這個國家。

注釋

1. 關於歐亞兩地回憶二戰的方式，請參見：Rana Mitter, "War and Memory since 1945," in Roger Chickering, Dennis Showalter, and Hans van de Ven, eds., *Cambridge History of Warfare* (Cambridge, 2012), 542-565.
2. Rana Mitter, *China's War with Japan, 1937-1945: The Struggle for Survival* (London, 2013), published in North America as *Forgotten Ally: China's World War II, 1937-1945* (Boston, 2013)。紀錄片《二戰：被中國遺忘的戰爭》可以在串流平臺找到，網路電影資料庫（IMDB）連結如下：https://www.imdb.com/title/tt8292600/.
3. Joseph S. Nye Jr., *Soft Power: The Means to Success in World Politics* (New York, 2004).
4. Rogers Smith, *Stories of Peoplehood: The Politics and Morals of Political Membership* (Cambridge, 2003), ch.2.
5. 先秦時代的國際關係道德觀，可參見閻學通著作：*Ancient Chinese Thought, Modern Chinese Power* (Princeton, NJ, 2011).
6. 討論「國恥」如何影響當代中國民族主義的形塑，可參見：William A. Callahan, *China: The*

Pessoptimist Nation (Oxford, 2010)，以及 Zheng Wang（汪錚），*Never Forget National Humiliation: Historical Memory in Chinese Politics and Foreign Relations* (New York, 2012). 中國歷史與政治之間的關係，則可參照：Howard French, *Everything under the Heavens: How the Past Helps Shape China's Push for Global Power* (New York, 2017)，以及陳紅民引用習近平言論的〈實事求是與開拓創新：唯物史觀與抗日戰爭史研究〉，《光明日報》，二〇一九年八月十四日。

7. John Ikenberry, *Liberal Leviathan: The Origins, Crisis, and Transformation of the American World Order* (Princeton, NJ, 2011); Alastair Iain Johnston, *Social States: China in International Institutions, 1980-2000* (Princeton, NJ, 2008); John J. Mearsheimer, *Great Delusion: Liberal Dreams and International Realities* (New Haven, CT, 2018); Graham Allison, *Destined for War: Can America and China Escape Thucydides's Trap?* (Boston MA, 2017). 閻學通的著作則呈現了中國謹慎的現實主義觀點：*Leadership and the Rise of Great Powers* (Princeton, NJ, 2019). 江憶恩巧妙地重新解釋了何謂國際秩序，以及北京與國際秩序的關係，請參見："China in a World of Orders: Rethinking Challenge and Compliance in Beijing's International Relations," *International Security* 44, no. 2 (2019), 9-60.

8. 習近平在中國共產黨第十九次全國代表大會上的報告，中國日報網，二〇一七年十一月四日，

http://www.chinadaily.com.cn/china/19thcpcnationalcongress/2017-11/04/content_34115212.htm。

9. 相關背景請參見葛維茲（Julian Gewirtz）的開創性研究：*Unlikely Partners: Chinese Reformers, Western Economists, and the Making of Global China* (Cambridge, MA, 2017).

10. Niall Ferguson, *The Ascent of Money* (London, 2008).

11. 有兩部研究中國經濟前景的著作都很棒，馬格納斯（George Magnus）的看法相當保守：*Red Flags: Why Xi's China is in Jeopardy* (New Haven, CT, 2018)；Yukon Huang（黃育川）則樂觀許多：*Cracking the China Conundrum: Why Conventional Wisdom Is Wrong* (New York, 2017).

12. Meia Nouwens. "China's Defence Spending: A Question of Perspective?", IISS Military Balance blog (24 May 2019), https://www.iiss.org/blogs/military-balance/2019/05/china-defence-spending.

13. Rosemary Foot, "China's Rise and US Hegemony: Renegotiating Hegemonic Order in East Asia?" *International Politics* 57 (2020): 150-165.

14. Tom Mitchell, "China Struggles to Win Friends over South China Sea," *Financial Times*, 13 July 2016.

15. 各國對珍珠港事件的修正主義轉向，可參見：Beth Bailey and David Farber, eds., *Beyond Pearl Harbor: A Pacific History* (Lawrence, KS, 2019).

16. Eric Helleiner, *Forgotten Foundations of Bretton Woods: International Development and the Making of*

the Postwar Order (Ithaca, NY, 2014).

17. 關於中國如何利用歷史上的受害者位置來形塑民族主義，請參見汪錚的 *Never Forget National Humiliation* 及柯嵐安（Callahan）的 *China*。關於中國的歷史與政治之間的關係，請參見：Howard French, *Everything under the Heavens: How the Past Helps Shape China's Push for Global Power* (New York, 2017); Peter Hays Gries, *China's New Nationalism: Pride, Politics, and Diplomacy* (Berkeley, CA, 2004), ch.3.

18. Catherine Merridale, *Night of Stone: Death and Memory in Russia* (London, 2012); Robert Gildea, *Fighters in the Shadows: A New History of the French Resistance* (London, 2015).

19. Chan Yang（楊嬋）, *World War II Legacies in East Asia: China Remembers the War* (London, 2017). 毛澤東思想的意識型態基礎可參見：Julia Lovell, *Maoism: A Global History* (London, 2019).

20. 林霨和柯博文（Parks Coble）對這現象的看法很棒，請參見：Waldron, "China's New Remembering of World War II: The Case of Zhang Zizhong," *Modern Asian Studies*, 30, no. 4 (1996): 945-978; Coble, "China's 'New Remembering' of the Anti-Japanese War of Resistance, 1937-1945," *China Quarterly*, 190 (2007): 394-410.

21. Maurice Halbwachs, *On Collective Memory* (Chicago, 1992, from the 1925, 1952 French originals,

trans. L. Coser); Pierre Nora and David P. Jordan, eds., *Rethinking France* (Les Lieux de Mémoire), vol.1.(trans. M. Trouille) (Chicago, 2001); Paul Fussell, *The Great War and Modern Memory* (Oxford, 1975).

22. 請參見例如：Peter Novick, *The Holocaust in American Life* (Boston, 1999); Hasia R. Diner, *We Remember with Reverence and Love: American Jews and the Myth of Silence after the Holocaust, 1945-1962* (New York, 2009).

23. Jan-Werner Müller, "Introduction," in *Memory and Power in Post-War Europe: Studies in the Presence of the Past*, ed. Jan-Werner Müller, (Cambridge, 2001), 35.

24. Carol Gluck, "The Idea of Showa," *Daedalus* 119, no. 3, in *Showa: The Japan of Hirohito* (Summer, 1990), pp. 1-26; Ian Buruma, *The Wages of Guilt: Memories of War in Germany and Japan* (London, 1994); Franziska Seraphim, *War Memory and Social Politics in Japan, 1945-2005* (Cambridge, MA, 2016); Yoshikuni Igarashi, *Bodies of Memory: Narratives of War in Postwar Japanese Culture, 1945-1970* (Princeton, NJ, 2000).

25. Viet Thanh Nguyen, *Nothing Ever Dies: Vietnam and the Memory of War* (Cambridge, MA, 2016).

26. 這當然太簡化了一個複雜的問題。但林霨的文章（"China's New Remembering"）討論得相當詳細。也可參見：Rana Mitter, "Old Ghosts, New Memories: China's Changing War History in the Era of Post-Mao Politics," *Journal of Contemporary History* 38, no. 1 (2003): 117-131, 以及 "Behind the Scenes at the Museum: Nationalism, History and Memory in the Beijing War of Resistance Museum, 1987-1997," *China Quarterly* 161 (2000): 279-293.

27. 蘇聯的二戰記憶請參見：Nina Tumarkin, *The Living and the Dead: The Rise and Fall of the Cult of World War II in Russia* (New York, 1994). 不過烏克蘭與波羅的海三國這類前蘇聯成員國，跟德國占領時期的關係就比較複雜，有許多著名的通敵狀況。

28. Hans van de Ven, *China at War: Triumph and Tragedy in the Emergence of the New China* (London, 2017), 4.（編注：中譯本《戰火中國 1937-1952》由聯經於二〇二〇年出版，此處引文引自中譯本，頁三九。）

29. 中國其實有參與一戰，它向西部戰線支援了一百萬名勞工，請參見徐國琦（Guoqi Xu）著作：*China and the Great War: China's Pursuit of a New National Identity and Internationalization* (Cambridge, 2005). 想知道一戰對歐洲的影響，請參見溫特（Jay Winter）十分經典的分析：*Sites of Memory, Sites of Mourning: The Great War in European Cultural History* (Cambridge, 1995). 關於以一戰類比中日目前的緊張關係，請參見：Alexis Dudden and Jeffrey Wasserstrom, "History

as Weaponry," *Guernica*, 13 Feb. 2014, https://www.guernicamag.com/alexis-dudden-and-jeffrey-wasserstrom-history-as-weaponry/.

30. 日本非政府組織「言論NPO」每年調查民眾對中日關係的看法，請參見：http://www.genron-npo.net/en/archives/181011.pdf. 二〇一八年的民調顯示，四二%的中國受訪者對日本有好感，但只有一三．一%的日本受訪者對中國有好感。入江昭的著作到目前為止都是研究美日衝突與文化關係的經典，請見：Akira Iriye, *Power and Culture: The Japanese-American War* (Cambridge, MA, 1981). 傅高義則深刻探討了中日關係在歷史長河中的演變：Ezra F. Vogel, *China and Japan: Facing History* (Cambridge, MA, 2019).

31. Melissa Nobles, *The Politics of Official Apologies* (Cambridge, 2008); Hiro Saito, *The History Problem: The Politics of War Commemoration in East Asia* (Honolulu, 2016); Todd H. Hall, *Emotional Diplomacy: Official Emotion on the International Stage* (Ithaca, NY, 2015); Barry Buzan and Evelyn Goh, *Rethinking Sino-Japanese Alienation* (Oxford, 2020).

32. Nicholas Shakespeare, "The Hinge of Fate," *New Statesman*, 19-25 Jan. 2018, 24-29.

—第一章—

熱戰與冷戰：一九三七至一九七八年間的各種衝突

二戰時期，馬歇爾將軍（George C. Marshall）請導演卡普拉（Frank Capra）製作一系列紀錄片《我們為何而戰》（*Why We Fight*）來贏得美國觀眾的心。其中一九四四年的第六部《中國之戰》（*The Battle of China*），在革命家聶耳撰寫的中國國歌《義勇軍進行曲》襯托下，以中國士兵向前邁進的鏡頭結束。煽情的旁白把抗日戰爭說成「自由對抗奴役，文明對抗野蠻」的戰鬥。影片的最後和其他幾部一樣打上馬歇爾將軍的話：「民主國家必須**徹底摧毀**德國與日本的戰爭機器，才能真正獲得勝利。」然後在自由鐘的鐘聲下，秀出一個象徵勝利的V字。[1]

二戰盟國主要以卡普拉在影片中使用的自由與民主概念，來解釋各國發生的衝突。每個盟國都清楚交代自己為何加入這場戰爭，雖然實際的說法在戰爭期間和戰後都有變化，但核心對大多數人而言依然相當明顯。英國和美國聲稱自己是為了守護自由而戰，蘇聯則聲稱這場戰爭關係到國家與社會的生死存亡。但中國呢？至少在西方，很少人討論中國為何而戰，即使偶爾提一下，也只會說中國是一個在抗日戰爭中軟弱無力、無關緊要的盟友，而且最後還把國家「輸給」了共產主義。歷史學家方德萬將中國的戰爭稱為「國民黨軍隊在無能的統治和……軍閥式的威權統治下陷入腐敗的故事」。[2]西方很少有人會以中國人的視角來討論中國在戰爭時期的目標。儘管如此，有一件事依然很重要：中國其實沒有像卡普拉的電影那樣，說自己是為了捍衛自由與民主而戰。中國人在二戰時期最想要的是秩序，而不是自由。

想從這本書中看到二戰在中國留下哪些問題，以及中國以什麼樣的方式記憶二戰的讀者，即使相當了解歐洲與日本的二戰史，依然可能不太清楚中國在二戰中經歷過哪些事。因此，我將在下一節中簡述相關的重要事件。許多書都描寫了中國的二戰細節，所以我不會一一細述。[3]我只是想藉此指出，這場戰爭的意義對大部分參戰的中國人來說，和美國人或英國人都差很多。雖然當時的中國人與二戰時期的盟友對戰時與戰後秩序的看法有很多地方相同，想法背後的假設卻相當不同，這些假設的意義到了當代中國依然很重要。

中國加入二戰的原因與過程

二十世紀初，東亞出現了兩個強大的意識型態力量，一個是日本的帝國主義，另一個是中國的民族主義。前者原本是一種泛亞主義（pan-Asianism），後來卻突變成了希望日本「領導」整個亞洲的思想，讓日本開始四處殖民侵占。後者則源自中國人自十九世紀中葉以來一直被其他國家欺凌，尤其是鴉片戰爭和列強入侵施暴等事件日積月累的怨憤。[4]

日本帝國在東亞快速擴張，一八九五年占領臺灣，一九〇五年占領遼東半島，一九一〇年占領朝鮮，之後軍勢日益強大，一九二〇年代迅速攻占華北。到了一九三一年九月十八日，滿洲的關東軍發動事變，幾個月內就占領了整個地區。[5]這大幅影響了局勢，在此之後的六年內，中日關係日益緊張。當時蔣介石政府奉行不主動抗日的政策，但明確表示不會容忍其他國家進一步侵犯中國主權。[6]

一九三七年七月七日，中國軍隊與駐北平（北京舊稱）日軍在郊區又發生了一場衝突，衝突規模比前一場小，卻演變成雙方的大規模對抗。蔣介石眼看日軍對華北領土野心漸增，認為反抗的時間已到，他下令反擊，幾天之內就在上海附近拉出第二條戰線。抗戰第一階段，華北和華中爆發激烈戰鬥，國民黨軍隊被迫放棄北平、上海、南京以及大部分周邊地區，邊撤邊戰；[7] 同時也與之前不斷對抗的共產黨軍隊組成統一戰線，一邊彼此猜忌一邊共同抗日。

一九三七年底，蔣介石政府把首都從南京遷到中國西南方的重慶，後來重慶在一九三八至一九四三年間多次遭到日軍空襲，其中又以一九三八至一九四一年最為猛烈。抗戰第一年，國民黨政府丟掉了大部分的華東地區，華中的武漢也在一九三八年十月淪陷。[8]

身為蔣介石同僚的國民黨高層汪精衛，對這種兵敗如山倒的中國局勢愈來愈擔心。他在一九三八年十二月叛變，宣布將與日本談判共組新政府。一九四〇年三月三十日，他宣布「還都」，在日本占領的南京成立了自己的政權。他宣稱蔣介石搶走了國民黨，背叛了國民黨的理想，甚至還跟共產黨合作，而他汪精衛才是真正繼承孫中山遺志的人。[9]

日軍的推進在一九三八年底陷入困境。當時中國的領土大致說來被三股勢力割據。國民黨政府控制了大部分的西南與華中，尤其是首都重慶和四川省周邊地區。中共則占據西北地區和少部分的華中，毛澤東把革命基地定在延安，並將陝西、甘肅、寧夏一帶整合得非常好。至於汪精衛政權則從一九四〇年開始控制了上海、南京以及其他華東城市，但幾乎無法掌控華東的鄉下。

一九四一年，美日關係惡化導致日軍偷襲珍珠港。[10]美國和英國都因此參戰，成為中國的盟友。蔣介石深知必須仰賴外援才能打敗日本，但盟國之間的合作依然充滿矛盾。蔣介石與中國戰區參謀長史迪威將軍（Joseph Stilwell）發生衝突，而黑市、腐敗、重賦苛役等報導也讓國民黨政府在美國的形象愈來愈糟。這時候中國人也愈來愈生氣，因為盟軍並不重視中國戰區，而且中國也因為將近五年來的孤軍抗日，而損失了大量的國家能力，美國卻不願意正面看待。[11]

一九四三年十一月，蔣介石參加盟軍的開羅會議，討論戰後亞洲的命運。一九四四年春，日本展開一號作戰，在最後一次對華中地區的大規模攻勢中，摧毀了國民黨已如風中殘燭的大部分軍事能力。然而，蔣介石在盟軍施壓下還是撥了軍力投入一九四四年的緬甸戰役，與美軍、大英帝國一起反攻，趕走這塊舊日英國殖民地上的日軍。與此同時，美軍派出「迪克西使團」（Dixie Mission），首次訪問中共的延安根據地，會見了毛澤東與其他中共高層。同年，蔣介石與史迪威將軍的關係瀕臨破裂，不久美國召回史迪威，中美關係也日益緊張。儘管如此，羅斯福總統（Franklin D. Roosevelt）還是在戰後的世界規劃中把中國放在最高層，在新成立的聯合國中支持中國擔任安全理事會的常任理事國。[12]

一九四五年八月，日本被原子彈轟炸，不久之後亞洲戰爭瞬間結束。這時候中國陷入了某種內在不一致，它的體質和心理狀態都受到了幾十年來最大的傷害，在國際社會上的影響力卻升到了十九世紀中葉以來的最高峰。

民族主義之戰

對日抗戰是現代中國民族主義誕生的關鍵之一。抗戰提供的環境讓統治者以「人民」的概念塑造了一種意識型態，讓百姓相信他們有權當國家的主人，中國應該重新統一起來，從前現代的帝國變身為現代的國家。

這段路當然並不容易，過程中也走三步退兩步。想在打仗的時候讓每個中國人都相信民族主義相當困難，更不用說其中很多人都住在鄉下，甚至不識字，或者根本搞不懂政治是什麼。[13]蔣介石的兒子蔣經國在抗戰期間大都待在農村，根據他的記載，當時國民黨在贛州市的政戰部隊必須不斷向難民解釋打這場仗有多重要，因為這些人根本不在意整個中國。[14]幸好，中國的菁英階級當時已經愈來愈相信這場戰爭將使中國發展出一套強大的國族認同。

中國在不久之前還一直處於羅芙芸（Ruth Rogaski）所說的「過度殖民」（hypercolonization）狀態，抗戰時卻必須集中全力獨自面對入侵者。西方殖民列強之前都想在中國分一杯羹，例如英國、法國、奧匈帝國就同時盯上天津市這塊肉。[15]某種意義上，這讓中國要面對的帝國主義勢力變得實在太多。印度之所以能團結起來成功獨立，部分原因是侵略者只有英國；朝鮮的獨立運動可以成功，也是因為要對抗的入侵者只有日本。但中國同時具有兩種身分，它既是某些國家的宗主國，又是其他國家的殖民地；而且敵人太多了，很難叫大家團結起來把某個特定國家趕出去。英、法、美、日是當時中國最重要的敵人，但除此之外還有一堆國家虎視眈眈，而「帝國主義」這種模糊的概念，更無法引導中國人去思考在驅逐外敵之後要成為什麼樣的國家。[16]

但一九三七年的抗戰改變了一切。改變並非瞬間發生，這麼說或許並不完全，但相當真實。抗戰並沒有生出一套中國民族主義，這類思想有很多在抗戰前就已經出現，但抗戰讓它們發展成投入戰爭對抗敵人的理由。抗戰期間，中國對現代民族國家的看法不斷演進。而近幾十年來，學者對於民族主義的看法也不再相同。一九六〇年代詹鶽（Chalmers Johnson）和塞爾登（Mark Selden）等西方學者的古典論述認為，民族主義主要來自於戰爭，農民民族主義（peasant nationalism）催生出共產國家。[17]近年則有一波研究認為，民族主義其實是某種地方認同（local identities）。[18]但證據顯示，中國在抗戰爆發時已經出現一種超越地方認同的民族主義，而戰爭改變了這種民族主義的性質。這種民族主義才剛剛誕生，變化難以預測。

跟中國相比，西方列強更能明確說出為什麼要參戰，它們聲稱這些戰爭都是為了守護自由。但這種論述當然也引來質疑。洛韋（Keith Lowe）在《恐懼與自由》（*The Fear and the Freedom*）中指出，英美兩國都說自己打仗是為了保護民主，是為了讓更多人能夠自願參與政治，但它們的實際行為卻經常違背這種理想。[19] 美國允許境內接近三分之一的領土實行種族隔離，英國經營著一個未經當地人民同意的廣大殖民帝國，而且這兩國甚至都跟堅決反對自由的蘇聯結盟。這些都很真實，但英語世界的主要戰爭論述才不管，它們都說自己是為了民主與自由而戰，像羅斯福就在一九四〇年把美國說成「民主的大軍火庫」。[20]

美國和英國的參戰理由在二戰時期又有不同。美國捍衛的並不是國內的自由，畢竟除非上演最糟的劇本，否則法西斯侵略者根本不可能占領美國本土。英國面臨的威脅就真實很多，當時歐洲的許多海岸都已淪陷，英國本土議會式自由政體隨時可能滅亡（有趣的是，大英帝國並沒有給殖民地相同的權利），而由倫敦引領的大眾媒體報導，更使小小島國上的人民更加恐懼。不過儘管兩國狀態相當不同，卻都能很明確地說出「我們為何而戰」。

「我們為何而戰」這題對中國而言就難答很多。中國各地的民族主義在抗戰時期落差相當大，並沒有把農民變成現代中國人，就像尤金．韋伯（Eugen Weber）的名著《法國農村的現代化》（*Peasants into Frenchmen*）把農民變成法國人那樣。[21]當時主流政治論述對民族主義的觀點背後有好幾種價值觀，國民黨、共產黨以及通敵政權，在某些看法上具有共識，對另一些問題的觀點不同，在某些路線上則相差甚遠。

當時中國並不在乎什麼才是自由的民族國家，卻相當在意如何建立一個統一的主權國家以恢復安泰。中國與其他西方二戰盟國最重要的差異，也許就在於西方人聲稱打仗是要捍衛自由，中國打仗卻是想要恢復秩序。中國在抗戰時，把民族主義的重點放在恢復國內的政治與經濟秩序，以及對國際秩序的影響上。它一開始就把整場戰爭定義為「抗戰」，同時開始討論中國到底想從這場衝突中爭取什麼，以及戰後的國際秩序會是什麼模樣。

秩序比自由更重要

中國在二十世紀初的特徵之一就是動盪不安。

列強的侵略和國內的軍閥，把中國實際上的主權切得支離破碎。蔣介石在一九二八年建立的國民黨政府，成功把各地勢力統一起來，但各方依然懷著鬼胎。這個政府在它的領地內成功改善了交通基礎建設、恢復關稅自主權、改善了外交關係，但沒有解決農村貧困問題，也沒有讓黨成功換血。這些抗戰之前的成就，讓國民黨人認為未來的中國應該要由黨的先鋒掌控國家的政治與公共領域，建立統合主義式（corporatist）經濟。他們在意現實，但也相當重視組織和符號，打造了一個叫做「行政院」的政府機構，希望能夠為以軍事力量為基礎的政體增添理性官僚元素。在重建首都南京的宏大建築計畫中所看到的諸如建築風格這類元素，也成為支撐此種論述的工具。[22]

這種期待國家恢復秩序的想法，到了抗戰前夕變得更強烈。中國著名的歷史學家之一蔣廷黻的著作就是個好例子。他從美國留學回來後，先在南開大學和清華大學任教，然後進入政界，在國內外為國民黨政府工作，先後擔任駐蘇聯大使、新成立的聯合國善後救濟總署中國代表，以及駐聯合國大使等等。他在一九三八年撰文指出，中國必須現代化，才能面對各種不同威脅。而中國現代化的核心則是重視自然科學，以及引入機械化耕作。這種想法與五四運動遙遙相應，一九一九年的五月四日，許多中國人為了反對日本帝國主義的侵略而舉行大規模示威，當時認為復興中國的兩帖良藥就是民主和科學。[23]

蔣廷黻認為，要復興中國，就需要一個中央集權的政府，必要的時候可以凌駕「民意」。他認為走向工業化現代國家的唯一道路，在一次大戰之前就已確定，中國、日本、土耳其、俄羅斯都走在這條道路上。「卻是大戰以後，經蘇聯的革命，義大利、德意志、日本諸國的法西斯運動，世界的政治經濟制度反而背道而馳了，至少是各向各方去了。現在世界沒有共同的趨勢，所謂近代文化究竟是什麼，各國亦有各國的說法了。」儘管如此，「左派的，右派的；帝國主義者與反帝國主義者；男的，女的；白種，黃種；老年，幼年；沒有一個肯樹反自然科學和反機械工業的旗幟。」

蔣廷黻用晚清以來相當普及的社會達爾文觀點，來說明現代終究會淘汰掉傳統：「能利用這種文化來生產，來防守國土者就生存；不能者便滅亡，這是近代史中的鐵律，沒有一個民族能違犯的。」[24] 他還說：「在中、俄、日、土四國之中，近代化既是自上而下，並且常違反民意，改革的推動不能不賴政權的集中。」他重申：「從這四國近代化的過程，我們可以得著一個共同結論：政權愈集中的國家，其推行近代化的成績愈好。」[25]在國家發展的關鍵時刻，秩序比自由更重要。

之後蔣廷黻在戰爭時期前往美國，看到羅斯福新政之後，對政治自由與現代化的看法將大幅改變。但在抗戰初期，他還在以上述這種與政府關係相當良好的菁英份子觀點，思考該如何將中國變成民族國家。

他在〈論國力的元素〉一文中再次重申，中國必須現代化，尤其必須備戰。把國家的健康比擬成身體的健康，主張可以藉由戰時體制來提振經濟與健康，讓國家煥然一新。他認為納粹德國的四年計畫和蘇聯的五年計畫，這些鼓勵生育、把年輕人訓練成士兵的計畫都是「國防計畫」，「斯達林和希特勒兩人竭力鼓勵婦女生育，其用意亦不外備戰」。[26]相比之下，英國的做法顯得相當失敗，他引用一九三八年二月辭去外交大臣的艾登（Anthony Eden）的演講內容，質疑那些熱愛自由的人願不願意像威權國家的人一樣為國家犧牲。並以此指出民主國家「沒有盡力發展國力」。他認為中國當時最重要的是「心理的改革」，因此從軍事到教育都需要「全盤現代化」。[27]

這時候的蔣廷黻極力主張中國必須改變體制，變得很像是日本軍國主義化之後的「國防國家」：

有人要說……卻是戰事完了以後，豈不是又要恢復常態？我們要知道：在我們所處的這個歷史階段之中，戰爭就是常態！所謂和平，不過是個備戰時期，政治和經濟鬥爭時期。時至今日，我們無法避免鬥爭。我們不能退守孤立，祇能勇往直前的到鬥爭中去找出路。這是一整個歷史階段，絕不是三五年的事情。[28]

認為戰爭是「常態」的人可不只有蔣廷黻，那個時代的中國知識份子和政治人物都很愛把「非常時期」掛在嘴裡。「非常時期」很像哲學家阿甘本（Giorgio Agamben）從法學家施密特（Carl Schmitt）的概念衍生而來的「例外狀態」（state of exception），「非常」意味著二十世紀初的中國充滿危機與衝突，不同於過去的太平盛世（但過去可能根本就不是太平盛世）。[29] 蔣廷黻不僅知道要提振經濟，也知道民族情感不只是經濟問題。他舉德國不久之前的兩起事件來說明，魯爾區的德國人在一九二三年的危機中拒絕豁免戰爭賠款；＊薩爾州人一九三五年在法國給予金援的狀態下，依然在公投中選擇與德國統一。＊＊「在此過渡時期之中，最能維護民族生存的莫過於民族的精誠團結。這種國力全靠我們自己去發展，外人不能助我，亦不能阻我。」[30] 一九三八年的蔣廷黻和國民黨一樣，都認為要利用抗戰的機會來建立民族認同，使中國重獲秩序，相比之下，個人自由和集體民主（collective democracy）都不是當下最重要的價值。

二戰時期的國民黨政府是威權政府嗎？如果是的話，又是怎樣的威權政府？決定這個政府意識型態的，主要是價值而不是制度。國民黨奉行孫中山的三民主義，但三民主義通常並沒有把它強調的民族、民權、民生定義清楚，很多時候敘述方式甚至自相矛盾。此外，黨內大多數人的政治觀點顯然屬於右派。[31] 日後的中共政治人物、理論家、歷史學家胡喬木在一九四三年寫道，當時他看到的國民黨就是個法西斯政黨，在墨索里尼政權失勢的時候，從義大利法西斯那裡「受了嚴重的影響」。[32]

國民黨內部的保守派和法西斯份子，無疑是十分強大的，卻不是黨內唯一重要的存在。關鍵人物之一宋子文，與孫中山之子孫科，都比較偏向自由派。國民黨政府其實是由好幾種意識型態的人拼湊而成的奇異混合體，為一個包羅萬象卻定義模糊的國家服務。黨內的所有成員都希望建立一個由其掌控的主權國家。

中共則更明確地指出自己想要建立新秩序。它在以延安為根據地的時候就嘗試建立新的社會，去實驗它對稅收、軍事戰略、女性權利等問題的看法是否可行；當然也在太行和山東等地，實驗各種不同形式的共產政府。但最重要的還是延安，毛澤東在那裡擘劃了戰後中國的整體樣貌，準備修正或推翻過去的階級制度。通敵政權的壽命有長有短，國家能力也各有不同，但其中最有影響力的汪精衛政府相信軸心國在戰後將掌握世界，並打算讓

*譯注：一戰後的《凡爾賽合約》向德國索取巨額賠款，德國繳交一年之後經濟陷入危機，請求延遲付款。法國與比利時拒絕接受，一九二三年聯合派兵占領西部工業重鎮魯爾區。魯爾區民眾以聯合罷工的方式消極抵抗，使法國無法得逞，也使德國獲得更多同情。最後盟軍撤出了德國，德國也獲得道斯計畫的貸款而重振經濟。

**譯注：根據《凡爾賽合約》，國際聯盟將德國高度工業化的薩爾區交給英法兩國託管十五年之後，以全民公投方式決定前途。納粹在一九三五年以宣傳戰成功獲得薩爾人支持，九〇・七三%的人在公投中支持與德國統一，只有八・八七%支持維持現狀。

自己轄下的中國成為其中的一員。[33] 雖然上面每個版本各有不同，但都認為中國將成為統一的主權國家。

當時中國政治人物與思想家的核心目標都是建立新秩序，而非實現民主與自由，但想建立新秩序，光靠槍桿子可不夠。新秩序必須修改過去的社會契約，大幅增加國家必須提供的福利。這些想要改革中國的人都以美國與英國為師，堅信社會安全在戰後必須像軍事安全一樣重要。[34] 羅斯福與邱吉爾在一九四一年八月發表的《大西洋憲章》（The Atlantic Charter）就明言道，戰後的國家「要讓國內的每個人都能安居……並使每塊土地上的每個人都能擺脫恐懼與匱乏」。[35]

中國人對於這種國家必須照顧社稷的社會政策觀點並不陌生，古代的皇朝就有。明帝國出現洪災或饑荒時，災區的菁英會與當地政府官員一起利用戶政系統和身分文件來賑災。[36] 這種觀念到了對日抗戰再次翻新，政府為了照顧四處流竄的大量戰爭難民，建立了許多彼此相連的難民復康中心。同時也開始集中心力解決醫療衛生問題，設法讓人民持續生產出大量年輕的健康士兵，並能順利種田、對抗疾病。醫療衛生被當成社會改革的首要之務，提升了人民的生活條件，發展出兒童營養、接種疫苗、婦科醫學等計畫。如果受到空襲，當地政府會負責評估損失，並給予補償。[37]

這類改革的效果在各地落差很大，在國民黨強力掌控的四川等地比較好，在國民黨控制力薄弱或正被爭奪中的地區就差很多。同時，國民黨也運用媒體和教育系統來大力傳播這種美好的願景。[38]國家會照顧社稷的觀點，使人民把民族國家想像得更具體，但也為中國共產黨培育了崛起的條件。中共提出的基進未來很快就比國民黨的版本更照顧人民，反觀國民政府，雖然訂定了很多重要的計畫，但經常都是說得到做不到。

其中一項目標就是建立新的經濟秩序。中國在二十世紀初陷入動盪，和財政不穩定與沒有金融自主權有很大關係。一八五四年建立的大清皇家海關總稅務司署，也就是後來的中國海關總稅務司署，雖然為國家帶來了穩定收入，卻把一大塊徵稅權力交給了一個以外國人為主的機構，[39]在一八五四至一九五〇年期間擔任總稅務司者，只有一位是美國人，其他全都是英國人。某些學者對兩次大戰之間的中國經濟看法比較正面，[40]但中國的經濟在這段期間其實還是被列強高度擺布，直到一九三〇年才奪回關稅自主權。

國民黨的思想家看著國家的經濟一直受制於列強，高呼政府必須穩定經濟與金融。蔣廷黻認為「軍閥」與「派系」是國家分裂的罪魁禍首，中國想要強盛就必須「統一經濟」，讓國內經濟與個人安全脣齒相依。他指出，美國靠著經濟統一而強大，「歐洲先知先覺的人們久已提倡學美國的先例，組織泛歐聯合國。現代的經濟必須有較大的地域單位始能發生效能。」[41]

抗戰開打之後，中國的經濟壓力攀上高峰，行銷網絡、基礎建設，甚至連貨幣這種基本要素都遭受威脅。面對這種困境，中共強調必須自給自足、建立經濟獨立的地方政權，這招後來到了國民黨在一九四一年封鎖延安之後更是證明有用。汪精衛政府則完全相反，他想讓中國加入一個以日本為主的區域經濟體系。

全球新秩序

西方盟國在二戰期間給予中國更大的主權，藉此預告之後可能也會解放其他殖民地。

美國在一九四二至一九四三年間要求英國放棄在中國的治外法權。其實英國從一九二〇年代以來就逐漸減少對中國的殖民行為，但在其他國家依然繼續施行帝國主義，它在二戰結束之後才讓印度獨立，之後又等了很多年才放棄馬來西亞。至於法國與荷蘭，則是都把收復戰後殖民地當成二戰結束後的關鍵任務。中國在國際社會中獲得更高地位，並不代表帝國主義已然消失，反而代表各大帝國的彼此妥協在戰後的幾年間依然相當重要。

國民黨在這種情況下舉起了反帝國主義的大旗，設法在亞洲發揮影響力。蔣介石早在二戰期間就經常寫道，必須解放亞洲的殖民地，一九四二年二月還去印度拜訪尼赫魯（Jawaharlal Nehru）與甘地（Mahatma Gandhi），[42]早在二戰落幕之前就已經開始計畫戰後的藍圖。中國從一九三七年日本入侵到一九四一年珍珠港事件以來，通常都處於被動。但美國一九四一年的參戰，讓蔣介石像邱吉爾一樣認為戰爭之風已然轉向，開始思考戰後世界會變成怎樣，中國又要扮演什麼角色。

在蔣介石眼中，中國在戰後的地位當然很重要。他在日記中明列了各項要求。一九四一年十二月二十日，珍珠港事件剛發生不久，他就詳細寫下要向列強討回哪些東西：英國要歸還西藏和九龍、蘇聯得吐回外蒙古與新疆、日本要交還滿洲與大連，此外各國還得放棄治外法權和各種屈辱條款。[43] 次年他又提出更多計畫，要求歸還更多領土，包括臺灣、滿洲，以及已經獨立的外蒙古；同時規劃打造一個新的亞洲結構，支持印度（當時因為民族主義的「退出印度運動」而陷入混亂）、泰國（當時基本上位於日本統治之下）、緬甸、越南獨立。[44] 這套藍圖很妙，既支持反殖民的民族主義，又透過支持美國在亞洲建立海軍基地把美國拉進來，同時還想讓中國實際上變得更有影響力。

一九四三年十二月，蔣介石在日記中提到開羅會議結束後的公報，並在其中思考開羅協議對地緣政治的影響：將臺灣與澎湖還給中國，以及讓朝鮮半島獨立，將成為中國在戰後亞洲布局的關鍵。[45] 但他在開羅會議中留下的印象比這些都更重要，當時他和妻子宋美齡坐在羅斯福與邱吉爾旁邊，成了第一組和世上兩個最強英語國家的領導人在戰爭聯盟時期平等相待的非西方人士。而且宋美齡不只是當時的第一夫人，可能還是當時最顯赫的女性政治人物，只有美國的第一夫人愛蓮娜．羅斯福（Eleanor Roosevelt）可與之相提並論。開羅會議照片清楚地向世界表示，這場戰爭是為了對抗帝國主義侵略。當時的中共也和國民黨一樣強調對抗帝國主義對這場戰爭有多麼重要；汪精衛政府則以自己的方式強調，它被迫與日本結盟並不是為了打造一種新的帝國，而是為了實現「亞洲主義」。

國民黨在抗戰中，靠著守護國家主權與秩序不容侵犯，以及解放海外殖民地的說法，成功動員了許多民眾。此外，它也不斷強調自己是正義之師，一直反對帝國主義。到了今天，它終於有機會把口號化為現實。即使是現在，西方世界還是有很多人受到當代視角與「受害者」敘事影響，認為二戰中的中國並非參戰國，而是受害者。[46]反倒是當代中國的菁英與大眾都開始流行相反的看法，如今的中國政府想讓人們把中國重新當成二戰時的盟軍參戰國；一般民眾也比較想聽到中國人在抗戰中積極殺敵的故事，而非被動挨打的故事。二戰期間，更多人開始認為中國是一個主動對抗帝國主義的國家，這樣的看法遺留到了現在。

冷戰時期

後來世界大戰演變成了冷戰。中國在冷戰初期發生的巨大事件，使得它思考二戰的方式與其他參戰國差異甚大。親西方的國民黨統治中國的時間，才剛剛久到足以進入國際體系，就立刻被共產黨取代了。在一九四五年之前，沒有人知道國民黨是否會從此消失。那些無法預期而且稍縱即逝的事件，決定了亞洲地區的戰後秩序。

中國在冷戰期間處理抗戰影響的方式分為好幾個階段。第一個階段始於一九四一年珍珠港事件之後，當時美國參與亞洲戰事清楚地讓人看見盟軍很可能會贏，國民政府也因此再次開始想像戰後中國在亞洲的地位。一九四九年共產黨贏得中國內戰之後，這個始終不穩定的階段也隨之結束。第二個階段自一九四九年至一九八〇年代初，這個階段的中國會在週年紀念等重要場合回憶抗戰，但重點都放在共產黨最終如何克敵制勝；而且跟大躍進與文化大革命這些階級鬥爭的主題比起來，抗戰的故事並不重要。最後一個階段始於文化大革命結束後的一九八〇年代初，中共在一九八一年通過了《關於建國以來黨的若干歷史問題的決議》，對毛澤東執政時期的動盪歲月給予官方定調，同時也認為當時的執政具有許多錯誤。這個階段因一九八九年的天安門事件而一度中斷，但並沒有真正結束，在那之後，中國重新開始強調抗戰，一直至今。一九八九年的冷戰結束對中國很重要，但一九七一至一九七二年間的對美開放更重要。*蘇聯瓦解後，東歐國家深刻地轉變了對於二戰歷史的觀點，但共產主義在歐洲結束之後，中國對二戰時期的看法卻沒有徹底改變。[47]

二戰後歷史詮釋方式存在巨大分歧？

冷戰開始時，歐亞大陸各地回憶過去的方式產生了明顯分歧。北美和西歐這些自由陣營的國家，詮釋二戰時把重點放在英國與美國的影響；而西班牙和希臘這類傾向西方但沒

*譯注：一九七一年尼克森宣布將訪華，並在一九七二年二月實際訪問，期間會見了毛澤東，結束了中美長達二十五年的隔絕狀態。

那麼自由的國家，看法與自由陣營就略有不同。日本的詮釋方式則是後面那套的變體。東歐國家的詮釋就完全不是這樣，它們認為蘇聯的角色才是重點。在冷戰時期的大部分時間中，這兩套詮釋相對沒什麼互動，而且和當時中國對二戰的看法也沒什麼關係。中國當時的政治孤立，深深影響了它回憶二戰歲月的方式，它的詮釋除了會提到些許一九五〇年代前尚未與中國交惡的蘇聯，與前兩套幾乎完全獨立。

歐洲與亞洲在冷戰時期各自發展出自己的區域秩序，乍看之下兩邊都可以用資本主義或共產主義陣營來區分，但其實結構截然不同。雅爾達會議在一九四五年把歐洲切成兩邊，一半交給美國，變成了北約（North Atlantic Treaty Organization, NATO）和歐洲共同體（European Communities）；另一半交給蘇聯，變成了華約（Warsaw Pact）和經濟互助委員會（Council for Mutual Economic Assistance, COMECON）。事實證明，這套系統還算穩定，整個冷戰時期只有一九四八年與一九六一年在狀態最異常的柏林爆發過衝突，*其他時候都相當和平。美蘇兩邊一直保持一定程度的溝通，莫斯科與華盛頓保持官方連繫，大多數歐洲國家的首都也都靠著跨越鐵幕的外交關係彼此互通有無。

希特勒的納粹德國在一九四五年五月投降時，歷史的一頁，也就是解釋歷史的一種方式，也跟著告終。冷戰凍結了大部分的歐洲，但美蘇兩個集團的國家都同意納粹德國這種威脅歐洲安全而且政策極不人道的組織必須消失。在美國的領導下，西歐各國開始彼此承認彼此理解。法德兩國長久以來的對立，以及一戰之後瀰漫德國的「背後捅刀」（stab in the back）反猶謠言，** 都必須從此永遠結束。[48]

但東亞從沒發生過這種轉變。首先，東亞各國的立場並不統一。亞洲的確一度位於美國的支配之下，當時親華府的國民黨依然握有中國，日本聽令於美國，西方殖民帝國重新

*譯注：蘇聯在一九四八年封鎖西德與西柏林之間的運輸，迫使美國以飛機空投物資的方式維持西柏林日常生活。之後蘇聯一直要求英美法三國撤出西柏林，但遭到拒絕，期間東柏林一直有大量民眾逃往西柏林。蘇聯在一九六一年築起柏林圍牆阻止逃亡潮，最後雙方各退一步，沒有釀成更大衝突。

**譯注：一戰後德國盛行的一種傳言，稱德國之所以戰敗，是因為像猶太人、社會主義者這些人在國內煽動革命與輿論，「在背後捅刀」。

占領了大部分的東南亞，但這種狀態幾年後就消失了。後來亞洲分成了三區，共產陣營拿下了中國、北韓、北越；西方陣營拿下了另一群國家；剩下的國家則兩邊都不結盟。此外，西方陣營各國之間差異太大：日本剛剛轉為自由民主國家、貧窮的臺灣與南韓仍正在威權政府下發展，南越則是嚴重失能。這些國家可不像西歐那樣能以同一套自由派觀點去看待二戰歲月。

而且這些新興的後殖民國家甚至無法彼此討論二戰時期的共同記憶。這當然跟國民黨政權垮臺有關。蔣介石曾想打造一套東亞論述，從日本一路影響到後殖民時期的東南亞，甚至可能延伸到印度。在這種情境下，東亞的確就有可能以相同的方式來記憶二戰，並以同樣的方式思考這場戰爭對亞洲走向後殖民的影響。

抗戰剛結束時，蔣介石十分相信他所統治的中國可以成為東亞秩序的中心。他在一九四五年八月深信自己和史達林達成了協議，可以讓中共勢力根本舉不起反抗的槍桿。他一九四五年八月二十八日的日記寫道，共產黨「未知中蘇協定之內容，可憐極矣，彼猶不知早為蘇俄遺棄矣」。[49] 十月初，他與毛澤東對談，強調「國共非徹底合作不可，否則不僅與國家不利，而且於共黨有害……如不能全國一致努力完成，則國家必不能生存於今日之世界，而世界第三次大戰亦必由此而起」。[50] 這些緊要關頭的談判並沒有真正達成協議，但蔣介石依然自信滿滿，「毛共（十一日）飛返延安，彼雖罪惡昭著，而又明知其必乘機叛變，將為統一之大礙，但斷定其人絕無成事之可能，而亦不足以妨礙我統一之事業，任其變動，終不能跳出。」[51] 事後看來，蔣介石誤判得還真嚴重。

蔣介石的藍圖預設了各種條件，而幾乎每個條件沒過多久就全都瓦解，而且瓦解的時間點實在太尷尬，妨礙了東亞秩序的形成。如果國民政府早在二戰剛結束時，或甚至在二戰中就崩潰，盟軍其他國家就根本不會以國民黨掌權為前提去制定戰後計畫；如果國民政府在中國撐得更久，則東亞可能發展出另一種更穩定的秩序。

國民政府倒臺之後，大部分人的分析重點都放在倒臺的原因，以及蔣介石是否可能走上另一條道路。但在倒臺之前，人們其實都認為國民政府會以某種形式掌權很長一段時間。美國當時的看法是，中國在二戰中做出了貢獻，戰後有資格與其他國家一起塑造世界；美國也顯然認為國民政府會繼續執政，所以才給了它聯合國安理會常任理事國的席次。事實上，國民黨雖然在戰後不久就垮臺，還是影響了許多國際組織，除了最有名的聯合國，還包括布列敦森林體系（Bretton Woods system）。[52]

其實國民政府對其在打造後殖民世界所扮演的角色頗有意見，而且當時中國大部分地區都還沒脫離殖民，根本不是什麼「後」殖民。羅斯福政府強烈反對傳統帝國，因此設法提高中國在國際秩序中的地位，而且顯然包含私心。英國發現，美國的戰後關鍵目標之一，就是結束英國在亞洲的霸權，藉此拓展美國在該地區的商機。[53] 被推上國際舞臺的中國雖然獲得榮譽，卻也背上沉重的負擔。它當時比其他列強更窮，工業化程度也更低，整個國家甚至還因為轟炸、難民、經濟封鎖而四分五裂。

羅斯福把中國列為中、美、英、蘇「四警察」（Four Policemen）之一，讓這個在一九三七年抗戰爆發時大部分領土都被殖民的國家，在國際間的地位大大提升。美國的這種立場，增強了中國戰後在亞洲的重要性。日本在二戰後當然聽令於美國，英國與法國也各自在戰後不久就想拿回馬來亞、新加坡、中南半島這些被日本搶走的殖民地。各國在二戰後處理亞洲的方式，某種意義上跟一戰結束後處理歐洲的方式很像，兩者都重新劃分了勢力範圍，也都沒收了戰敗國手中的殖民地來重新分配。

但一九四五年有一件事情與一九一九年大不相同，盟軍的成員國裡面出現了一個強烈反對帝國主義的非歐洲國家：中國。一九一九年的日本雖非歐洲國家，但並不反對帝國主義，只反對西方帝國主義。一九四五年，世界各國領導人，包含史達林在內，都期盼蔣介石統治下的中華民國在接下來幾十年內會一直是當地的主要大國，並且成為批判帝國的力量，雖然有一些中國想達成的目標裡面，其實看起來像在打造換湯不換藥的帝國。這表示亞太地區將落入美國的霸權，美國將與中國結盟，控制日本，影響南韓。至於那些沒有被美國掌控的國家，大部分仍無法脫離歐洲帝國之手。蘇聯的勢力南境則會鎖在北韓和滿洲。在這套劇本裡，整個亞洲與我們後來所知的大不相同。

當然，現實世界完全沒照著這套劇本演。寫這套劇本的人都沒注意到，亞洲脫離殖民主義的過程並不是一夕之間發生的神蹟。日本的占領以及英法兩國在一九四一年的羞辱已成事實，後來也在十年之內引爆了反殖民戰爭。*但更重要的是，國民黨的倒臺和毛澤東的中華人民共和國成立，改變了整個亞洲的動態。後來美國對中國的不承認政策以及隨後的韓戰，更是讓亞洲局勢愈加緊張，相關影響一直延續至今。

國民政府在一九四五至一九四九年期間，的確想把自己打造成亞洲與全世界的重要角色，只不過後期因為國共內戰而一敗塗地。此外，中國在這段期間也開始以史密斯（Rogers Smith）所謂的「道德建構的敘事」（ethically constitutive story）來回憶自己在二戰中的表現，以道德為由讓全國人民都接受同一個身分，因而團結起來；同時以這種敘事為基礎去重新敘述二戰，讓國民黨統治的中國在二戰後更能理所當然地成為亞洲的核心。一九四九年，這套劇本所需的國際架構和承載記憶的故事都完成了。但國民黨政權卻倒臺了。

中華人民共和國時期的二戰記憶

一九四六至一九四九年，中國陷入慘烈的內戰。在國民黨和共產黨的聯合政府功敗垂成，美國的馬歇爾將軍調解無效之後，兩黨在一九四六年底全面開戰。這時候，抗戰留下的舊傷還沒痊癒，新的傷口卻已撕開。國民黨在這三年的內戰中失去了原本的軍事優勢，中共的軍隊訓練得比國民黨好，蘇聯的外援也抵消了美國對蔣介石的援助。而且很重要的是，這時國民黨已經失去民心，在中國人心中變成一個腐敗、報復心重、沒有國家願景的組織。到了一九四九年初，國民黨兵敗如山倒，幾個月後蔣介石逃到臺灣，從此再也回不去。至於毛澤東領導的中國共產黨，則在一九四九年十月一日宣布建立中華人民共和國。[54]

中共的勝利不僅對中國的未來極為重要，也深深影響了中國講述當代歷史的方式。中國在一九四九年後，只用過一次高調慶祝共產黨勝利的方式來紀念內戰。中共並沒有妖魔化所有敵軍，一九五〇年代甚至還嘗試恢復一些國民黨和日本軍的戰俘的名譽。當然，他們不會正式紀念死去的國民黨士兵。後來他們以重新引述國民黨在抗戰時期的說法，來填補對國民黨記憶的空缺，但那已經是一九八〇年代，也就是三十多年後的事了。在這段時期，冷戰也給了亞洲許多限制，讓許多思想在一九五〇年左右都成形到一半。亞洲在這種

*譯注：一九四〇年，日本趁法國戰敗之際，向新成立的維琪政府要求在法屬印度支那駐軍，但最後演變成了入侵，對當地人來說，變成了同時受到日法兩國殖民的狀態。一九四五年日本投降之後，法國要求重新擁有印度支那，致使越南人發動反殖民獨立戰爭。

環境下，比歐洲更難重新說出一套大歷史的英雄故事。

歐洲的冷戰在一九五〇年後真的「冷」了下來。除了一九六一年柏林危機這類事件，幾乎沒有什麼事能引發傳統的軍事衝突。這讓西歐各國有足夠的時間與空間，去思考影響這個地方最深遠的戰爭問題，將其化為形塑國家認同的要件之一。過程當然相當費力，法國人和二戰時期維琪政府（Vichy government）留下的遺緒奮戰，德國人辯論納粹本質的方式也不斷改變。二戰的記憶與遺忘是一塊極為廣闊的曠野。

但冷戰在亞洲的持續升溫，卻使亞洲比較少回頭討論二戰。即使是想找空間對抗資本主義的中華人民共和國，也沒有把二戰後協議的不義之處當成政治資本的主要來源。而且一九五〇年爆發的韓戰，又深刻改變了亞洲人才剛出現不久的回憶方式。先是史達林和金日成要求毛澤東入侵南韓，後來變成中國自願加入，在亞洲引發了一場不必要的危機。等到一九五三年停戰，美國又拒絕承認中華人民共和國，讓衝突變得更難解決。[55] 中華人民共和國不僅像蘇聯那樣在意識型態上與美國對立，還在國際間被孤立，結果科學、教育、文化全都變得與其他國家不同；而且一九六〇年中蘇決裂之後，就連蘇聯也和中國實際上沒什麼交流。因此，中國產出了一套幾乎完全土生土長的二戰回憶，與其他國家的說法和經驗幾乎毫無關係。

在毛澤東時代，抗戰從建構國家認同的重要因子，變成比較次要，但依然經常在政治與大眾文化中出現的元素。人們還是經常討論二戰，但比其他在二戰中產生重大影響的國家少很多。楊嬋爬梳一九四九至一九八二年的歷史發現，官方和基層組織會利用二戰回憶來做新聞，例如一九六五年就在南京舉行了南京大屠殺紀念大會。鄧騰克（Kirk Denton）從中國博物館整理出來的資料，也證實毛澤東時代製作了很多抗戰相關的電影、繪畫、活動來強化中國人的民族主義。[56]這些回憶大部分都是從官方管道發布的，強調的是共產黨在抗戰中的表現，而非整個「中國」的角色；此外，它們最多只會承認國民黨的確在抗戰中做出貢獻，卻都不提貢獻有多大；當然更不可能幫那個正等著反攻大陸的蔣介石平反了。

到了一九八〇年代冷戰即將結束時，國內外局勢的改變使中國大幅改變了回憶二戰的方式。毛澤東一九七六年去世之後，中國進入改革開放時代，政治環境也產生重大變化。

共產黨不僅得解決經濟問題，也得解決意識型態問題。中共在一九八一年發布《關於建國以來黨的若干歷史問題的決議》，一方面讚揚毛澤東是偉大領袖，一方面否定文革時期政策。它為毛澤東時代大量動員民眾的魅力型施政方式畫下句點，並為往後奠定基礎，使中國政治在之後三、四十年比文革時期更重視經濟與科技。[57]

中共高層發現，不能在沒有意識型態支持的情況下，只靠一群黨的先鋒治國。一九八〇年代初的各種因素，讓他們注意到應該再次強調二戰。首先，他們又開始想統一臺灣。一九七五年蔣介石去世，一九七六年毛澤東去世，中國與臺灣成了兩個都在走向自由化的威權國家，比以前更容易找到共同點。這時候中共讚揚國民黨二戰貢獻的方式也變得非常精明。其次，施壓日本變得愈來愈有利。中共直到一九七二年都一直對日本的戰爭罪行輕描淡寫，試圖讓日本不要那麼親美。但到了一九八〇年代初，日本不僅可能成為亞洲最強大的國家，還可能成為僅次於美國的第二大國，這時候，那些沒解決完的歷史遺緒，在跟日本談判時就變得很有用。日本在一九八二年審定歷史教材，被中國認為是在淡化過去的戰爭罪，因而引發爭執。[58]除此之外，最重要的是，中國人在文化大革命結束之後不知道該相信什麼意識型態，這時候，整個中國團結一心對抗侵略者的故事（他們刻意不提那些通敵者），就成了人們最需要也最強大的道德建構敘事。

中國對二戰的記憶一直到一九八〇年代才與日本發生明顯的衝突。內戰結束之後，中共刻意在很多地方沿用國民黨時期的政策，不強調過去與日本之間的戰爭。蔣介石在內戰期間曾以「以德報怨」來描述他在戰後的對日政策，他的政權也花了許多心力去保護日軍留下來的東西。一九四九年，中國法院宣判中國派遣軍總司令岡村寧次將軍的戰爭罪無罪，而且還無視美國的屢次要求，不斷阻止岡村在東京審判中出庭作證。[59]

歐洲各國幾乎清一色對納粹抱持負面態度，相較起來，被日本侵略過的其他亞洲國家對日本的看法較為多元。[60]韓國的反日情緒跟中國一樣很強烈。但是印尼與緬甸這些前殖民地的菁英，甚至能夠理解為什麼有人會想聯合日本一起對抗西方帝國主義。例如鮑斯（Subhas Chandra Bose）就是如此，他建立的印度國民軍（Indian National Army）相當親日，但祖國印度並沒有因此討厭他，家鄉西孟加拉邦的人也沒有。[61]

此外，幾乎沒有任何人或任何觀念能在亞洲打造出戰後歐洲出現的那些計畫，日本沒有舒曼計畫（Schuman Plan），韓國也沒有莫內（Jean Monnet）這樣的政治家。＊蔣介石在內戰時期希望中國能夠大幅伸手干預二戰之後的亞洲局勢；但中華人民共和國對於干預他國的看法截然不同，中共領袖認為韓戰是共產地區跨國團結的經典範例，與二戰遺緒幾乎沒有關係。至於那些不屬共產陣營的亞洲國家，這段時期也並不團結。南韓與日本雖然都受美國保護，但兩國關係冷淡，一九六五年簽訂《韓日基本條約》之後，兩國關係也沒變好。東南亞大部分地區在一九五〇年代至一九六〇年代都爆發了獨立戰爭，各自建立新的民族國家。臺灣這時候則盡力降低國際地位迅速滑落所帶來的衝擊。亞洲各國在這種狀態下，幾乎沒有空間去締造二戰的共同回憶。在一九八〇年代，亞洲各國思考二戰的方式都沒有跨越國界，日本、南韓、北韓、印尼、臺灣、中國的二戰故事都不相同。

歐洲在二戰之後開始和解，亞洲的傷痕在一九四五年之後卻遲遲未癒，種種因素使各國無法開啟和解共生的新篇章。和解共生的要件之一就是在共識的基礎上，建立穩健的跨國機制。但亞洲的幾個大國即使在二戰剛結束的時候也沒有達成共識。美國一九五一年在《舊金山和約》中，正式宣布和日本結束對立，但中國沒有與會，因為當時的美國承認退到臺灣的中華民國，英國則在一九五〇年就承認了中華人民共和國。英美兩個主要簽署國各自邀請了不同的中國，結果當然兩個都沒參加，中華民國則在事後另外簽訂了《中華民國與日本國間和平條約》。中華人民共和國缺席《舊金山和約》意義重大。雖然蘇聯和美國在這段時間中，經常因為冷戰而關係相當緊張，但至少一直都有外交接觸；反倒是中華人民共和國與美國毫無聯絡，兩國因此無法建立共同規範，就連彼此之間存在哪些歧見都沒有共識。

情況很複雜，但結果很清楚。亞洲沒有出現任何一個像是北約、歐盟、華約、經濟互

＊編注：法國政治家莫內（Jean Monnet）在二戰後提出整合德國與法國重工業的主張，計畫讓煤礦和鋼鐵形成一個大的共同市場，以相同條件提供兩國（甚至歐洲其他國家）所需。後來由法國外交部長舒曼（Robert Schuman）於一九五〇年整合為舒曼計畫，並於該年五月九日發表《舒曼宣言》，主張由一個超國家機構來整合各國的煤礦與鋼鐵資源，並負責煤礦與鋼鐵的生產。這項倡議獲得法、德、義、荷、比、盧六國響應，並於一九五二年七月二十五日成立「歐洲煤鋼共同體」（European Coal and Steel Community, ECSC），此為歐洲統合之始。

助委員會（COMECON）這麼強大的跨國組織。反而是美國的影響力不斷增長，與中國愈來愈對立；中國想要崛起，但既受制於美國，又在一九六〇年中蘇決裂之後沒有後援，因而成長受限。日本、南韓、臺灣、南越在冷戰時期都靠向美國。東南亞國協（Association of Southeast Asian Nations）和東南亞條約組織（Southeast Asia Treaty Organization）則是比北約鬆散太多。當地其他國家雖然一度想在一九五五年的萬隆會議（Bandung Conference）上與脫離殖民的非洲國家建立聯盟，但最後依然口惠而實不至。後來一九七二年尼克森訪華，中美在一九七〇年代至一九八〇年代恢復友好，中國在爭取亞洲地區主導地位時，也相對受到限制。此外，中國在一九八〇年代與蘇聯的關係雖然還不錯，但算不上友好，文化大革命之後重建家園的迫切需求，以及擔心破壞平衡會有利蘇聯的想法，讓中國更為收斂。

在這種環境下，中國大幅修正了觀看二戰時期歷史的方式。當下修正得最明顯的當然是學院，但其他地方也同樣發生了這樣的變化：中共最高層對二戰歷史的看法，展開了一場猛烈的激辯。

注釋

1. "Why We fight: The Battle of China," YouTube, https://www. youtube.com/watch?v=m4Ebv-FzP60.
2. Hans van de Ven, *War and Nationalism in China, 1925-1945* (London, 2003), 3.
3. 最近的相關著作諸如：van de Ven, *War and Nationalism;* Diana Lary, *The Chinese People at War: Human Suffering and Social Transformation, 1937-1945* (Cambridge, 2010); Rana Mitter, *China's War with Japan, 1937-1945: The Struggle for Survival* [US title: *Forgotten Ally*] (London, 2013); Hans van de Ven, *China at War: Triumph and Tragedy in the Emergence of the New China* (London, 2017).
4. 請參見：Eri Hotta, *Pan-Asianism and Japan's War, 1931-1945* (London, 2007); Robert Bickers, *Out of China: How the Chinese Ended the Era of Western Domination* (London, 2017).
5. Sadako Ogata, *Defiance in Manchuria: The Making of Japanese Foreign Policy, 1931-1932* (Berkeley, 1964); Rana Mitter, *The Manchurian Myth: Nationalism, Resistance and Collaboration in Modern China* (Berkeley, 2000).
6. Parks M. Coble, *Facing Japan: Chinese Politics and Japanese Imperialism, 1931-1937* (Cambridge, MA, 1991).

7. 該戰爭的討論請參見：Peter Harmsen, *Shanghai 1937: Stalingrad on the Yangtze* (London, 2013).
8. 武漢時期的記載請參見：Stephen Mackinnon, *Wuhan, 1938: War, Refugees, and the Making of Modern China* (Berkeley, 2008).
9. 探討汪精衛動機的里程碑之作，請參見：John Hunter Boyle, *China and Japan at War, 1937-1945: The Politics of Collaboration* (Stanford, 1972).
10. 關於此事的新觀點，請參見：Beth Bailey and David Farber, eds., *Beyond Pearl Harbor: A Pacific History* (Lawrence, KS, 2019).
11. Van de Ven, *War and Nationalism*, ch.1.
12. Erez Manela, "The Fourth Policeman: Franklin Roosevelt's Vision for China's Global Role," 收錄於吳思華等編，《開羅宣言的意義與影響》（臺北：政大出版社，二〇一四）。
13. 例如可參見：Henrietta Harrison, "Newspapers and Nationalism in Rural China, 1890-1919," *Past and Present* 166 (2000): 181-204.
14. Mitter, *China's War*, 265.
15. Ruth Rogaski, *Hygienic Modernity: Meanings of Health and Disease in Treaty-Port China* (Berkeley, 2004).

16. Bickers, *Out of China*.
17. Chalmers A. Johnson, *Peasant Nationalism and Communist Power: The Emergence of Revolutionary China, 1937-1945* (Stanford, CA, 1962); Mark Selden, *The Yenan Way in Revolutionary China* (Cambridge, MA, 1971).
18. 例如可參見：Stephen MacKinnon, Diana Lary, and Ezra F. Vogel, eds., *China at War: Regions of China, 1937-45* (Stanford, CA, 2007).
19. Keith Lowe, *The Fear and the Freedom: How the Second World War Changed Us* (London, 2017).
20. American Rhetoric 收錄了羅斯福一九四〇年的「民主兵工廠」（Arsenal of Democracy）演講，https://americanrhetoric.com/speeches/fdrarsenalofdemocracy.html.
21. Eugen Weber, *Peasants into Frenchmen: The Modernization of Rural France, 1870-1914* (Stanford, 1976).
22. Klaus Muelhahn, *Making China Modern: From the Great Qing to Xi Jinping* (Cambridge, MA, 2019), 278-282.
23. 五四運動希望讓文化變得更自由開放，藉此解決中國的政治問題。關於五四運動的討論請參見：Rana Mitter, *A Bitter Revolution: China's Struggle with the Modern World* (Oxford, 2004).

24. 蔣廷黻，〈中國近代化的問題〉，原發表於《獨立評論》（一九三七），現收錄於《蔣廷黻選集》（臺北：傳記文學出版社，一九七八），頁六三七—六三八。
25. 蔣廷黻，〈中國近代化的問題〉，《蔣廷黻選集》，頁六四〇。
26. 蔣廷黻，〈論國力的元素〉，《蔣廷黻選集》，頁六四六。
27. 蔣廷黻，〈論國力的元素〉，《蔣廷黻選集》，頁六四六。
28. 蔣廷黻，〈論國力的元素〉，《蔣廷黻選集》，頁六五〇。
29. 這讓人想起哲學家阿甘本借鑑法學家施密特的思想發展出的「例外狀態」概念。請參見：Brian Tsui, *China's Conservative Revolution: The Quest for a New Order, 1927-1949* (Cambridge, 2018).
30. 蔣廷黻，〈論國力的元素〉，《蔣廷黻選集》，頁六五一、六五二。
31. 柯立梅（Maggie Clinton）寫過法西斯主義對國民黨CC系的影響有多大，徐啟軒（Brian Tsui）則將國民黨視為「保守革命」（conservative revolution）的先行者。請參見：Clinton, *Revolutionary Nativism: Fascism and Culture in China* (Durham NC, 2017); Tsui, *China's Conservative Revolution.*
32. 胡喬木，〈請重慶看羅馬〉，原刊於《解放日報》，一九四三年八月二十一日，現收錄於《胡喬木文集》卷一（北京：人民出版社，二〇一二），頁一一四。
33. 通敵行為與民族主義之間錯綜複雜的糾葛，請參見：Mitter, *China's War*, 206-207。

34. Tehyun Ma, " 'The Common Aim of the Allied Powers': Social Policy and International Legitimacy in Wartime China, 1940-47," *Journal of Global History* 9, no. 2 (2014): 254-275.
35. 關於《大西洋憲章》，請參見："United Nations, History of the UN Charter, 1941: The Atlantic Charter," https://www.un.org/en/sections/history-united-nations-charter/1941-atlantic-charter/index.html.
36. Joanna Handlin Smith, *The Art of Doing Good: Charity in Late Ming China* (Berkeley, 2009).
37. 請參見：*European Journal of East Asian Studies* 11 (2012), special edition on "Relief and Reconstruction in Wartime China," ed. Rana Mitter and Helen M. Schneider.
38. Nicole Elizabeth Barnes, *Intimate Communities: Wartime Healthcare and the Birth of Modern China, 1937-1945* (Berkeley, 2018).
39. Hans van de Ven, *Breaking with the Past: The Maritime Customs Service and the Global Origins of Modernity in China* (New York, 2014).
40. Loren Brandt, "Reflections on China's Late 19th and Early 20th Century Economy," *China Quarterly* 150 (June 1997): 282-308; Felix Boecking, *No Great Wall: Tariffs, Trade and Nationalism in Republican China, 1927-1945* (Cambridge, MA, 2017).

41. 蔣廷黻，〈論國力的元素〉，《蔣廷黻選集》，頁六五一。

42. Mitter, *China's War with Japan*, 242-250.

43. 據王建朗所述，蔣介石一九四一年十二月二十日首次在日記中提到中國的主張。王建朗，〈信任的流失：從蔣介石日記看抗戰後期的中美關係〉，收錄於期刊《近代史研究》（二〇〇九年第三期），頁六二。

44. 王建朗在〈大國意識與大國作為〉引述一九四二年十一月九日的蔣介石日記，收錄於期刊《歷史研究》（二〇〇八年第六期），頁一三三。

45. 蔣介石日記，一九四三年三月四日，史丹佛大學胡佛研究所圖書檔案館（Hoover Institution Library and Archives, Stanford University）。

46. Wang Zheng（汪錚）, *Never Forget National Humiliation: Historical Memory in Chinese Politics and Foreign Relations* (New York, 2012), ch. 3.

47. 可參見例如：Mary Fulbrook, *Reckonings: Legacies of Nazi Persecution and the Quest for Injustice* (Oxford, 2018), 453-54. 這類著作討論了前東德欠缺二戰罪惡感的問題。

48. 許多文獻都研究歐洲二戰後的記憶，代表性的論文請參見：Jan-Werner Müller, *Memory and Power in Post-War Europe: Studies in the Presence of the Past* (Cambridge, 2002).

49. 蔣介石日記，一九四五年八月二十八日。

50. 蔣介石日記，一九四五年十月九日。

51. 蔣介石日記，一九四五年十月十三日。

52. Eric Helleiner, *Forgotten Foundations of Bretton Woods: International Development and the Making of the Postwar Order* (Ithaca, NY, 2014).

53. Christopher Thorne, *Allies of a Kind: The United States, Britain and the War against Japan, 1941-1945* (Oxford, 1978).

54. 中國內戰的研究，請參見：Odd Arne Westad, *Decisive Encounters: The Chinese Civil War, 1946-1950* (Stanford, CA, 2003); 以及 Graham Hutchings, *China 1949: Year of Revolution* (London, 2020). 馬歇爾將軍的任務，請參見：Daniel Kurtz-Phelan, *The China Mission: George C. Marshall's Unfinished War, 1945-1947* (New York, 2018). 中國內戰結束後立刻制定的重建計畫，請參見：Rana Mitter, "State-Building after Disaster: Jiang Tingfu and the Reconstruction of Post-World War II China, 1943-1949," *Comparative Studies in Society and History* 61, no. 1 (2019): 176-206.

55. 韓戰對中美關係的重要性，請參見例如：Chen Jian, *Mao's China and the Cold War* (Chapel Hill, NC, 2001).

56. Chan Yang, *World War II Legacies in East Asia: China Remembers the War* (London, 2017), ch. 2; Kirk A. Denton, *Exhibiting the Past: Historical Memory and the Politics of Museums in Postsocialist China* (Honolulu, 2014), chs. 5, 6.

57. 同時期的分析請參見：David S. G. Goodman, "The Sixth Plenum of the 11th Central Committee of the CCP: Look Back in Anger?" *China Quarterly* 87 (Sept. 1981): 518-527.

58. Kenneth B. Pyle, "Japan Besieged: The Textbook Controversy," *Journal of Japanese Studies* 9, no. 2 (1983): 297-300.

59. Barak Kushner, *Men to Devils, Devils to Men: Japanese War Crimes and Chinese Justice* (Cambridge, MA, 2015), 174.

60. 某些東歐國家對於納粹占領時期的看法的確更矛盾，例如波羅的海三國就曾短暫認為入侵的納粹幫他們從蘇聯的占領中解脫。

61. 關於鮑斯的評論請參見：Sugata Bose, *His Majesty's Opponent: Subhas Chandra Bose and India's Struggle against Empire* (Cambridge, MA, 2014).

—第二章—

歷史之戰：歷史研究如何影響中國政治

一九八〇年代為中國歷史學家開闢了新天地。自一九七八年鄧小平上臺以來，中國開始轉型，中國的「新時代」如火如荼地展開。這個改革開放的時代，帶來了新的經濟理論、文化自由，也開始對客觀、科學的高等教育感興趣。一九八五年，是二戰結束四十週年，提供了歷史學家一個評估二戰意義的機會。

中國的歷史書寫和政治實踐，一直以來都是交織在一起的。漢代的司馬遷利用自己在朝廷的地位，開創了官史編寫的先河。二十世紀，歷史學家胡適出任國民政府的駐美大使，另一位歷史學家蔣廷黻則擔任行政院善後救濟總署首任署長以及中華民國常駐聯合國代表。胡適和蔣廷黻兩人皆留洋美國，深受美國高等教育影響。

這段期間歷經重大知識變革，影響了當時的政治，而中國的歷史學家在其中扮演了重要角色，他們開始幫國民黨在二戰中的作為平反。但到了冷戰期間，這些資料幾乎完全消失，留下來的也沒人去看。中國第一次回頭談戰爭的社會記憶就面臨了巨大鴻溝，中國共產黨將戰爭定義為由共產黨領導的「中國人民解放戰爭」，隻字不提國民黨抗戰時的努力、不提英美盟友，也不認真處理那些通敵政權。內戰結束後不久，國民黨從歷史敘事中消失了，這一點都不奇怪：共產黨幾乎不可能讓對手沾到任何一點光。

自一九八〇年代開始一波新的歷史詮釋風潮，中國以避重就輕的方式承認了國民黨是抗戰時期的正當政權，乍看之下看不出立場已經轉變。當時想要重新定義中國在二十世紀中葉的政治分歧，會直接變成愛不愛國的問題，不只是你站在哪個階級這麼簡單。他們就連引進資本主義帶動經濟快速發展也換了一個名字叫改革開放，藉此避開早些年會產生的嚴重爭議。但這類改變並非憑空出現。中國政治人物雖然與歷史學家的目的截然不同，但中國詮釋歷史的方式大轉彎，正是兩者攜手合作的結果。

大部分中國人跟西方一樣，都認為歷史學者是一群書呆子，沉迷於枝微末節的注腳，鬥志旺盛地辯論某些特定領域的歷史詮釋。但改革開放時代來臨時，出頭的卻全是這一類的歷史學派，勢力甚至一直延續至今。中國對二戰的詮釋不斷變動，這一直帶有強烈政治色彩，也始終與學術界最前線歷史研究的新發展有深刻關聯。

我們之後會看到，在中國學術論辯中形成的歷史詮釋和論證，最終都會被政客拿來利用，並成為大眾傳播的素材。例如在國共兩黨各自評估自己在抗戰中負了多少責任，甚至是抗戰持續了多久這些乍看之下很簡單的問題上，那些比較沒有爭議而倉促寫下的枝微末節，最後都從學術辯論變成了大眾話題。

太平洋兩岸的戰爭史

要了解戰後史學的變化及其意義，我們需要回到中美關係及戰後如何書寫中美關係的歷史。中美關係的故事和美日關係的故事之間有著鮮明的對比。就日本來說，這個故事是持續發生的：兩個敵對國打了起來，一個打敗了另一個，並且迅速將戰敗的國家掌握在自己手中，依自己的預想重新打造。戰後美國和日本所寫的許多歷史，都是奠基於兩國學者（以及政治家）新建立的緊密關係。

美國是中國對日抗戰時的最大盟友，其他國家比起來都是次要的，因此中美在二戰中的同盟而非敵對關係，變成了詮釋亞洲戰事的爭論核心，而且一直延續至今。但在戰後，美國與日本一起編纂了戰時歷史，卻沒有和中國一起這麼做。

西方國家在冷戰時期和中國很少有連繫，很多領域根本毫無交流，尤其是美國最明顯，這些國家在戰爭史和許多歷史主題上，都沒有和中國互動過。許多領域的非西方史就不是這樣。印度獨立之後的印度史學界，不僅和英國、美國、法國的學術同儕緩慢地增加交流，還大力提出新的理論模型，例如古哈（Ranajit Guha）就重新定義了葛蘭西（Antonio Gramsci）的「底層人民」（subaltern）*，很快地影響了南亞史和南美史等其他歷史研究。[1] 但中國史學界並沒有和自由世界進行這種跨國跨領域的學術接觸，臺灣與西方國家的這類學術交流也相當有限。

英語世界的讀者應該會覺得二戰時期中國史的重要發現都來自美國的大學。冷戰讓學者可以用中國二戰史來對比美國的亞洲政策，比較不久之前的歷史和當時的現況。這段時間最重要的著作不是出自歷史學者，而是政治學者，那就是詹鶽在一九六二年出版的《農民民族主義與共黨勢力》（*Peasant Nationalism and Communist Power*）。這本書出版時，二

*譯注：即菁英團體以外的人民。

戰落幕才不過十七年，中共戰勝國民黨才不過十三年，[2]但它依然是少數在中國史學界之外具有重大影響的歷史著作。原因之一，就是它認為中共藉著抗戰時期在農民心中激發了民族主義，之後成功拿下中國。在一九六〇年代初，這本書更因為點出麥卡錫時代的終結而變得重要。照這本書的說法，共產主義不可能光靠思想運動來赤化美國，一定得靠其他國家的地緣力量，或者得在美國國內搞破壞。[3]

一九六〇年代備受矚目的越戰，使許多美國學者對美國的亞洲政策愈看愈不順眼。這時候，塞爾登一九七一年出版的《革命中的中國：延安道路》（*The Yenan Way in Revolutionary China*）這本分析毛澤東陝甘寧共產革命時的社會基礎的專書，就產生了重大影響。塞爾登和詹鶽一樣，同意本土因素對中國革命影響重大，但他認為成功影響農民的主因是社會政策，而非民族主義。[4]這兩種觀點的隱隱角力，其實意味著美國正在思考中國革命和越戰的相似之處，正在用二戰時期的教訓來看當時的東南亞。

當時盛行的骨牌理論（domino theory）認為，如果不好好控制，共產主義就會不斷從第一個國家赤化到附近的其他國家，美國也正是相信了這個理論才去轟炸東南亞。但這引起了學者的好奇心，他們希望證明中國的革命成功來自國內狀態，而非地緣政治。此後，美國學術界連續十五年激辯中國農民革命成功的原因。[5] 但到了一九七八年，鄧小平的改革開放讓這個問題不再那麼重要。從一九八〇年代中期開始，西方國家愈來愈少研究二戰時期對中國共產革命的影響。這當然也跟過去十年間的事件有關，一九七二年的尼克森訪華讓美國開始與中國交流，美國最重要的歷史學家塔克曼（Barbara Tuchman）一九七一年的著作《史迪威在中國》（*Stilwell and the American Experience in China*）也發揮了重要作用，這本大部分引述美國資料的著作，譴責了中國在二戰中的表現。根據該書的說法，勇敢的史迪威將軍在蔣介石嚴重貪腐無能的政權面前，根本無力可施。[6]

西方學界從一九五〇年代至一九七〇年代一直沒有去看中國大陸的著作。中國在這三十年間出版了一些歷史與史學著作，但大部分都以毫不妥協，有時甚至因此相當乏味的觀點，主張共產主義終究會勝利。它們並不分析二戰時期的歷史，只把這段時間當成共產主義邁向勝利之路上的一段軼事。

到了一九八〇年代改革開放之後，社會變得更自由，原本稀疏的史學研究開始增加。

以復旦大學的黃美真為首的資深學者在一九八七年發表了一篇論文，爬梳一九四九年以來歷史研究的軌跡，精確地回顧了過去學界研究抗戰歷史時的問題，並提出解方。黃美真指出，共產黨獲勝之後曾經出現一批大有可為的抗戰研究，但到了文革時期，大部分的研究之路都斷了。「因此，這一階段的抗戰史研究狀況可概之以『取得初步成果，但進展緩慢』。」[7] 像胡喬木一九五〇年的《中國共產黨三十年》這種早期大作，雖然討論了一些抗戰時期的事，但都把抗戰當成中共崛起的過程。[8] 黃美真的論文指出，當時抗戰史的重要研究主題是中國共產黨在抗戰中的發展，重點放在中共採取的策略、毛澤東對勝利的貢獻、八路軍與新四軍的發展、延安的整風運動、中共在統戰過程中的自主性，以及其他和中共崛起與命運相關的主題。中共中央委員會相當重視抗戰研究，例如一九五二年四月就出版過一部蒐集當時中共法令的紀錄片。[9]

除此之外，當時的抗戰研究還刻意惡意詮釋國民黨的行為。黃美真等人表示，「許多論著指出，國民黨是大地主大資產階級的代表，它的抗戰完全出於被迫，因而在抗戰初期，國民黨推行了一條單純的依靠政府和正規軍的片面抗戰路線，致使大片國土淪喪。」

這派學者甚至還抹黑國民黨的抗戰目標：戰後，之前的史觀得以繼續維持，他們打算「把中國禁錮在半殖民地半封建的黑暗社會中。國民黨在抗戰時期強化封建法西斯獨裁統治的政策……受到史學工作者嚴厲抨擊」。[10]

中國史學家也以冷戰時期的觀點去解讀二戰時的國際關係。黃美真等人的論文指出，「五十年代，中蘇關係的研究重點在蘇聯對中國抗戰的援助」，例如這些論文會提到蘇聯在一九四五年八月對日宣戰，並認為「沒有蘇聯的援助，中國抗日戰爭的勝利是不可能的」。黃美真最後嘲諷地說：「六十年代中蘇關係緊張之後，這一課題的研究隨之中斷。」相較之下，這段時間分析二戰中美兩國角色的研究，都把美國當成二戰時的敵國，說什麼「美國助日侵華、扶蔣反共以及假援助真侵略」。[11]不過，到了一九六六年，文革發生了，所有重要的歷史研究幾乎全都中止。

一九六〇年代的西方學術界處於緊繃的氛圍中，正在嚴肅地辯論納粹政權的本質、張伯倫政府對綏靖政策失敗的責任，以及其他二戰問題。[12]臺灣也在辯論類似的主題，但中國沒有。[13]西方學者當時幾乎完全無法接觸中國學術界，中國大陸的檔案室和圖書館也不讓西方學者使用，他們想做研究就只能運用臺灣、日本、西方圖書館的資料。

胡喬木的矛盾心理

中國在一九八〇年代改革開放，尤其是一九八五年抗戰結束四十週年前後，開始認真書寫二戰史。改革開放的最初十年，知識的生產與分析方式都有重大改變。文革時期很少嚴肅的學術著作，但一九七八年之後，鄧小平以毛澤東最後幾年的發展為基礎，推動了「四個現代化」，而要推動四個現代化，就必須讓科學專家自由地進行研究，不受意識型態的束縛。

中國所謂的「科學」，比較接近德語的「Wissenschaft」（系統性的知識），除了自然科學，也包含歷史這類社會科學。這段時期，有幾個單位的學者開始以更客觀的方式重新研究中國的抗戰史，其中最重要的是南京大學那些與民國時期（一九一二至一九四九年）的創新研究關係密切的史學家。另一個重要機構則是中國社會科學院，這社科院的主角也許會讓人有點驚訝：馬克思主義理論家兼中共宣傳部長胡喬木，他在一九七七年成為該機構的首任院長。

胡喬木在一九九二年去世時，《紐約時報》稱其為「強硬派」，因為他和中共內部多次清洗有關。[14] 這位早期黨員從延安整風運動開始就和毛澤東走得很近。一九三六年魯迅去世時，他批評魯迅不願接受黨的指導是一項嚴重的失敗。一九五〇年他出版《中國共產黨三十年》，並在一九五〇年代成為中國共產主義與近代史觀點最重要的理論家之一。文革時期他也和其他高官一樣遭到迫害，但到了一九七〇年代成功平反，之後就開始找新方法去重述中國共產黨的歷史。他的研究深深影響了討論文革歷史的方式，這不僅對中共的統治相當重要，更成了一九八一年重要文件《關於建國以來黨的若干歷史問題的決議》的思想核心。

胡喬木長期獻身於黨，特別關心史學。也正因如此，他在一九八〇年代初決定以更包容的態度看待國民黨在抗戰中的貢獻。中國的一位資深歷史學家說，有三個主要理由讓胡喬木決定提高抗戰在中國政治舞臺中的地位：「他非常關心黨史，他認為抗戰史是黨史的一部分」，他認為一九八〇年代初中日關係漸趨緊張的環境下「相當適合」重提抗戰史。此外，胡喬木自己就參與過抗戰，「他的個人經驗」也是重要原因。[15]

催生抗戰歷史新解讀的另一位重要推手，是歷史學者劉大年。[16]他一九一五年出生在湖南，在長沙讀過國學。一九三八年加入中共的八路軍，晚些時候入了黨。在那之後的十年，他參加中共的教育工作；中共掌權之後成為中國科學院的歷史研究員，一度幫年事已高的近代史研究所所長范文瀾主持所務。他在文革時期也被批鬥，之後成功平反。一九七八年成為中國社會科學院近代史研究所所長，一直擔任到一九八二年。

劉大年在解放軍中的士兵與學者經歷，使他在學術界和政界德高望重。歷史學者張海鵬指出，一九八二年的「歷史教材」衝突使劉大年開始寫文談抗戰，當時中國抗議日本的新版教科書，認為這些新教材掩蓋了日本侵華時的戰爭罪行。在那之後，劉大年繼續發表了許多重要文章，編輯了抗戰史文集，成為第一批公正敘述國民黨在抗戰中與共產黨的合作具有哪些重要性的學者。此外他還建議跳脫革命視角，改用「現代化」的典範來詮釋中國近代史，以更持平的態度評價國民黨與共產黨各自的貢獻。[17]

胡喬木在一九八二年前往東北，討論設立日本侵略紀念館的事情，隨後劉大年和中國社會科學院也加入，劉大年建議在一九三七年盧溝橋事變附近的宛平縣設立一座綜合性博物館。這就是中國人民抗日戰爭紀念館。一九八五年博物館建到一半時，劉大年試圖在展覽中強調國民黨與共產黨曾經緊密合作。博物館在一九八七年七月七日，蘆溝橋事變五十週年紀念日開幕，最高領導人鄧小平親筆揮毫背書。[18]學術界嗅出風向，開始發展一套新史學。一九八七年，南京大學歷史學者張憲文主編了其中一套重要巨作：厚達三卷的《抗日戰爭正面戰場》。[19]不過，新的歷史敘事早在前一年就開始進入大眾文化，例如楊光遠於一九八六年執導的電影《血戰台兒莊》就呈現了國民黨在抗戰早期的英勇表現。[20]

但胡喬木解放中共歷史詮釋的意願，之後沒有繼續下去。一九八七年初，政治氛圍變得嚴峻，中共的保守勢力逼著較為開明的總書記胡耀邦在一月辭職，並開始另一波建設「精神文明」、反對「精神汙染」的運動。[21]

上一節提到的黃美真等人，也在政治局勢變得緊張的這一年，在重要學術期刊《民國檔案》上發表了回顧論文。這份期刊的成員，有些是以修正主義研究民國時期的最重要研究者，有些則是南京、復旦等重要大學裡面那些以歷史文獻為主的新方法去研究過往敏感時期歷史的學者。

黃美真等人在刊於一九八七年第四期《民國檔案》的論文中，回顧了過去的研究結果，並提出未來方向，讓那篇文章更像是宣言。有些研究的確比這篇論文更早在改革開放時期以新觀點述說抗戰歷史；但這篇論文對於研究抗戰史的學者在史學界剛開始變得更自由的時期所面臨的挑戰做了重要的分析。這篇論文甚至勇敢而憤怒地挑戰了毛澤東時代的主流觀念，許多作者在文革中都被批鬥，於是將自己所受的傷害，以及被別人奪走寶貴光陰之後急著彌補的焦慮感，散布在其整部作品之中。論文慎重地使用了當時的政治用語，提到一九七九年開始實行的「實事求是，解放思想」政策，「一掃以往的沉悶局面，對一些重要問題展開了學術討論，使抗戰史研究充滿了生機。」[22]他們還以馬克思主義的科學態度，主張未來的研究應該「鼓勵探索和爭鳴」。此外又說：

抗日戰爭是距今不算太遠的一段歷史，這一時期的中日關係、中美關係、國共關係和其他一些問題都是具有重要現實意義的……但正因為抗日戰爭距今不遠，我們在學術研究中就要注意擺脫感情成分而進行科學的理智的分析。只有這樣，才能實事求是的總結歷史經驗，提出新問題。[23]

他們也不忘忠貞地說：「而要完成這個『系統工程』，我們必須在馬克思列寧主義辯證唯物論和歷史唯物論的指導下，探索運用現代科學研究手段。」[24]但在這類陳腐的政治用語之外，這些學者其實對中共過去的抗戰歷史書寫提出了深刻見解：

當然，從現在的眼光看，建國後三十年的抗日戰爭史研究是存在著明顯的不足甚至是嚴重的缺陷的。首先有研究領域過窄。這不僅反映在選題範圍狹小，「空白」甚多，而且整個抗日戰爭史研究被束縛在中共黨史或革命史的框架內。[25]

黃美真承認中共史與抗戰史關係密切，但也說「這決不應該成為一種制約的關係」。

舉例來說，它發現過去在研究國共統一戰線時，總是強調兩黨之間的「矛盾和鬥爭」，忽略了「兩黨合作的側面」。過去的學者在分析國民黨時也經常刻意捨去細節，「在揭露蔣介石集團消極抗日積極反共的同時，對國民黨頑固派與降日派的區別以及同國民黨廣大愛國將士的區別注意不夠。」[26]

黃美真還指出，當代的政治局勢讓抗戰研究忽視了許多問題。例如彭德懷將軍在一九四〇年的百團大戰，是解放軍在抗戰初期少數不採游擊戰，而以傳統方式進行的戰役之一。但後來的人們卻因為彭德懷失勢而不提這場戰事。彭德懷在一九五九年大躍進時期的廬山會議上，批評了毛澤東的政策導致農村陷入大饑荒，毛大為光火，將彭德懷逐出領導班子，從此彭德懷的許多軍事成就也變成了政治敏感話題。黃美真總結道，中國學者在冷戰時期「這個研究領域內，『禁區』不少，許多重大問題得不到正常的探討，學術空氣沉悶，研究水平自然無從提高」。他毫不猶豫地把這種「不正常」的政治困境歸咎於「是『左』的思想的嚴重影響」。[27]

黃美真特別讚賞《抗日戰爭正面戰場》，這是張憲文利用位於南京的中國第二歷史檔案館所收藏的資料編纂而成的文集，如今仍被視為修正主義史學研究的經典之作。他認為張憲文等人「擺脫了『左』的思潮影響，比較客觀的追述了國民黨正面戰場的作戰情況，肯定了國民黨愛國將士對抗日戰爭的貢獻」。[28]

黃美真還討論了一個政治上相當敏感的話題：領導抗戰的是哪個黨。當時他沒意識到這個問題有多危險，只說：「在『左』的思潮影響史學研究的那些年代裡，提出這樣的問題是不可想像的。」[29]

他說這個問題的答案主要可以分為四種：一、抗日戰爭是中國共產黨領導的一場人民戰爭；二、中國共產黨在抗日戰爭中起著政治領導的作用；三、抗日戰爭形式上是國民黨領導，而實際上是國共兩黨分別領導、合作進行的；四、抗日戰爭的領導權歸屬有一個從國民黨向共產黨轉移的過程，一九四三年第三次反共高潮被制止，共產黨在統一戰線中的主導地位和優勢便告形成。[30] 他也補充，某些臺灣和外國學者「鼓吹國民黨『真正領導』了抗戰」，這種說法「與我們有著根本立場的不同」。不過黃的後面這句話是不是在反諷，我們不得而知。

黃美真的論文強調，修正主義的史學研究不僅想了解抗戰，還要更宏觀地探討「中國抗日戰爭在世界反法西斯戰爭中的歷史地位和作用問題……但長期以來，由於研究抗日戰爭史的學者未能將視野擴展到第二次世界大戰的範圍，而研究二戰史的學者又著眼於中國以外的各個戰場，因此，這個重要方面恰恰被忽視了」。[31]

黃美真還指出，「國外史學界更存在著輕視中國抗日戰爭的偏見。」一九八七年，西方學術界對二戰時期的主流看法依然是方德萬所說的「史迪威－白修德典範」（Stilwell-White paradigm），這種對國民政府在抗戰時期作風的負面印象，來自史迪威將軍與白修德記者在戰後的惡意詮釋，西方學者不僅以這種觀點去看中國，還因此認為二戰時期中緬印戰區對整體戰事沒有影響。[32]黃美珍清楚地表示：「中國的抗日戰爭，始終牽制著日本陸軍的主力，粉碎了日本帝國主義稱霸亞洲進而征服世界的企圖。」他又說：

中國的抗日戰爭推遲了太平洋戰爭的爆發，為西方民主國家加強戰備贏得了寶貴的時間；造成了不利於日、德、義軍事同盟的因素，減少了蘇聯衛國戰爭的後顧之憂；有力的支持了英美在太平洋戰爭的作戰，保衛了英美對蘇聯的一條重要供應線。[33]

黃美真認為，中國學者的研究，引起更多外國學者對抗戰研究的興趣，「但也有些人執固偏見，對我國史學這一新成果持否定的態度，甚加以攻擊。」[34]

不過他還是明確指出，若要讓歷史學界將中國的戰事納入二戰史的主流，就不能再以中共的世界觀去講述抗戰史。他說：「抗日戰爭在中共黨史、中國革命史上的歷史地位，許多研究者都有論及。但是，在近代中國社會的大潮流中，抗日戰爭居於什麼樣的位置，這是一個宏觀的、系統的研究課題，至今還未見到這方面的成果。」[35]

他還指出，抗戰研究在當時仍有許多不足之處：「抗戰時期的國（民黨）統（治）地區研究還有許多弱點，文化史、社會史方面至今仍屬空缺，因此，對這些領域開展研究是大有可為的。」至於國際史，黃美真發現中美關係的研究遠遠多於中蘇關係的研究，以及中英、中法、中德關係的研究。[36]

他在論文的結尾提出尖銳的諫言：「加快抗戰史資料整理出版的步伐。近年來，雖然編纂出版了一批資料集，但還遠不能適應研究工作的需要。目前，我們還沒有一套反映抗日戰爭全貌的大型資料集，專題資料、檔案史料的整理出版週期也很長，這已嚴重影響了抗戰史研究的進一步發展。……我們特別懇切的希望保藏豐富檔案資料的中國第二歷史檔案館，能為抗日戰爭史的研究工作提供更多的方便，為發展中國歷史科學、為建設社會主義精神文明做出更大的貢獻。」並在最後呼籲，編纂一部厚達數卷的抗戰史。[37]

這段時期的抗戰史研究，顯然和修正主義式的民國時期史研究有關。中國一位資深史學家在三十多年後表示，這種修正主義不僅是因為「政治需要」，也是因為某些體制內的學者不斷努力拓寬歷史詮釋的邊界。當時則有一位中國社科院的資深學者指出，國民黨和共產黨都有設立抗戰根據地，這種觀點一開始並不「官方」，但依然證實了，學者只要精心選用政治語詞，就可以開拓歷史詮釋的範圍。政治界之所以允許學者研究這類問題，主要是為了開放海峽兩岸的關係。臺灣在一九八〇年代初首次邀請中國學者造訪，出現了一些風趣的軼事。一位中國學者甚至記得，有些臺灣學者在他們抵達時彼此低聲開玩笑：

「共匪來了！共匪來了！」[38] 中共在這段期間幾乎沒有具體命令去規定學者在重述抗戰國共關係時的上限，但學者都很「自制」，知道可以做到什麼程度。

這些限制不僅出現在政令上，也體現在許多人的抗戰情懷中。黃美真在論文中直言：

第一，新中國的歷史學者著手研究抗日戰爭史時，在距這場戰爭結束為時還不遠，戰爭給人們造成的巨大感情創傷，在短短幾年中是難以癒合的。再則，當時的海峽兩岸和中美之間都處於敵對狀態，因而，在研究工作中，感情的批判就多於理智的分析，這就不能不影響到論著的科學性。[39]

其中一位「新中國的歷史學者」就是胡喬木。雖然他不只是學者，但他顯然認為自己在以歷史與政治的方式，幫助中國面對改革開放前期面臨的當代問題。不過胡喬木並不願意像黃美真這些修正主義學者那樣，直接挑戰過去的詮釋。他之前在開放歷史詮釋讓學者可以承認國民黨作為的過程中，扮演了重要角色，如今，他公開勸大家別在這條路上走得太遠。

一九八七年八月七日，胡喬木在《人民日報》上以一篇重要社論〈略談八年抗戰的偉大意義〉，回顧了清末至今的中日關係。他說：「八年抗戰，不但大大加快了中國革命史的發展進程，而且根本改變了近百年來中日關係的不正常狀態。」接下來，他先大篇幅陳述二十世紀初數起中日衝突達到最高點的事件，然後終於開始進入重點。他點明抗戰歷史詮釋在政治上不可踰越的雷池，亦即，中國共產黨一定是領導抗戰的一方，國民黨一定具有反動性質：

抗日戰爭就是這樣開始的。中國共產黨無論在抗戰前夕和抗戰的全過程中，始終掌握著政治的主動權，我們充分肯定國民黨政府軍所有愛國將士尤其是陣亡將士的戰功，但是蔣介石政府在抗戰初期就實行片面抗戰（只要軍隊，不要人民）的錯誤政策，從一九三九年起又實行消極抗日、積極反共反人民的反動政策，致使它的軍隊大部分幾乎喪失戰鬥力。[40]

其實早在毛澤東時代，中共就已經願意承認幾個國民黨人物和軍方英雄所做出的犧牲。[41]但胡喬木不想讓近五十年前在延安包圍他的那些人也享有這些榮譽。他在一九四三年以一篇墨索里尼如何倒臺的文章，指稱「國民黨顯然也是受了（法西斯主義）嚴重的影響」，認為該黨內非常獨裁的ＣＣ系根本就是歐洲法西斯影響下的產物。[42]四十多年後，年事已高的胡喬木再次提醒讀者，國民黨的戰略錯得有多嚴重：「一九四四年，即日本投降的前一年，日本侵略軍還能夠從河南大舉進攻，長驅南下，一直打到廣西以及貴州的一部，使戰時首都的重慶驚心喪膽。」[43]

儘管胡喬木引述的史迪威將軍，一直比其他美國同胞更同情中共，他依然把宿敵美國拿來一起譴責：

> 國民黨反動派如此腐敗不堪，不但引起民主黨派和愛國人民的極大憤慨，就連美國中印緬戰區司令兼蔣介石參謀長的史迪威將軍和美國駐華大使館的許多外交官員，也都主張美國應該盡量減少對蔣介石的援助（這些援助都被蔣介石用於準備

新的內戰，而不用於抗日），轉而實行對共產黨的援助。[44]

歷史學者林霨（Arthur Waldron）指出，中國在一九九〇年代幫抗戰時期在湖北戰死的國民黨將領張自忠平反，把他說成一個政治爭議比蔣介石小的人物。[45] 胡喬木在批評國民黨政權時也提到張治中這位「深受蔣介石信任的著名愛國將領」，* 並指出：「可見國民黨的危機深重，名譽掃地，確是國內外一致公認的事實。」[46]

至於胡喬木筆下的共產黨，則是抗戰時期的有力領導榜樣：「誰能不努力恢復和發揚抗戰時期的優良作風呢？」[47] 他聲稱八路軍、新四軍，以及共產黨領導的其他部隊，在八年抗戰期間對抗日本的部隊中占了六四%；在對抗漢奸政府的部隊中更占了九五%。「因此，經過八年抗戰，共產黨實際上已經對國民黨占有潛在的優勢。」[48]

胡喬木這篇文章是以《人民日報》社論常見的那種超然的語氣寫的。但還是看得出來，他在延安擔任毛澤東祕書期間累積的不滿情緒影響了他的看法。他早在一九三四年就有力地點出國民黨政策與義大利法西斯主義之間的相似之處，如今也不太可能給予這個老敵人任何一丁點的政治正當性。一九八七年初，胡喬木參與了中國社會科學院的清洗，是建立該機構的重要功臣之一，也相當希望這個學院能夠保持純潔。此外，他也是最後一代參與過抗戰的政治思想家與歷史學家。他在一九八七年的強硬態度顯然包含個人因素。正如一位資深歷史學者所言：「他參加過抗戰，而且他曾待過延安。」[49]

但胡喬木堅定的意識型態其實是在掩飾共產黨政權暗藏的弱點：胡並沒有證明過去的正統觀點無庸置疑，反而是擔心自己的看法可能會被推翻，因而出手干預。當時的學術界

*編注：本段提及的兩位將領，張自忠與張治中，皆為著名抗戰愛國將領，由於兩人姓氏相同、名字接近，經歷也十分相近，容易造成混淆，在此簡單介紹兩人。張自忠（一八九一—一九四〇），山東省臨清縣塘園村人，就讀北洋法政學堂加入同盟會，後投身軍旅，輾轉成為馮玉祥麾下、西北軍系將領，後隨馮玉祥加入國民革命軍，在抗日戰爭中參與多次重要戰役，最終戰死於湖北南瓜店，追晉陸軍二級上將。張治中（一八九〇—一九六九），安徽省巢縣人，畢業於保定軍校三期步兵科，後成為黃埔軍系骨幹將領，國民革命軍二級上將，深受蔣介石器重，多次代表國民黨主導國共和談，一九四九年退出國民黨，加入中華人民共和國，一九六九年病逝於北京。

已經運用一九八〇年代開始出土的材料來做研究，不會輕易改變。一九八〇年代是中共最擁抱自由主義的時期，直到一九八九年才結束，而胡喬木的文章顯示了當時的保守勢力在兩派交鋒時的掙扎。當時的經濟觀點分為兩派，一派是胡喬木和社會主義保守派陳雲等人，另一派則是新任總書記趙紫陽等人，後者想讓公共領域更活潑，藉此推動他們追求的激進經濟思想。[50]要符合胡喬木的要求，其實就只能回頭去寫那種純粹政治宣傳性的歷史，他的批判顯示過去的暗影似乎陰魂不散，讓歷史研究無法走向未來，無法採取更客觀的態度。

不過，胡喬木的政治影響力在一九八七年開始走下坡。那年秋天他沒有選上中共的中央委員。可惜的是，當時的自由主義浪潮也在消退。一九八九年六月，天安門廣場出現衝突和屠殺，讓人們對於歷史及其他學術研究的態度，在那之後好一段時間裡變得相當強硬。抗戰研究開始在新的政治氛圍下抬頭。中國社科院打算推出一本叫做《抗日戰爭研究》的新期刊，一邊收錄抗戰研究文獻，一邊以學術方式幫黨國當時高舉的民族主義背書。一位參與規劃的學者事後回憶，在一九九一年創刊號推出之前，中國政界和散居在美國的中國名人都對這項計畫施加了許多政治壓力。[51]

一九九〇年代至二〇一〇年代的二戰歷史與當代政治

之後的二十年，政治局勢和學術界的抗戰詮釋之間繼續彼此拉扯。一九九五年，世界各地都在紀念二戰結束五十週年，中國則陷入一陣風暴。中華民國總統李登輝在該年六月訪問美國，中國當然不承認他是總統，更因李登輝以官方身分而非個人身分出現在國際間而怒不可遏，之後中臺關係也因此降溫。[52]

但中國社科院的《抗日戰爭研究》也在那一年出版了特刊。這份期刊在一九九一年創刊，當時天安門事件落幕不久，知識界噤若寒蟬，但期刊依然刊出治學嚴謹、資料豐富的抗戰史研究論文，而且大部分的論文都在討論政治和軍事。

一九八九年爆發血腥事件之後，中國政府開始逐漸推動「愛國教育」。胡喬木在一九八九至一九九〇年間一直和歷史學者劉大年通信，劉在信中希望胡喬木接任《抗日戰爭研究》期刊的研究組長，哪怕只是掛個名也好。當時劉甚至去找國務院總理李鵬，幫期刊爭取到七十萬人民幣的經費，希望藉此整理抗戰時期日本在中國留下的歷史紀錄，並與當時的日本接觸。他的申請看來是通過了。[53]

五年後，劉大年在二戰結束五十週年前夕寫信給中共中央總書記江澤民，提議將八月十五日訂為抗戰勝利紀念日，並建議江澤民在那一天親自前往爆發抗戰的盧溝橋憑弔。他提到，「各大國都在利用紀念二戰勝利的機會」，舉辦各種活動宣揚自己的勝利與戰後發展：一九九一年十二月，老布希去珍珠港發表「重要」演講；一九九四年六月，伊莉莎白女王、美國總統柯林頓（Bill Clinton）、法國總統密特朗（François Mitterrand）一起去諾曼第（Normandy）紀念登陸五十週年；一九九五年五月，英、法、美、俄都派人參加歐戰勝利五十週年紀念日。劉大年提醒總書記，這可能是中國利用抗戰歷史「使我國社會主義建設獲得更有利的國際環境」的最後機會。[54]他認為紀念抗戰的目的顯然不能只放在培養中國人的民族主義，必須藉機宣揚中國的國際形象。

《抗日戰爭研究》也為了紀念抗戰勝利週年而出版特刊。一九九五年這本特刊的卷首找來許多政治名人揮毫。其中第一位就是榮毅仁，他不僅是國家副主席，也是中國的主要國有投資銀行中信銀行的創始人，更是少數明明家族與國民黨關係深厚，卻能在中共政府升至高官的大人物。榮毅仁的揮毫暗示了抗戰時期的國共合作，以及當時中國與其他國家的廣泛連繫，這些事情在一九八〇年代以前的歷史考究都刻意不提。在榮毅仁之後的名字則是蕭克與張愛萍，這兩位將軍都在抗戰與內戰中戰功彪炳，之後當上高官，但在天安門事件中被人懷疑不願派兵鎮壓北京市中心；蕭克甚至還跟一九九一年創辦的自由派雜誌《炎黃春秋》有關（二〇一六年，習近平政府撤換了該刊物的所有管理階層，實質上等於停刊）。[55] 此外還有中共在天安門事件中持鷹派立場的「八仙」大老宋任窮；以及一位歸化中國、長期支持中共的西方人艾培（Israel Epstein）。資深歷史學家各自在特刊中以論文討論抗戰中的不同主題：金沖及討論抗戰時的統一戰線政策，劉大年指出抗戰如何成為中國重生的契機，程思遠探討周恩來在一九三八年臺兒莊大捷中扮演的角色。[56]

十年後，二〇〇五年二戰結束六十週年，氣氛不再那麼緊張。中國這時候小心翼翼地重返世界。它在二〇〇一年加入世界貿易組織，二〇〇八年獲得奧運主辦權，並使國內的公領域變得更自由一點。到了二〇〇六年，二戰歷史研究在這種新氛圍下變得更有利，中國外交部長李肇星與日本外務大臣麻生太郎宣布將合作建立日中歷史共同研究團隊，邀請兩國學者共同討論與兩國關係有關的各種歷史爭議，找出雙方都能接受的詮釋。[57]但該團隊花了三年，依然無法在爭議最大的問題，尤其是二戰時期的歷史詮釋上產出共識。[58]而中日關係更是在二〇一〇年後因為釣魚臺／尖閣諸島的爭議而開始惡化。

二〇一二年，習近平上臺執政。中日關係在他上任第一年亮起紅燈，不過他和日本首相安倍晉三都知道應該避免武裝衝突，因此危機之後逐漸解除。但中日之間的歷史爭議並未從檯面上消失。習近平執政後限縮了學術自由，[59]也對歷史研究等許多學科加上強烈的政治傾向，而抗戰研究這樣的科目當然首當其衝。

二〇一五年七月三十一日，習近平在軍事科學院的演講中強調抗戰研究的重要性，把這些研究與中共當下的政治工作緊緊綁在一起：

> 目的是回顧中國人民抗日戰爭的偉大進程，肯定中國人民抗日戰爭為世界反法西

斯戰爭勝利做出的偉大貢獻，展現我們維護第二次世界大戰勝利成果和國際公平正義的堅定決心。

他強調中國對於盟軍打贏二戰的貢獻，並藉此主張中國應該在建立當代國際秩序時繼續發揮作用。還指出抗戰對於中國民族復興事業的重要意義：

這一偉大勝利，徹底粉碎了日本軍國主義殖民奴役中國的圖謀，洗刷了近代以來中國抗擊外來侵略屢戰屢敗的民族恥辱；重新確立了我國在世界上的大國地位，中國人民贏得了世界愛好和平人民的尊敬；開闢了中華民族偉大復興的光明前景，開啟了古老中國鳳凰涅槃、浴火重生的新征程。

習近平在演講中把抗戰說成中國重生的契機，聲稱中國在一九四五年而非一九四九年成為「大國」，這至少暗暗肯定了某一部分國民黨在抗戰中的貢獻，承認中國命運的轉變，是因為蔣介石與毛澤東共同打贏了抗戰，而非因為毛澤東的革命打贏了中國內戰。但習近平也提到，中國依然還是不夠讓全球更了解二戰的意義，因此必須推動更多相關學術研究：

宣傳文化部門和社會各界也做了很大努力。同時，同中國人民抗日戰爭的歷史地位和歷史意義相比，同這場戰爭對中華民族和世界的影響相比，我們的抗戰研究還遠遠不夠，要繼續進行深入系統的研究。

對習近平來說，如何讓外國更重視抗戰已經不只是學術問題，而是政治問題，關係到中國的國際地位以及中國與臺灣之間的關係：

要推動國際社會正確認識中國人民抗日戰爭在世界反法西斯戰爭中的地位和作用。要加強抗戰研究的國際學術交流。要推動海峽兩岸史學界共享史料、共寫史書，共同捍衛民族尊嚴和榮譽。60

最後這句提到臺灣的話，是在國民黨籍總統馬英九卸任前幾個月發表的，臺灣與中國的關係在馬英九的八年任內改善許多。習近平在演講結尾另外提到，之後將出現抗戰的「國家級社會科學研究資助與出版資助」。在本書撰寫之時，中國社會科學院正在編纂抗戰研究的重要作品集。抗戰研究至今依然對中國領導階層而言非常重要。

日期的爭議

政治界對於抗戰研究的興趣明顯影響了學術討論的方向。二〇一七年就出現了一個例子：中國政府宣布八年抗戰不止八年，而是從一九三一年九一八事變日本入侵滿州開始，到一九四五年結束為止，總共打了十四年。報導指出，政府希望各界在幾個月內就能改用修正過的日期，教科書應該強調「共產黨在抵抗侵略時的重要角色」，並將中國寫成對抗法西斯主義的重要戰場。[61]

簡單來說，政府直接以政治方式解決了一個長久以來的歷史詮釋問題。在戰爭結束之後的幾十年內，中國主流的說法一直認為抗戰源於一九三七年的七七盧溝橋事變，就連胡喬木也在一九八七年的文章中使用「八年」抗戰一詞，來批評過去的抗戰研究過分重視國民黨。[62]但在多年研究之後找到了完全合理的歷史論述，證實中日之戰早在更久以前就已開始。黃美真等人在一九八七年的史學回顧中就說過：

> 與抗日戰爭歷史地位問題有密切關係的，則是關於抗日戰爭的起點問題。傳統的看法是以七七事變起全民族抗戰的爆發做為抗日戰爭的上限。近年來，約有六、七篇論文對此表示不同意見，而認為九一八事變是抗日戰爭的起點……有些論著還提出，中國人民在九一八時打響了反法西斯戰爭的第一槍；七七事變開始的全民族抗戰開闢了世界反法西斯戰爭的第一個戰場。因此，中國的抗日戰爭應當成為二次大戰史的起點，但與抗日戰爭上限問題的爭論相涉及，對這個問題的看法

也存在著分歧。[63]

這項新的詮釋與日本戰後對「十五年戰爭」（雖然這個算法有點奇怪）的看法相同。日本的這種說法同時受到左右兩派的影響，把抗戰和太平洋戰爭放在一起看，將九一八事變當成起點，原子彈轟炸日本當成終點。[64]支持抗戰打了十四年的中國人則認為，日本帝國主義從入侵滿洲那一刻起，就走入一種更具侵略性的新模式，終將使整場戰事演變為全民戰爭。但根據這種觀點，其實「中日戰爭」的時間可能更長，從明治政府一八九四年在甲午戰爭中擊潰清軍艦隊開始，一直持續到一九四五年原子彈爆炸為止。例如胡喬木一九八七年就撰文指出，日本從清末開始一直干涉和入侵中國。[65]同樣地，最近的歐洲史研究也提出了「歐洲內戰」的觀念，認為歐洲各國從一九一四年到一九四五年一直互打，甚至一直打到一九九一年。如今有許多戰爭史學者都在研究一戰結束之後的各種戰事。[66]

不過與其說中日開戰的起點是一九三一年，還不如說是一九三七年。蔣介石政府在一九三一至一九三七年之間與日本簽訂了許多阻止繼續入侵的協定，例如一九三三年的《塘沽協定》與一九三五年的《何梅協定》。[67]在一九三一至一九三七年間，無論是中國與日本人民，還是兩國的領導者，都不認為彼此在打仗，最多只有某些知識份子認為這段時期屬於第一章所說的「非常時期」。當時在國內對抗入侵的主力之一，蔣介石集團，甚至採取一套「不抵抗政策」。根據蔣介石的日記，他直到一九三七年才終於發現自己不得不開戰，而在他開始動作之後，日本在中國的駐軍也遠比之前多出許多。[68]

中國政府在二〇一七年下令修改抗戰起始日期，既不是要對學術界提出建議，也不是要引發討論；而是要透過最高政治層級的聲明，要求抗戰的官方詮釋以及各種教科書直接把「八年抗戰」改為十四年抗戰。這是政治要求，不是學術要求。修改時間的主因之一是來自東北地區的政治壓力，他們認為「八年抗戰」的框架不重視日本占領東北的那段歷史。[69]早在一九八七年，東北就開始要求人們承認其抗日貢獻，在瀋陽，為一九三一年的九一八事變修建了一座紀念館。此外，法律可能也是考量原因之一，如果官方正式承認某個時期屬於戰爭狀態，就更容易宣稱當時的暴行屬於戰爭罪，讓那些行為承擔所有相關法律後果。

到了二十一世紀的最初幾年，「十四年抗戰」的說法進一步成形。中國的一位資深學者諷刺地說道：「中國的政治人物可以影響戰爭記憶，就像安倍晉三那樣……他們可以決定何謂事實。」他補充，「政治人物與國家領導人的影響力非常大」，並指出，「這是一個討論的過程」，在中國社會科學院的會議中，至少有一位非常資深的學者出言反對，而且最初的討論都有公開報導，但總體的改變路徑並「沒有那麼清晰」，「最終的決定都得看習近平」。[70]

習近平在二〇一五年七月三十一日的演講中就說過：

要從整體上把握局部抗戰和全國性抗戰、正面戰場和敵後戰場、中國人民抗日戰爭和全世界反法西斯戰爭等重大關係。我們不僅要研究七七事變後全面抗戰八年的歷史，而且要注重研究九一八事變後十四年抗戰的歷史，十四年要貫通下來統一研究。[71]

在那場演講的一年半後，中國將「十四年抗戰」定為官方說法，一九三一至一九三七年稱為「局部」抗戰，一九三七至一九四五年則是「全國」抗戰。一位資深歷史學者還是不高興，他在訪談中說：「現在所有教科書都說，你不能說『八年』抗戰，要說『十四年』抗戰。」而且官方認可的教科書原本有四本，現在只剩一本。他大嘆歷史書寫變成了不能討論的問題，「以前學者可以討論這個，現在不行了。」[72]抗戰原本的模糊定義，如今變成了讓國內的政治宣傳更為統一，以及讓人們更能批評日本在亞洲犯下戰爭罪的工具。

該領域在二〇一〇年代的狀況

中國已經花了四十多年認真地修正抗戰史。如今歷史書寫的輪廓已經清晰，但在一九八七年的「宣言」之後，學術界的詮釋究竟改變了多少呢？這個領域出現了一些分支，例如以修正主義撰寫的國共兩黨政治史和軍事史、中國在抗戰時期的國際化、大規模暴力事件的歷史等等。不過像是抗戰時期的通敵者這類主題，就依然乏人問津。

參與中國的學術研究，使研究中國二戰史的西方學者獲益良多。同樣地，某些海外著作也影響了中國人書寫的抗戰史。這種機制早有先例，例如美國學者帕克斯頓（Robert Paxton）一九七二年出版的《維琪法國：一九四〇至一九四四年的保守派與新秩序》（*Vichy France: Old Guard and New Order, 1940-1944*），就深深影響了法國人如何研究該國被納粹占領時期的歷史。[73] 雖然沒有任何一部外國著作在中國有這麼大的影響力，日本學術界依然明顯影響著中國的詮釋。當然，鑑於中國媒體報導日本竄改歷史的時候總是充滿敵意，這乍看之下相當詭異；但中國一位資深學者語重心長地告訴我：「南京大屠殺的詮釋差異是政治上的，不是學術上的。」他說如果輕描淡寫日本戰爭責任的人是西方人，中國人其實可以容忍，但如果是日本人就不行了，「畢竟當時西方人沒有與我們為敵，我們不在意他們怎麼說。」他苦笑道，即使是學者，「也會有政治情緒。」[74]

雖然抗戰史受到一些國際影響，大部分的討論依然是在中國與臺灣的學術界內部以漢語進行。本章的最後就要簡述一些重要研究領域的進展。

國共兩黨的政治史與軍事史

一九八〇年代以前，中國學術界大多都把抗戰說成中國共產黨領導的游擊戰。這種趨勢在之後的三十年開始改變，他們開始承認國民政府在抗戰中的重要角色。這種修正主義觀點為抗戰的軍事史提出了新框架。大抵來說，這段歷史從一九三七年蘆溝橋事變開始，到一九四五年八月核彈轟炸日本使戰爭突然結束為止。其中的幾個重要轉捩點，包括：一九三七年的淞滬會戰，一九三七至一九三八年的南京占領與劫掠，一九三八年的臺兒莊戰役、徐州會戰、武漢會戰，一九四一年英美兩國在珍珠港事件之後參戰，一九四二年與一九四四年的緬甸戰役，以及一九四四年的豫湘桂會戰。[75]

一九八〇年代與一九九〇年代初的修正主義史學，大部分都在統整國民黨軍隊於抗戰時期的各項成敗，不太處理國民政府與蔣介石。其中一個例子，就是他們開始研究一場國民黨軍隊少數能夠擊退日本侵略軍的戰役：一九三八年四月在山東省的臺兒莊戰役。李宗仁與白崇禧在這場戰役中擋下了襲擊臺兒莊的日軍，使後續的日軍難以前往一個中國華東地區的鐵路樞紐：徐州。修正主義挑臺兒莊戰役來研究很聰明，因為這場戰役與中共沒有關係，而且中國人打贏了日本人，討論起來不容易碰觸到意識型態問題。打贏這場仗的國民黨高階官員李宗仁，最後還投誠到中共那邊。除了這項研究，中國也彙編了與蔣介石軍隊有關的文獻，讓學術界開始討論國民政府的軍事表現。[76]如今相關主題的研究已非常豐富，各界也接受了這樣的學術研究。

不過，雖然中國已經公開承認國民黨過去的軍事成就，但由於某些議題仍極為敏感，可以討論的程度還是備受政府管控。另一方面，目前研究國民黨抗戰貢獻的文獻已經非常多，若要把這些東西清得一乾二淨，大概也得花上九牛二虎之力。該領域的一位資深研究者指出，「兩邊必須不斷在協商中求進步，這位學術著作的編輯說：「我知道哪些你可以發表，哪些不可以。」[77]

研究國民黨戰時功過的趨勢，使共產黨的主題多多少少變得乏人問津。畢竟學術藍海比紅海更具吸引力，許多研究者都發現，探索新主題比重溫舊討論更有趣。但除此之外，政治的影響也很大。一位資深歷史學者表示，與抗戰時期相關的中共史料都很「麻煩」，

「光是資料不公開就是個大問題」。[78] 學者以前比較能直接調閱相關檔案，但現在政府把大部分學者拒於門外，負責單位通常不會讓你知道它收藏了哪些資料。不過官方依然出錢資助出版了一些精心挑選的史料，一九八七年的黃美真和二〇一五年的習近平都說過，那些讓人能夠更客觀地研究抗戰的「材料」相當重要。[79]

二十一世紀之後，不僅更少人研究抗戰時期的中共，研究國民黨的主題也從國民黨軍隊在抗戰中的貢獻，開始跨足到過去的禁忌人物之一：蔣介石。中國在毛澤東時期不可能給蔣介石任何正面評價。但一九八八年開始出現一些契機。那年偏向自由主義、備受爭議的紀錄片電視劇《河殤》在全國播出，其中直接露出了蔣介石的影像，這在當時可是相當大膽的。到了一九九〇年代，談論蔣介石終於不再是禁忌。

二〇〇〇年代則發生了一件改變相關學術研究的重大事件，蔣家在二〇〇六年把之前一直保存在臺灣的《蔣介石日記》，移往美國史丹佛大學的胡佛研究所（Hoover Institution）供學術使用，這部蔣介石寫了五十多年的日記，是研究蔣氏時期最重要的史料之一。[80] 此後出現了一個有點反諷的現象，許多中國學者跑到美國加州，去找研究他們自己國家的重要史料來讀。其中最有名的一位就是中國社會科學院的楊天石，他的著作《找尋真實的蔣介石》後來變成這個領域的經典。楊天石詮釋蔣介石相當謹慎，利用大量的《蔣介石日記》引述，把蔣寫成一個有缺陷的重要歷史人物。《找尋真實的蔣介石》也成為中國與臺灣學術界在這個主題上的交會點，這本書的序文作者是呂芳上，他是根據《蔣介石日記》做出許多重要研究的資深歷史學者，在序文中強調這個主題對兩岸都很重要。[81]

中國戰場的國際史

自一九八〇年代以來，中國開始關注自己在抗戰時期這個「反法西斯聯盟」成員對二戰整體戰局的影響。這樣的史學轉變，背後帶有重大的政治意義，亦即，中國希望以這個例子證明自己「參與了」現今國際秩序的打造過程。新興的國際化詮釋也認為，中國是二戰時期亞洲最重要的戰場。不過，華人以外的歷史學者聽到這種說法，應該大部分都會皺起眉頭，即使是認為應該肯定中國二戰貢獻的學者也不例外。中國無疑是二戰的第一個亞洲戰場，甚至是二戰第一個戰場，更是阻擋六十萬日本軍的關鍵，但美國在太平洋戰區擊敗日本，才是這場戰爭勝利的決定因素。

新興的國際化詮釋也讓人有機會重新評估一個與抗戰時期有關的棘手問題：美中關係。中美兩國在冷戰期間對這個問題的關注程度差很多。美國在冷戰初期分成兩派，熱烈辯論「誰丟掉了中國」，其中一派是親共和黨右翼，主張繼續支持退到臺灣的蔣介石政權的「中國遊說團」（China Lobby）；另一派則是日益壯大的自由主義集團，主張與中國重新修好。在一九七二年尼克森訪華之後，美國終於切斷了與二戰時期國民黨政權之間最後的情感連結。幾年之後，蔣介石去世，而蔣宋美齡一直活到二〇〇三年，享壽一〇五歲。

冷戰初期的中國卻不是這樣。抗戰並沒有改變中國對中美關係的看法。共產黨高層裡面既沒有「美國遊說團」，中美也沒有任何機會討論抗戰時期的關係，更不可能辯論這個問題。在一九七〇年代之前，中美兩國的外交官、學者、學生幾乎都沒見過面。在那之後，美中關係全國委員會（National Committee on United States–China Relations）這類機構舉辦的半官方交流也不太討論這個問題。[82] 因此當時的中國學者很少討論二戰時期的中美關係，看法也很脫離現實。直到一九八〇年代學風漸趨自由之後，這個主題的研究才大幅增長。此外，很多文獻都在研究中國二戰時期與其他西方大國之間的關係，研究當時與其他非西方國家關係的文獻則比較少，但在不斷增加。

如今中美兩國已經成為二十一世紀最重要的兩股對抗勢力。而二戰時期中美關係的歷史研究，也為我們討論兩國目前的對立關係提供了基礎。如今的美國人已經不太記得蔣介石與史迪威將軍的關係，反倒是身為中共黨員的資深歷史學者章百家在二〇一二年寫了一篇文章，討論二戰時期蔣介石與史迪威關係的破裂，以及這件事對當時中美關係的意義。章百家曾任中央黨史研究室副主任，權威性相當於中共高層。他說：「正如許多人所感覺到的，中美兩國之間存在著一種相互的吸引力，但兩國之間也有一種排斥力……以致兩國關係的發展、兩國人民友誼的發展，一直循著一條『之』字型的道路前進。」接著又問：「戰時中美兩國的結盟為什麼不僅未能促成雙方的深入了解和接近，反而最終釀成了兩國的長期對立？」[83]

章百家認為，二戰前後那段時間對中美關係極為重要。他說，史迪威的影響很大，因為那是第一個主張與蔣介石劃清界線的美國重要人物，史迪威雖然「天真」而「魯莽」，但希望「在一個情況完全不同的世界裡有所建樹」。最後，「他始終想借助美國之手來改變中國的現狀，但失敗了。」章百家指出，史迪威了解美國應該盡快跟中國劃清界線，不要在內戰中支持蔣介石政權；但他的美國同胞卻沒搞清楚這點，結果在中國革命成功之後，過去的朋友就變成了敵人。文章的最後還說：「釀成悲劇的因素以及悲劇產生的效應，總比悲劇故事本身存留得更長久。」[84]

二〇一九年，章百家又寫了一篇給西方讀者的文章，把過去的中美關係對當代國際關係的影響說得更白：

歷史上，中美關係的演變一直大幅受到第三方或其他多個國家的影響。例如一九三〇年代至一九四〇年代的中美關係，就是在日本侵略擴張下維繫的。到了一九四〇年代末至一九七〇年代初，中美則是在冷戰、韓戰、越戰下對峙與對抗。直到中蘇決裂、美國撤出越南之後，中美才出現和解的條件。

也就是說，中美兩國在某種程度上一直透過與其他國家的對抗或合作，來調解彼此之間的關係。一九七九年中美恢復正常交流之後，「雙邊關係逐漸成為這兩國制定相關政策的主力，其他國家對中美關係的影響力則全都減弱。」[85]可惜中美在史迪威事件的緊張局勢之後，雖然一度於一九四五年的戰後試圖接觸，但之後始終沒有直接來往，結果花了近三十年才從現代最詭異的外交關係中恢復過來。幸好兩國如今終於可以直接交流。

抗戰中的暴行、傷亡、大屠殺

西方檢視戰爭史的角度如今大幅轉變，開始討論其中的屠殺事件。這是因為「社會轉向」（social turn）讓戰爭史開始納入戰場以外的經驗；此外屠殺也跟戰爭賠償有關，討論賠償可以把戰爭造成的衝擊變得更為政治。[86]

中國學術界之前並沒有全面整理過抗戰時期的大屠殺。但最近顯然已開始在戰役與政治史之外，研究戰爭帶來的傷害。也許最顯著的趨勢，就是研究日本在華暴行的文獻不斷增加。其中值得注意的主題之一是一九三七至一九三八年的南京大屠殺，當時日本軍攻占首都南京之後，殺害了成千上萬的平民。[87]如今學術界就在中國政府多次批評日本在亞洲扮演的角色之時，出現同樣的政治潮流，蒐集許多南京大屠殺的原始資料，並批判這項暴行。除此之外，學界也開始研究日本在中國展開細菌戰等其他戰爭罪行，像是二〇〇七至二〇一〇年在日中歷史共同研究委員會扮演要角的學者，已故的中國社會科學院研究員步平，就曾發表過具開創性的相關研究。[88]

中國西南地區的學者，在國家允許研究更多元的抗戰主題之後，也編了一系列書籍，討論日本在抗戰時期的集中火力空襲，對重慶與周邊國民黨控制地區的生命、財產、基礎建設造成多大的損害。[89]此外也慢慢有愈來愈多人研究國民黨在抗戰中造成的傷害，例如一九三八年的花園口決堤，以及一九四二年的河南大饑荒。[90]由於這些事件相當尷尬，多年以來一直很少人討論。也許你會覺得這很奇怪，畢竟這些事件既與當時的中共無關，在當代的中國批評國民黨又應該沒有任何問題。但畢竟這是日本發動的戰爭，批評中國政府在戰爭中的任何不人道作為都會令人不安。更尷尬的是，共產黨在毛澤東時期也發生過類似的事情，例如大躍進，這使得饑荒在中國成為一個敏感話題。

通敵者

有一個抗戰主題一直很少人研究：與日本合作的通敵政權。這跟法國的發展差很多，法國在一九六〇年代開始研究納粹占領時期的政府，開啟了二戰史中最難研究的領域之一。雖然相關議題還有許多重大爭議，但法國至今一直有人討論通敵政權的本質。[91]

這類討論在中國就少很多。研究最多的是一九四〇年在南京建立、一九四五年戰爭結束時垮臺的汪精衛政府（汪精衛本人則在一九四四年逝世），但大部分的研究都直接把汪精衛指為漢奸，而不是公開討論這個政權的本質。如果你真的去看，你會發現汪精衛與那些建立維琪政府的人差很多，貝當（Philippe Pétain）和拉瓦爾（Pierre Laval）都拒絕承認自己是延續第三共和，反而是汪精衛清楚表示自己是孫中山的合法繼承人，並將一九四〇年的建國稱為「還都」而非改朝換代，藉此指稱那個逃到重慶的蔣介石政權欠缺正當性。

不過，抗戰時期的通敵政權可不只有汪精衛。日本關東軍在一九三一年秋天侵占中國東北之後，一九三二年就建立了滿州國，如果你同意抗戰開始於一九三一年而非一九三七年，你應該會覺得滿州國的地位更微妙。滿州國主張「王道」，這是一種前現代、偽儒家的復古政治觀點，跟汪精衛、蔣介石、毛澤東信奉的現代民族主義完全背道而馳。除了滿州國，日本也扶植了一些幾乎毫無意識型態基礎的政權，藉此讓這些通敵者彼此競爭，卜正民（Timothy Brook）分析過的梁鴻志政權就是一個例子。[92]

中國有一些文獻研究這些政權，尤其是汪精衛政府，[93]但這些研究既不全面，而且會讓人覺得這些政權只不過又是中國現代史上另一些黑暗的異常現象而已。少數當紅作家和媒體名人會以更細緻的說法討論汪精衛，而在學術界雖然已經開始重新研究抗戰時期的國民黨，卻依然沒有廣泛研究那些通敵政權的情況下，這些名人的說法相比之下就更為尖銳而百無禁忌。一位資深學者告訴我，通敵的問題至今依然「非常難研究」，不僅「很少人發表相關著作」，而且僅有的論文都著重於整理證據，例如汪精衛掌控了多少軍隊云云。他說，學術界可以研究這個主題，但不能說這些通敵者有任何一點「愛國」成分，在講到汪精衛、陳公博、周佛海等重要通敵者，以及與這些人合作的當地勢力如何看待自己的時候，都要非常小心。正因如此，學界研究國內衝突時，主要還是著眼在國共衝突，相比之下，無論是國共任一方與這些通敵政權的衝突還是交流，都很少人去關注。

中國學術界研究二戰史的方式非常學術，而且大部分的討論都以學術方式進行。但這既不表示抗戰只是象牙塔裡的事，也不表示這件事與其他人無關。編纂歷史在中國永遠都很政治，二戰自然也不例外。一九八〇年代初的學者，在政界頂層的授意下開始進一步討論抗戰與其意義；如今習近平時代的政府也繼續主導控制著相關討論。二戰的記憶與遺緒，如今已經以各種方式浮上中國國內的公領域。但在毛澤東去世之後湧出的抗戰研究浪潮，四十年後依然無法讓現在的中國政界與媒體界對這件事形成任何共識。關於抗戰的學術辯論，後來孕育出了一套影響中國社會的強力新說法。下一章我們就要來看看它在中國的公領域掀起了什麼波瀾。

注釋

1. 這種影響力強大的學派的關鍵著作之一，請參見：Ranajit Guha, *Elementary Aspects of Peasant Insurgency in Colonial India* (New Delhi, 1983).
2. Chalmers A. Johnson, *Peasant Nationalism and Communist Power: The Emergence of Revolutionary China, 1937-1945* (Stanford, CA, 1962).
3. Paul A. Cohen, *Discovering History in China: American Historical Writing on the Recent Chinese Past*, 2nd paperback ed. (New York, 1984), chs. 3-4.
4. Mark Selden, *The Yenan Way in Revolutionary China* (Cambridge, MA, 1971).
5. Suzanne Pepper, "The Political Odyssey of an Intellectual Construct: Peasant Nationalism and the Study of China's Revolutionary History: A Review Essay," *Journal of Asian Studies*, 63: 1 (2004): 105-125.
6. Barbara Tuchman, *Stilwell and the American Experience in China, 1911-45* (New York, 1971). 有關以修正主義重新分析史迪威將軍的研究，可參見：Hans van de Ven, *War and Nationalism in China*, 1925-1945 (London, 2003), ch.1.

7. 黃美真、張濟順、金光躍，〈建國以來抗日戰爭史研究述評〉，收錄於《民國檔案》一九八七年第四期（南京：中國第二歷史檔案館，一九八七年十月），頁九五。
8. 胡喬木，《中國共產黨的三十年》（北京：人民出版社，一九五〇）。英文版於一九五一年在倫敦出版。
9. 黃美真、張濟順、金光躍，〈建國以來抗日戰爭史研究述評〉，頁九五。
10. 黃美真、張濟順、金光躍，〈建國以來抗日戰爭史研究述評〉，頁九六。
11. 黃美真、張濟順、金光躍，〈建國以來抗日戰爭史研究述評〉，頁九六。
12. 近年討論這個問題的著作是：Tim Bouverie, *Appeasing Hitler: Chamberlain, Churchill and the Road to War* (London, 2019).
13. Pete Millwood, "(Mis)Perceptions of Domestic Politics in the U.S.-China Rapprochement, 1969-1978," *Diplomatic History* 43, no. 5 (2019): 890-915.
14. "Hu Qiaomu, a Chinese Hardliner, Is Dead at 81," *New York Times*, 29 Sept. 1992.
15. 二〇一八年七月採訪中國資深歷史學者。
16. 中國社會科學院近代史研究所網站有劉大年的簡述：http://jds.cssn.cn/english/scholars/201605/t20160506_3332921.shtml.

17. 張海鵬，〈戰士型的學者，學者型的戰士〉，收錄於《劉大年集》（北京：中國社會科學出版社，二〇〇〇），頁四七一、四八四—四八五。
18. 周秋光、黃仁國，《劉大年傳》（長沙：岳麓書社，二〇〇九），頁五二二—五二七。
19. 中國第二歷史檔案館編，《抗日戰爭正面戰場》（南京：江蘇古籍出版社，一九八七）。
20. Geremie Barme, "History for the masses," in Jonathan Unger, ed., *Using the Past to Serve the Present* (Armonk, NY, 1993), 278.
21. Richard Baum, *Burying Mao: Chinese Politics in the Age of Deng Xiaoping* (Princeton, NJ, 1994), 6.
22. 黃美真、張濟順、金光躍，〈建國以來抗日戰爭史研究述評〉，頁九七。
23. 黃美真、張濟順、金光躍，〈建國以來抗日戰爭史研究述評〉，頁一〇八。
24. 黃美真、張濟順、金光躍，〈建國以來抗日戰爭史研究述評〉，頁一〇八。
25. 黃美真、張濟順、金光躍，〈建國以來抗日戰爭史研究述評〉，頁九六。
26. 黃美真、張濟順、金光躍，〈建國以來抗日戰爭史研究述評〉，頁九六。
27. 黃美真、張濟順、金光躍，〈建國以來抗日戰爭史研究述評〉，頁九七。
28. 黃美真、張濟順、金光躍，〈建國以來抗日戰爭史研究述評〉，頁九七。
29. 黃美真、張濟順、金光躍，〈建國以來抗日戰爭史研究述評〉，頁一〇〇。

30. 黃美真、張濟順、金光躍，〈建國以來抗日戰爭史研究述評〉，頁一〇〇。
31. 黃美真、張濟順、金光躍，〈建國以來抗日戰爭史研究述評〉，頁九九。
32. Van de Ven, *War and Nationalism*, 7.
33. 黃美真、張濟順、金光躍，〈建國以來抗日戰爭史研究述評〉，頁九九—一〇〇。
34. 黃美真、張濟順、金光躍，〈建國以來抗日戰爭史研究述評〉，頁一〇〇。
35. 黃美真、張濟順、金光躍，〈建國以來抗日戰爭史研究述評〉，頁一〇〇。
36. 黃美真、張濟順、金光躍，〈建國以來抗日戰爭史研究述評〉，頁一〇五。
37. 黃美真、張濟順、金光躍，〈建國以來抗日戰爭史研究述評〉，頁一〇八。
38. 二〇一八年夏季採訪中國社會科學院資深學者。
39. 黃美真、張濟順、金光躍，〈建國以來抗日戰爭史研究述評〉，頁九七。
40. 胡喬木，〈略談八年抗戰的偉大意義〉，《人民日報》一九八七年八月七日，收錄於《胡喬木文集》卷二（北京：人民出版社，二〇一二），頁二四八。
41. 參見 Chan Yang（楊嬋）, *World War II Legacies in East Asia: China Remembers the War* (London, 2017).
42. 胡喬木，〈請重慶看羅馬〉，原刊於《解放日報》（一九四三年八月二十一日），現收錄於《胡喬木文集》卷一，頁一一三—一一四。關於中國的法西斯主義，可參見：Maggie Clinton, *Revolutionary Nativism: Fascism and Culture in China* (Durham, NC, 2017).

43. 胡喬木，〈略談八年抗戰的偉大意義〉，頁二四八。

44. 胡喬木，〈略談八年抗戰的偉大意義〉，頁二四九。

45. Arthur Waldron, "China's New Remembering of World War II: The Case of Zhang Zizhong," *Modern Asian Studies* 30: 4 (1996): 945-978.

46. 胡喬木，〈略談八年抗戰的偉大意義〉，頁二四九。

47. 胡喬木，〈略談八年抗戰的偉大意義〉，頁二四九。

48. 胡喬木，〈略談八年抗戰的偉大意義〉，頁二四九。

49. 二〇一八年七月採訪中國資深歷史學者。

50. 這個時代的經濟與政治改革，可參見：Julian Gewirtz, *Unlikely Partners: Chinese Reformers, Western Economists, and the Making of Global China* (Cambridge, MA, 2017).

51. 二〇一八年七月採訪中國資深歷史學者。

52. Jean-Pierre Cabestan, "Mainland Missiles and the Future of Taiwan . . . and Lee Teng-hui," *China Perspectives*1 (Sept.– Oct. 1995): 43-47.

53. 劉大年致李鵬，一九九〇年十月十五日，收錄於王玉璞、朱薇編，《劉大年來往書信選》（北京：中央文獻出版社，二〇〇六），頁五六四。

54. 劉大年致江澤民，一九九五年五月十五日，《劉大年來往書信選》，頁六二三。

55. Choi Chi-yuk（蔡志郁）, "Outspoken Liberal Magazine *Yanhuang Chunqiu* Stops Publication after Management Purge," *South China Morning Post*, 18 July 2016.

56. 《抗日戰爭研究》編輯部編，《抗日戰爭勝利五十週年紀念集：一九四五—一九九五》（北京：近代史研究雜誌社，一九九五）。

57. Mark Tran, "China and Japan Agree to Joint History Study," *Guardian*, 16 Nov. 2006.

58. Shin Kawashima, "The Three Phases of Japan-China Joint-History Research: What Was the Challenge?" *Asian Perspective* 34, no. 4, (2010): 19-43.

59. Eli Friedman, "It's Time to Get Loud about Academic Freedom in China," *Foreign Policy*, 13 Nov. 2018.

60. 習近平，〈讓歷史說話，用史實發言，深入開展中國人民抗日戰爭研究〉，二〇一五年七月三十一日，中國共產黨新聞網，http://cpc.people.com.cn/n/2015/0731/c64094-27393899.html.

61. Kinling Lo（盧建靈）, "Textbooks Change: China's war against Japanese Aggression Lasted 14 Years

instead of Eight," *South China Morning Post*, 7 Jan. 2017.

62. 胡喬木，〈略談八年抗戰的偉大意義〉。

63. 黃美真、張濟順、金光躍，〈建國以來抗日戰爭史研究述評〉，頁一〇〇。

64. 請參見：Sandra Wilson, "Rethinking the 1930s and the '15-Year War' in Japan," *Japanese Studies* 21, no. 2 (2001): 155-164。

65. 胡喬木，〈略談八年抗戰的偉大意義〉，頁二四三—二四四。

66. 請參見例如：Robert Gerwarth, *The Vanquished: Why the First World War Failed to End* (London, 2016).

67. 根據近年編纂的何應欽傳記，這些協議是何應欽將軍規劃的，請參見：Peter Worthing, *General He Yingqin: The Rise and Fall of Nationalist China* (Cambridge, 2016).

68. Rana Mitter, *China's War with Japan, 1937-1945: The Struggle for Survival* [US title: *Forgotten Ally*] (London, 2013), 74-77.

69. 二〇一八年七月採訪中國資深歷史學者。

70. 二〇一八年七月採訪中國資深歷史學者。

71. 習近平，〈讓歷史說話，用史實發言，深入開展中國人民抗日戰爭研究〉。

72. 二〇一八年七月採訪中國資深歷史學者。

73. Robert O. Paxton, *Vichy France: Old Guard and New Order, 1940-1944* (New York, 1972).

74. 二〇一八年七月採訪中國資深歷史學者。

75. 關於這些戰役請參見：Mark Peattie, Edward Drea and Hans van de Ven, eds., The *Battle for China: Essays on the Military History of the Sino-Japanese War of 1937-1945* (Stanford, CA, 2011).

76. 正如本章之前所述，中國第二歷史檔案館所編的《抗日戰爭正面戰場》（南京，一九八七）是這個主題的一系列關鍵文件。

77. 二〇一八年七月採訪中國資深歷史學者。

78. 二〇一八年七月採訪中國資深歷史學者。

79. 學者紀保寧（Pauline Keating）爬梳了至二〇一七年為止，討論中共抗戰期間革命基地的各種中英文獻，請參見：“Yan'an and the Revolutionary Base Areas,” Oxford Bibliographies, updated 28 Apr. 2014, http://www.oxfordbibliographies.com/view/document/obo-9780199920082/obo-9780199920082-0089.xml.

80. Fang-Shang Lua and Hsiao-ting Lina, “Chiang Kai-Shek's Diaries and Republican China: New Insights on the History of Modern China,” *Chinese Historical Review* 15, no. 2 (2008): 331-339.

81. 呂芳上編，《蔣中正日記與民國史研究》上下冊（臺北：世界大同出版，二〇一一）。
82. Millwood, "(Mis)Perceptions of Domestic Politics in the U.S.-China Rapprochement."
83. 章百家，〈抗戰時期中美合作的歷史經驗：由史迪威在華經歷所想到的〉，收錄於《新遠見》（二〇一二年第一期），頁三一、三五。
84. 章百家，〈抗戰時期中美合作的歷史經驗：由史迪威在華經歷所想到的〉，頁三九。
85. Zhang Baijia（章百家），"If History Is Any Guide," *China-US Focus* (9 Apr. 2019), https://www.chinausfocus.com/foreign-policy/historical-lessons-and-future-implications-for-evolving-china-us-relations.
86. 例如參見：Joanna Bourke, *Wounding the World: How Military Violence and War-play Invades Our World* (London, 2014).
87. 例如參見：資深學者張憲文主編，長達七十八卷的選集《南京大屠殺史料集》（南京：江蘇人民出版社，二〇〇五—二〇一一）。
88. 步平，《日本的化學戰》（哈爾濱：黑龍江人民出版社，一九九八）。
89. 例如參見：章開沅和周勇主編一部長達百卷的《中國抗戰大後方歷史文化叢書》（重慶：重慶出版社，二〇一一—）。

90. 例如參見：馬仲廉，〈花園口決堤的軍事意義〉，收錄於《抗日戰爭研究》，一九九九年第四期。

91. 有部著作在英語作品中相當重要，它引用了大部分研究法國通敵政權的著作，請參見：Julian Jackson, *France: The Dark Years, 1940-1944* (Oxford, 2001).

92. 關於滿洲國，請參見：Prasenjit Duara, *Sovereignty and Authenticity: Manchukuo and the East Asian Modern* (Lexington, KY, 2003); Thomas Dubois, *Empire and the Meaning of Religion in Northeast Asia: Manchuria, 1900-1945* (Cambridge, 2017); Rana Mitter, *The Manchurian Myth: Nationalism, Resistance, and Collaboration in Modern China* (Berkeley, 2000). 關於梁鴻志，請參見：Timothy Brook, "Hesitating before the Judgment of History," *Journal of Asian Studies* 71, no. 1 (2012): 103-114.

93. 蔡德金的《汪精衛評傳》（成都：四川人民出版社，一九八八）是早期研究汪精衛的作品之一，蔡德金還編了共計二卷的《周佛海日記》（北京：中國社會科學出版社，一九八六）。近年最重要的相關作品之一則是：David Serfass, "Le gouvernement collaborateur de Wang Jingwei: aspects de l'état d'occupation durant la guerre sino-japonaise, 1940-45" (Ph.D. thesis, Paris, 2017).

第三章

記憶、懷舊、顛覆：中國公共領域如何看待二戰

白俄羅斯作家亞歷塞維奇（Svetlana Alexievich）在她的著作《戰爭沒有女人的臉》（*The Unwomanly Face of War*）一書中，記下了一群蘇聯婦女親身分享她們在二戰期間經歷的故事。[1] 這些年輕婦女被迫上前線的悲慘故事，與幾十年來受蘇聯影響的那一套光榮之戰敘事大相逕庭，在過去的敘事裡，人們團結一致對抗納粹侵略者，這個新的敘事卻不是如此。她採訪的婦女都怨嘆道，在投身戰場三十年或更久之後，她們的故事卻從大多數官方戰爭的描述中被抹去，被歸在一個修飾過、充滿陽剛之氣的抵抗納粹主義的故事之下。雖然這些婦女的故事是在政治環境下建構出來的，也因為政治環境的關係成了遙遠記憶，但依然說出了蘇聯戰時歷史官方版本之外，另一套引人注目的故事。

在文化大革命後，以及一九八九年之後，中國也同樣以這種矛盾的態度去建構中國人的身分認同，在官方體系支持的各個地方，以及界線更模糊的公共場所中，講述過去被禁止的新故事。中國的政府和廣大人民，在這種重新述說的過程中彼此影響，但雙方通常都不會承認。

一九八九年以前，政府就開始重新講述抗戰年代的故事，修建了一些大型博物館來紀念抗戰時期的重要事件。在天安門廣場衝突之後，政治言論相對自由的時期結束了，人們不再能夠討論民主和政治自由的議題，這並沒有讓人民更相信國家告訴他們的國族身分，人們還是不懂何謂中國人。在那之後，人們不再尋求新的政治理想，而是轉去理解中國人的意義。隨著經濟不斷成長，生活愈來愈舒適，社會卻開始變得愈來愈不安，人們發現，除了追求個人小確幸，沒有任何更大的意義。當時無論是政府，還是廣大人民，都不再把毛澤東時代跟積極奮發畫上等號。整個國家正在推動一波新愛國主義運動，對戰爭的社會記憶正好有助於建立自我認同。

到了一九九〇年代，中國在二戰中經驗的記憶成了新的政治意識中至關重要的一部分。這段期間，中國和全球其他地方都遭遇巨大的政治變革。一九八〇年代末，冷戰出乎意料地戛然而止，而一九八九年天安門的危機與殺戮，也讓中共政權一度陷入生死交關。然而到了一九九〇年代中期，才短短幾年，中國經濟就再次快速起飛，至二〇〇八年已然成為世界第二大經濟體。

在這段引人注目又動盪的時期，中國一直不斷有人在談論二戰。當冷戰結構瓦解，全球局勢發生天翻地覆的改變，中國許多機構和人民還在建構更多抗戰時期的歷史敘事，而且持續了三十多年，直到今日仍未停止。

我們在前一章已經看到了學術界的轉向——而且通常這類轉向很具爭議性——大幅改變了一九八九年前後，學術圈理解抗戰歷史的方式。我們這一章把重點放在抗戰的集體記憶，以及它在中國政府和公共領域中的意義，並且探討它如何受到學術論述影響，但又如何在一九八〇年代中期到千禧年之交，發展出一些新方向（某些我提到的事甚至近幾年還一直存在）。當然這不表示那段期間出現一套抗戰敘事的共識，即使是「極權主義」的政權，也無法靠國家力量管控話語的複雜性。然而，中國確實有一套屬於自己的集體記憶。

一九九〇年代是中國抗戰敘事形成，至關重要的十年。這段時期，這個新興國家盛行愛國主義，同時，天安門事件之後的中國知識份子和公眾，對自己的身分認同也不知如何是好。這段時期是社群媒體和網際網絡＊出現之前的時代，在那些年裡，社會記憶是透過法國史學家胡梭所謂的各種「載體」所創造出來的。[2] 例如博物館一直是國家最常用來控制公眾對戰爭的記憶以及反映官方史觀變化的工具之一。一九九〇年代的愛國主義運動，完全體現在像是北京的抗日戰爭紀念館這類地方，運動乘載的訊息也反映在知識份子回顧抗戰記憶的方式上。受大眾歡迎的作家吸收了充滿愛國主義思維且由國家定義的抗戰意義，然後以之反思他們自己的個人經歷或是當代中國社會不斷變化的本質。

新的社會記憶從來不是憑空創造出來的，而是由政治人物、文化人士以及受中共控制的媒體所共同創造，主要目的是打造出一套跟中國內部身分認同相關的道德論述，並且與中國在國際上的角色綁在一起。這使得抗戰歷史在公領域（博物館、流行書籍、電影、電玩遊戲）的描述，與第二章提到的學術著作的論述走向完全不同。例如作家方駿的著作，以及張藝謀所執導的電影《金陵十三釵》這類作品，表面上是在講中國面對日本的野蠻行徑時所展現的美德，但這些論述也大都反映了「中國人」的本質。例如樊建川的著作及他

＊譯注：「internet」和「network」過去習慣譯為「網際網路」和「網路」，實際上指涉的對象往往因脈絡而有所不同，可以指涉機器之間的訊號連接，也可以指涉使用者之間的連結與交流。本書依據文字脈絡，將後者譯為「網絡」或「網際網絡」，未指明者則沿用目前習慣的「網路」或「網際網路」。

創建的博物館，或是媒體人崔永元主持的電視節目，真正的重點都是批判某些中國人所謂的道德弱點，像是屈從於當代消費主義的誘惑，或是歷史定位模糊的戰時通敵，而日本人只是被拿來借題發揮的素材。公領域大多數關於抗戰的討論，其實根本和日本無關，也不是在談一九三七年或一九四五年的身分認同，而是跟中國本身以及中國如何看待今日的身分認同有關。

中國現在很常在公領域談論二戰記憶，也承認這段記憶對當今中國很有意義。當代的中國政治當然不只是由這類戰爭記憶與遺緒所塑造出來的。自一九八〇年代以來，中國出現了許多民族主義的元素，例如中國傳統思想的重新挪用，以及習近平時代中國共產黨自我改造時大力推行的「社會主義核心價值觀」。

但無論如何，抗戰的故事依然是一個重要元素。中國與二戰之間的關係，在中國多層面的文化及政治環境中自成一格。它的獨特之處在於它幫助中國形成更多的民族主義敘事，也跟其他主要交戰國的二戰記憶與遺緒形成鮮明對比。

抗日戰爭紀念館

要具體了解抗日戰爭的記憶如何在中國變得愈來愈重要，最快的方式就是去走訪以這場戰爭為主題的三大博物館。這三座博物館全都建於一九八〇年代及一九九〇年代，並且不斷擴建發展。為悼念南京大屠殺而設立的「侵華日軍南京大屠殺遇難同胞紀念館」於一九八五年在南京落成；北京的「中國人民抗日戰爭紀念館」於一九八七年開幕；瀋陽的「九・一八歷史博物館」則於一九九一年開館，紀念的是一九三一年的九一八事變，日本就是從這個事件之後開始占領滿洲。

二十世紀初，中國才開始出現公共博物館這個新概念。一九二〇年代和一九三〇年代，紫禁城被國民政府改造成故宮博物院，變成了一個灌輸新公民意識的工具，而不是原來那套臣民意識。[3] 中華人民共和國比國民政府長壽，然而它所資助的博物館深受快速變化的歷史詮釋所左右，因為這跟共產黨內部的政治變革息息相關。位在天安門廣場的革命歷史博物館曾因此在一九六〇年代及一九七〇年代閉館了好長一段時間。

在毛澤東時代，對日抗戰一直是次要的公眾歷史主題；所有鋒頭都被共產黨和國民黨之間的分歧搶去，眼下要先當心國民黨這個威脅，與日本的戰爭早已是過去的事。這當然不是說公領域完全不看對日抗戰的歷史。一九五〇年代撫順就設置了一座銘記戰爭罪行的博物館，講述日軍在當地的殘酷暴行，也記載了一九四五年後對日本戰俘進行政治「再教育」的事蹟。[4] 一九八〇年代新建立的博物館，在展品重點和基調上都有些轉變。

抗日戰爭紀念館是國家傾全力催生出的產物，幕後推手正是非常知曉中國近代史內在問題的強硬派理論家胡喬木，他讓對日抗戰史在學界成為一個重要課題。胡喬木、史學家劉大年和中國社會科學院經過一番討論後，盧溝橋事件發生地附近的宛平城獲選為博物館的館址。一九八三年，胡喬木發表了一場演講，昭告大眾建設博物館來紀念重大歷史事件有多重要，他宣稱自己在文物工作和策展工作方面是「外行」，但仍相當熱情地支持中國博物館文化的發展。他指出，前一年有報導稱，東京政府出版的教科書修改了一些關於一九三〇年代日本侵華歷史的描述。[5] 他表示：「抗日戰爭的歷史很近，但我們今天還沒有一個抗日戰爭紀念館。」他的語氣很委婉；甚至主張再建一座博物館，以頌揚中日兩國幾千年來的友好往來（不過這間博物館直到現在都還沒蓋就是了）。他還注意到，相比之下，中國其他領域的專業博物館都比較少，比如關於婦女史這樣的主題，或是像孔子、杜甫、岳飛和孫中山這類在文革時被反，文革結束之後沒多久又紅起來的中國「名人」的歷史。[6] 然而，建立抗日戰爭紀念館還是首要計畫。[7]

這座博物館全名叫北京中國人民抗日戰爭紀念館，於一九八七年開館。紀念館低矮的建築走現代主義風格，周圍有一些花園和其他展廳。建築本身並不吸引人，裡頭陳列的展覽品才是重點。開館頭幾年，博物館就展現了史學研究重點的轉向，在接下來二十年裡，這個轉變會變得更加明顯。入口大廳裡有四座巨大雕塑。其中兩座展現的是「將軍、愛國將士和廣大人民群眾」，另外兩座刻的是具體事件。其中之一是紀念一九四一年九月的狼牙山五壯士，據說當時共產黨晉察冀軍區的五名戰士在河北省易縣打游擊，對抗數千名日軍。根據一九九七年印製的博物館簡介，他們最後彈盡援絕，毅然集體跳崖，展現崇高的革命精神和無畏的英雄氣概。[8] 第四座浮雕則是紀念國民黨抗戰英雄的事蹟：一九三七年八月，隸屬第十八軍第九十八師的營長姚子青帶著自己的部隊一同保衛上海寶山縣城，英勇抵抗八百名日軍，最後為國捐軀。在雕塑作品附近的抗戰烈士紀念碑上刻著兩百九十六個名字，是「在抗戰期間犧牲性命的八路軍和新四軍、國民政府軍隊……以及東北抗日聯軍的中共高級將領」。這些名字不分英烈生前隸屬哪支部隊，而是按照「抗戰期間犧牲的時間」來排序。[9]

這座博物館理所當然將中國共產黨置於博物館敘事的中心，導覽手冊寫道：「獨立自主的游擊戰是人民戰爭的一個面向，也是中國共產黨領導的部隊，在抗日民族統一戰線的策略下展開人民戰爭的具體例證」，並進一步指出，人民群眾與中國共產黨的緊密關係是「人民戰爭勝利的根本保證」。[10] 國民政府也贏得一些稱揚，其中一項展品的說明牌寫道，在「政治、經濟、文化和對外關係領域」，國民政府確實施行了一些「與抗日及改革有關的有效政策」。一九九七年，在天安門廣場中國革命歷史博物館*的「現代中國一八四〇—一九九七」展覽中，也可以看到對國民政府的稱讚，該展覽的展期剛好遇到香港回歸，展品包含了蔣介石政府在一九三〇年代進行的工程和科學計畫。

一九八九年天安門事件之後，中國轉向愛國主義教育，為抗日戰爭紀念館提供了一個新契機，展現自己可以成為一個有用的意識型態工具。紀念館的管理者深信，他們有責任對抗承平時期經濟繁榮帶來的一些道德敗壞。負責紀念館教育活動的職員于延俊說，給孩子們講述抗戰時期的知識是很重要的，因為「一九八〇年代成長的獨生子女學生，是在甜美的生活中，在社會與家庭的特殊保護下，在以自我為中心的環境之中長大的一代」。于還擔心，現在的學生可能不再了解中國鄰國發生的歷史事件：「有不少青年對日本的了解只是電視上的『一休哥』和家用電器上的印象，還不曾知道歷史上的『日本軍國主義』侵略本性，以及今天西方世界霸權主義的本質。」他這句話同時訴諸兩種恐懼，成功將不友善的鄰國與危險的商業主義連結在一起。[11]

其實不光只有中國人認為承平時期的消費主義對戰後的社會帶來負面的影響，其他戰勝國也有類似的想法。英國劇作家海爾（David Hare）在他一九七八年的戲劇《富足》（*Plenty*）中就強力地表達了這一點。這部戲劇是根據真實事件改編，前英國特務特拉赫恩

＊譯注：中國革命歷史博物館已於二〇〇三年改制為中國國家博物館。

（Susan Traherne）發現她在和平時期與外交官丈夫的婚後生活，完全比不上她在戰時法國的刺激經歷；她對戰後生活的平庸失望透頂，最終毀掉了自己和丈夫的生活。在中國，這種空虛平庸的消費生活（正是《富足》這部戲的劇名要表達的意思）直到一九八〇年代才開始變得廣泛。雖然都市消費在一九五〇年代就有所成長，但一九八〇年代才是自一九四九年以來第一次掀起的資本主義式消費浪潮。隨之而來的是對消費主義的批評，像胡喬木等人就稱之為「精神汙染」。[12]

為了教育中國年輕一代，紀念館的管理層特別努力讓學生參與紀念館的活動；一九九四年一整年，一百萬名參觀者中，學童人數占了六〇%以上。一九九〇年代初，紀念館與豐臺區和長辛店鎮的中學以及盧溝橋的小學等當地學校合作，一起找出更能影響年輕受眾的方法。常設展以立體模型最受歡迎，館方也安排了各式各樣的活動。學校的歷史課被搬進了紀念館，每個月有兩週專門開放學校團體參觀，由前紅軍與八路軍戰士擔任展覽導覽員。小學生還會被安排參觀一個特展，認識抗戰期間表現英勇的兒童。[13]

然而，最能原汁原味呈現歷史的方式，還是以「抗戰期間的生活」為主題的夏令營。

這個夏令營一九九三年開辦，一次為期五天，有六百多名學生參與。夏令營採取的方式與紀念館辦展覽截然不同。紀念館主要在處理國共兩黨聯合抗日的歷史，而夏令營則將重點放在日本占領區。孩子們先觀看紀錄片，然後被帶到一個由巨大立體模型重建的占領區。于延俊介紹了當時的情況：

我們在盧溝橋以南五公里外選擇了一塊方圓二公里的有山坡、有灌木、有沙丘的地帶，通過人工布置，營造了一個抗日戰爭時期的「淪陷區」，荷槍實彈的「日本鬼子」，張牙舞爪的「漢奸翻譯」，穿梭不停的日軍吉普車和摩托車，濃煙滾滾的廢墟，燒毀倒塌的民房，哨卡上血淋淋的人頭，被綑綁挨打的同胞，刺刀下狼狗逼迫的勞役，天上的飛機轟炸聲，地上的槍砲聲，難民們吃的窩頭、鹹菜，「鬼子」、「漢奸」吃的饅頭、燒雞……逼真的場景環境，如實的道具情節，把淪陷區從書本上、電影中還原到了現實，學生們身著難民服、頭戴破草帽、手持「良民證」，在「日本鬼子」的刺刀、棍棒威逼下，經過搜查驗證。[14]

夏令營的最後以學生軍團操練做結。這個夏令營的目的是要「今昔對比，激勵學生『國家興亡，匹夫有責』的奮發向上的情感」。于延俊認為，這種以新方法講解過去教訓的做法相當成功。他建議，未來的決策者應該「打破傳統的愛國主義教育模式」，採用新方式，「使愛國主義教育看得見、摸得著，不再是空洞的說教和呆板的灌輸。」[15]

這類夏令營傳達的是一九九〇年代的政治觀，而非一九三〇年代的，不過因為不敷成本，幾年後就停辦了。而且所講述的故事相當簡化，並不符合當時人們對於戰時中國窘境的看法；當時根本不會有人相信之後的歷史會像這些人所說的那樣發展。

戰爭紀念館如何描繪全球的二戰

從一九九〇年代開始，北京中國人民抗日戰爭紀念館反映了學術界將抗戰說成全球正邪之戰的一部分。一九九七年，紀念館出版的導覽手冊指出，「抗日戰爭是世界反法西斯戰爭的重要組成部分」；二〇一八年的版本也有同樣的陳述。牆上掛著醒目的掛圖，東南亞和北美地區的地方亮著小燈，標示著為抗戰做出貢獻的重要海外華裔社群所在位置。還有一個發光的地球儀，上面亮燈的區域是「抗戰時期遍布全球的海外華僑社群……他們的心與祖國日益高漲的愛國情懷連繫在一起」。這些導覽的說明文字都是寫給當代散居各處的華僑看的。[16]

自一九八七年成立以來，紀念館都會定期更新展覽品，特別是一九九七年和二〇〇五年的物件。二〇一八年，盧溝橋事變八十週年紀念過後不久的策展，大部分沿用了第一代的展覽內容，包括關於中國共產黨對打贏戰爭有重要影響的文章。[17]不過有一些說法不太一樣，中國開始聲稱自己在擊敗法西斯主義方面扮演重要角色，這件事在政治上愈來愈重要：宣傳資料上寫著「中國戰場是世界反法西斯戰爭的東方主戰場」，明擺著擠掉太平洋戰區的地位。[18]紀念館還展出了一些新的內容，讓外界更全面地了解中國抗戰經驗與其遺緒。在關於戰後的那一個展區，館方設置了一個中國參與建立聯合國過程的大型展板，其中特別提到了出席一九四五年舊金山會議（San Francisco Conference）的國民黨關鍵人物，例如宋子文和顧維鈞，以及共產黨代表董必武。自一九四九年至一九七一年這麼長一段時間中，聯合國裡的那個中國都是指在臺灣的中華民國，中共不可能提及聯合國是二戰同盟國的產物。這等於在說國民黨的努力被中國共產黨侵占，表示一定有歷史被省略了，才會把一九四五年的那個「中國」和二〇一八年的「中國」講成同一個，而一般人很容易有這種看法，很容易覺得，反正都叫中國，不用分得這麼細。

紀念館呈現的歷史故事都是簡化過的版本，掩蓋了中國與聯合國之間更加錯綜複雜的真實歷史。當代的中國歷史版本繼續呈現過去那段時間遺留下來的大量民怨，尤其是一九五一年的《舊金山和約》，那一次，北京被排除在外，臺北則是不僅沒受到邀請，還另外簽了一個合約。*聯合國正是那時崛起的，但這段歷史並沒有如實地在博物館的文宣中呈現。到底要延續過去的歷史，還是要切割開來，兩造說法不斷拉扯、搶奪話語空間：中國的歷史敘事一方面宣稱自己是一九四五年抗日的那個中國的繼承者，另一方面又聲稱自己過去八十年來都受到不公平對待，被當時的世界局勢排擠。二〇一七年初，習近平在聯合國日內瓦辦事處演講，他清楚表明中國與一九四五年建立的聯合國等新全球體系有關係，他宣稱：「中國是聯合國創始成員國，是第一個在《聯合國憲章》上簽字的國家。中國將堅定維護以聯合國為核心的國際體系，堅定維護以《聯合國憲章》宗旨和原則為基石的國際關係基本準則，堅定維護聯合國權威和地位，堅定維護聯合國在國際事務中的核心作用。」他這一席話，將中國在聯合國的活動形容成要促進「人類命運共同體」，中國從二〇一〇年代開始，一直在發展這種政治框架，把自己說成道濟天下的國家。其他中國政客在公開場合也重申同樣的觀點，例如出席二〇二〇年慕尼黑安全會議（Munich Security Conference）的外交部部長王毅。[19]

紀念館展出的關於二戰同盟的內容，也被用來指出當代全球秩序的問題。由於中蘇共產主義集團內部分裂，從一九六〇年代開始，中國就很少有人提及蘇聯對戰爭的貢獻。但即使一九八〇年代中蘇關係回溫，實證上也很難說蘇聯對中國抗日戰爭有重大貢獻，因為從一九四一年四月十三日簽訂《日蘇中立條約》（Soviet-Japanese Neutrality Pact）到一九

*譯注：即第一章提及的《中華民國與日本國間和平條約》（頁九五）。該合約主旨為中華民國與日本正式終止戰爭狀態，並確認戰後雙方關係（如處理領土、戰爭賠償、財產、人民等問題）。

四五年八月八日對日宣戰期間，蘇聯在亞洲戰場都是中立的。不過，紀念館確實有一個關於蘇聯較早時期重要貢獻的展覽。[20] 一九三七至一九三八年中國對日抗戰的第一階段，史達林有提供不少援助，甚至派遣戰鬥機飛行員。雖然這些飛行員並不是派來幫助共產黨，而是來幫助國民黨軍隊的，但確實是當時缺乏航空軍事武力的中國抗日前線的重要戰鬥資源。這件事也提醒我們，雖然中國現在的地緣政治地位更強大，但直至今日，俄羅斯依然有辦法提供支持。

另外，北京的抗日紀念館展覽還出現了新主題，是二戰時期最具影響力的歷史：納粹大屠殺。從二〇一八年開始，幫助猶太人難民逃離歐洲的中國人的故事成了常設展之一。以色列稱這些向猶太受害者伸出援手的非猶太人為「國際義人」，而紀念館就是要藉此將中國與更多關於這種影響全世界的暴行故事連結在一起。

納粹大屠殺也確實給了中國很大的啟發，一九八七年設立的南京大屠殺紀念館就建在一九三七年日軍入侵南京展開大屠殺的地點。紀念館的建築師齊康曾說，那些猶太人大屠殺紀念館給了他不同的點子，最後設計出一個有別於北京的南京大屠殺紀念館。館方的策展每十年就改版一次，每次都會增加新的展覽內容。紀念館擺了許多呈現大屠殺場景的青銅雕塑，比如哀悼孩子逝去的母親、拖著妻子屍體的丈夫。紀念館的花園裡有一座象徵大屠殺記憶的大鐘，館內許多地方也有蠟燭和水池的設計。中國博物館學專家、文學評論家鄧騰克在二〇一四年寫道：「這個新空間有巨大的三角形展廳和廣闊開放的廣場，可以將原來有限的空間變得更宏大，增強了視覺敘事，也放大了受害者的故事。」[21]

從紀念館的各種特色可以看到其他博物館的影子，比如華盛頓哥倫比亞特區的美國大屠殺紀念館（US Holocaust Memorial Museum）以及耶路撒冷附近的以色列猶太大屠殺紀念館（Yad Vashem）。舉例來說，北京紀念館那個水池，就讓人想起以色列的紀念館。多年來，這兩間紀念館的連繫也愈來愈緊密。像二〇一一年那時候，以色列猶太大屠殺紀念館就為二十九名中國教育人員舉辦了一場專題研討會，其中一位與會者稱自己很有共鳴，「有了這些新知……我將盡最大努力講述大屠殺歷史與猶太人民的精神，促進中以兩國的友誼。」[22]

在南京市，一些紀念暴行歷史的方式跟美籍華裔作家張純如有關。一九九七年，張純如出版了《被遺忘的大屠殺》（*The Rape of Nanking*），這本書甫出版就引起媒體和全球華裔讀者的大量關注。[23] 張純如的書把大屠殺議題拉上了檯面，當時正好是中國人與美國華人的政治身分意識更加抬頭的時候，這本書成了談論更多關於亞洲二戰遺緒的基礎。不幸的是，二〇〇四年張純如自殺身亡。自此之後，各種緬懷她的作品成了中國抗戰敘事的一部分，她也被譽為以文字連結中國與西方的重要橋梁。

不過，張純如的作品曾受到學界的一些批評。例如張在書中認為，南京大屠殺跟納粹大屠殺，都是有計畫的蓄意行動，歷史學家傅佛果（Joshua Fogel）對此相當不認同，他說這種錯誤的說法反而給了那些亟欲否定大屠殺的日本人攻擊的藉口。[24] 然而在華裔美國人社區，這本著作卻讓張純如變成決心保護歷史暴行記憶的象徵。後來有好幾本相關評論著作出版，例如華裔美國劇作家陳紀東在二〇一八年發表了一部以張純如為主題的作品《走進數字》（*Into the Numbers*）。[25]

在南京，張純如相當受到敬重。二〇〇五年，南京紀念館立了一尊她的雕像。約翰·拉貝（John Rabe）的故居也紀念了她。西門子公司南京分公司負責人拉貝在南京被占領期間，曾為中國老百姓設立了一個「南京安全區」，並在日記中記錄了他看見平民遭受殺戮時內心的恐懼。故居的花園放了一尊張純如的雕像，她身後留下的影響，跟一九三七至一九三八年那群試圖挽救生命的人同等重要。[26]

南京大屠殺紀念館如此悼念當年遭遇的日本戰爭暴行，與中國近代史上其他大規模暴力和殺戮事件如國共內戰（一九四六—一九四九）、大躍進（一九五八—一九六二）及文化大革命（一九六六—一九七六）等官方紀念的闕如，形成鮮明對比。這些歷史事件的紀念方式有時候繞得比較遠，例如透過私人博物館、電影，或是在其他創作中，以官方認可的方式談論對日抗戰的時候趁機偷渡。

一九九〇年代文學中的抗戰

從北京、南京和瀋陽的戰爭紀念館可以看出，自一九八〇年代開始，中國政府就對宣揚新的戰爭史學興致高昂。那十年有更多閱聽者透過其他文化現象了解抗戰的故事，比如一九八六年莫言的小說《紅高粱家族》，講述了某個家庭捲入抗日戰爭的故事，一九八八年被張藝謀改編成電影《紅高粱》。莫言後來於二〇一二年獲得諾貝爾文學獎。藉由戰爭年代為題材的著作來反思中國身分認同的浪潮，則是晚一點才起來，從一九九〇年代才開始變得愈來愈多。也正是在這個時候，中國開始廣為傳播二戰是「正義之戰」的觀點。「正義之戰」這個詞最初源自於特凱爾獲普立茲獎的同名作品書名；這本書是口述歷史，記錄了一些人歷經二戰的回憶。[27] 特凱爾發明的這個詞帶有諷刺意味，因為這場戰爭其實為許多美國人帶來毀滅性的影響，但是整體來說卻被描述成「正義」的，與後來發生的越戰形成鮮明對比，這兩場戰爭相隔也才二十年。但無論如何，他對「正義之戰」的描述已成了最著名的書寫方式，其中的個人經驗更能解釋二戰和其他戰爭在西方人心中具有更廣泛的文化意義。

中國一九九〇年代書寫戰爭的非虛構文學作品帶有強烈個人色彩，被視為一種積極的、建設國家的運動，但這種風格並不是第一次出現。二十世紀初，隨著媒體業不斷發展，中國的媒體文化流行以文學筆法報導時事，這類非虛構書寫就是所謂的報導文學。[28]

民國時期，杜重遠可說是這種紀實之聲的出類拔萃者，他是一名愛國實業家兼記者，一九三一年從被日本占領的東北地區逃離出去。[29] 一九七〇年代末的「傷痕文學」時期，報導文學的風格重新流行起來，給予作家更大的自由空間去處理文革中的個人創傷。像《人妖之間》的作者劉賓雁，就以強烈的個人風格去探討那段受盡政治磨難的文革時期。[30] 這種報導文學成為中國重新定位抗戰記憶的重要面向，也是冷戰後中國重新塑造身分認同的一環。

有許多人將自己的戰爭經歷或戰後的想法記錄下來，但要說這些人是在為一整代人發聲可能有點太誇張；事實上，無論他們是自願或是被迫將自己的觀點公諸於世，都自動被歸類為不尋常份子。但因為他們受過教育，有自我表達的能力，而且在公眾領域寫作，所以有辦法精心設計他們的創作內容來反映自己所看到的社會現實，並進而影響那個社會。在西方世界，你常會看到，當二戰發生的事件離現在愈來愈久遠，記得的人愈來愈少，反而愈來愈引起人們的興趣。從這點來看，中國正跟上世界潮流。[31] 二戰變成了一場「正義之戰」，因為開戰理由明正言順，而且與戰後的慘狀形成鮮明對比。在歐洲大部分地區，二戰後隨之而來的是冷戰及冷戰帶來的陰霾。戰後的中國則是寫滿了文革之類的歷史創傷，這些極端事件如今帶來了政治問題。

這類描寫戰爭記憶的新文學，舉例來說像是一九九五年宋世琦和顏景政主編的《記者筆下的抗日戰爭》。[32] 抗戰後五十週年之際，北京人民日報出版社邀請六十二位前戰地記者，各自寫出他們在抗戰期間的短篇回憶錄，其中不少人是老黨員及中共所控制的新華社前雇員。最著名的作者大概就是一九三〇年代曾在天津報紙《大公報》工作的前線記者陸詒。[33] 這套書在某些方面來說比較平淡，雖然是以第一人稱講述，但大都使用公式化、標準化的語言。然而，書中許多故事是關於在國民黨控制的區域內所發生的戰鬥和戰役，比如臺兒莊和徐州，很明顯可以看出，即使文章是由官方來編輯，這些前記者仍然相當重視這個機會，要把他們人生中的重要事件寫成紀錄公開出去，進而削弱中共史觀的某些定論。

記者張孟恢寫的是抗戰時期在重慶的經歷，當時他還幫忙寫過一首愛國歌曲。張是四川人，一九四三年擔任重慶《國民公報》的編輯，一九四九年後繼續從事作家和出版人的工作。他回憶起過去的日子：

大後方的年輕人隨著歌聲成長起來了。他們沒有上前線衝鋒陷陣，但也不是坐等勝利。他們盡了自己應盡的力量，給抗日的烽火添了柴禾。半個世紀過去了。中國已經歷了翻天覆地的變化。但抗日救亡歌曲還長留在我們這些老人的心底。[34]

一九三七年杜重遠曾到太原參訪當地一個抗日組織的救國團，以下摘錄的段落是他寫的參訪感想：

晚間有犧牲救國同盟會，來邀我講演……該會會址在舊國民師範學校，請我講演處就在該校大禮堂。該禮堂可容千人左右，我七時登臺，經該會負責人介紹後，我便將中央抗日決心，與蔣委員長親口在廬在京所發表的談話，及滬戰時我空軍陸軍的沉毅勇敢，大講特講了一陣，在他們的鼓掌歡聲中看出他們對於抗敵救國的熱烈情緒。最後該會全體會員唱進行曲救亡歌，氣壯山河，聲動屋瓦，使人感動。[35]

上述引用的兩個段落，寫作時間相隔約五十五年，卻相似得驚人。這種回顧和浪漫化的寫法，無疑影響了張孟恢如何回憶五十多年前抗戰初期事件的方式。然而，許多語言習慣和譬喻仍保持不變。在抗戰初期，官方就開始使用「抗日戰爭」一詞，這兩篇文章也都明確表達了抗日的統一戰線是恆久不變、充滿熱情且無庸置疑的事。

由於這兩個文本在語言和思想上很相似，更讓人覺得即使兩個文本的時間橫跨了六十年，對抗戰經驗的理解看來似乎始終如一。正如我們上一章所述，這段期間的歷史詮釋軌跡其實發生了重大變化，但即使是在一九八〇年代史學變革之後出版，宋、顏主編的回憶錄仍然繼續強調中共在戰爭中扮演的角色，並美化了一些事件，例如彭德懷等共產黨傳奇軍事人物參與的百團大戰。不過，回憶錄雖然受到官方干預，但也表示歷史關注的重點已經明顯改變。雖然六十二位撰文者大都是中共黨員，或一九四九年以前的親共者，但這些作品也表明了，衝突蔓延的範圍已經遠遠超出了共產黨一直以來的根據地。此外，在這些回憶錄中，撰文者都很高興能夠有機會談論那些他們覺得沒有被正視的問題。（第五章會討論到《去大後方》這個計畫，參與其中的人員也表達了類似的心得。）張孟恢在文集的結論中指出，無論多少個十年過去，他在抗日戰爭中參與的那些事件依然意義深遠。十多年後，電視主持人崔永元也表達了類似的觀點，他藉自己主持的一個媒體節目，批判了公眾忽視某些在國民黨軍隊中服役的人的存在，這部分將在下一章詳述。

張孟恢的文章不斷寫到「正義」這個主題，這個主題貫穿了整個關於抗戰的新敘事。在官方討論中，「正義」通常指的是中國在國際社會需要獲得更多的認可，特別是因為中國是抗日戰爭和塑造戰後秩序的其中一員。這本文集的作者之一丁涪海，一九四二至一九四五年就讀新聞系，後來為著名的《大公報》工作，他在結尾寫道：「半個世紀過去了，我們國家發生了翻天覆地的變化。但是日本帝國主義侵略我們的歷史，我們永遠不會忘記。中國人民英勇抗日的精神，將永遠鼓舞我們前進！」[36] 不過他也建議，中國必須承認國民黨對中國最終抗戰勝利也有做出貢獻，唯有如此，正義才能得以伸張。正如張孟恢所言，國民黨區的年輕人「不是坐等勝利」。

這本文集的作者們一再重申抗戰時期的重要性；雖然他們沒有直接拿抗戰時期與毛澤東時代來對比，但像是「抗戰到底」、「敵人」、「帝國主義」這些他們所使用的術語，打從一九三〇年代那時就一直使用到今日，他們以這些術語來強調相關事件對塑造自己的生活及國家的樣貌有重要意義，也讓人看到毛澤東時代與國民黨之間的衝突持續惡化。

嬰兒潮與儒家傳統

那群熬過抗戰，並因此獲得政治認同的世代，會對那段日子抱持懷舊之情，是很合理的。但為什麼就連戰後才出生的人也這麼重視這場戰爭呢？像方軍及樊建川這些人出生的時候，毛澤東主義正盛，他們在作品中把抗日戰爭重新講述為「正義之戰」，不僅是在合理化中國的存在，以及認同熬過抗戰的那些前輩，也是在影響戰後世代看待過去那個他們未曾經歷的戰爭的方式。這種方式在文革之後的當代中國很常見。

一九五〇年代出生的作家，在人口結構上正好對應西方的戰後嬰兒潮，但其生命軌跡卻與歐美同齡人截然不同。他們出生於大躍進時期，在文化大革命之下長大，在改革開放時期成年；改革開放時期經濟和教育機會的開放方式，是毛澤東統治時期無法想像的。一九八〇年代，跟在東歐同齡的人一樣，他們歷經了具有消費主義特色的社會主義。一九八九年發生了天安門廣場的抗議和殺戮，他們歷經了中國改革開放時期最大的國家危機；但有一點跟東歐的狀況不同，這一代人進入三十歲時，他們面對的不是全新的自由主義政治，而是鬆綁的經濟，以及原來受到政治控制的改良模式。他們正是在這樣的環境下書寫抗戰的，他們將抗戰的歷史當作媒介，寫出一九九〇年代中國會有共鳴的思想和情感。抗日戰爭被看得跟文化大革命和五四運動等事件同樣重要，但抗日戰爭之所以重要，其實跟特定運動、社會現象或其他事件發生的細節沒太大關係，它之所以重要，是因為它是可以拿來重新詮釋「現在」的手段。

其中一個最著名的例子，就是方軍一九九七年出版的《我認識的鬼子兵》。[37] 方軍一九五四年出生於北京，是八路軍老兵的兒子，長大後成為一名鋼鐵工人，接著在一九七三年從軍並加入中國共產黨。一九八〇年代，他在夜校學日文，畢業後在日本《讀賣新聞》（*Yomiuri Shimbun*）北京分社擔任日本記者助手，之後又到日本駐華大使館領事部工作，一九九一至一九九七年到日本留學。留日期間，方軍發現目前還有三、四十萬曾參與侵華戰爭的日本軍人在世。由於之前從父親那裡得知許多關於戰爭年代的事而深受刺激，他決定在這些日本鬼子兵離世前採訪他們。[38]這本書記錄了他與這些日軍老兵的談話，文筆充滿個人情感，內容發人深省。[39]

值得注意的是，方軍選擇以第一人稱的敘事方式書寫。自傳這個文類在中國一直受到儒家傳統的影響，儒家不贊同以主觀自我來寫文章，視這種文章為傲慢、自賣自誇、不可信。[40]二十世紀出現了一種更為現代的人稱敘述，記者和作家常常借用大眾主流小說的慣例，開始以自己為主角書寫報紙專欄。為了避免有人指責是在自吹自擂，這些人自稱儘管沒讀過什麼書，卻還是出於儒家風範，必須在國家有難時當仁不讓，站出來發聲。[41]

杜重遠的著作為一九九〇年代開了一個著名的先例。一九三四至一九三五年間，杜重遠擔任政治時事性週刊雜誌《新生》的編輯，他的專欄名叫「老實話」，以強烈的個人風格吸引讀者關注這份雜誌。杜重遠在出刊第一期寫了一篇長長的創刊文，開頭就講自己身兼好幾種不同身分，這種自我介紹的筆法融合了前現代和現代風格：

> 應該先來介紹我自己和創辦本刊的動機。我不是一個文學家，也不是一個新聞記者，更不是偉人名流。我從前是在瀋陽辦過實業的……
>
> 我不知道我是哪一國人，說我是中國人嗎？我的家鄉分明已不是中國的土地了。說不是中國人嗎？我是和四萬五千萬的同胞，在同一環境內，養育長大的；祇因為是中國人的緣故，我受盡了人間的慘痛恥辱。有人比亡國奴為喪家之犬，現在我就是喪家之犬了。
>
> 正因記者自身經歷了亡國的痛苦，所以有向全國民眾呼號吶喊的權利與必要。[42]

杜重遠大部分的語言和政治分析都受到民族主義的影響，所以很現代，然而有時隱晦有時又很直接的寫法，則是受到儒家觀念的影響。杜重遠的文章還有一個很前現代的特質，就是不斷強調作者是道德權威。借用學者吳百益的話來說：「修身、內省、止於至善，這些是古典儒家最常討論的主題。」[43] 作者公開表達謙遜，也是很前現代的寫法。杜重遠強調他不是個文化人也不是記者，另一名撰稿人也在雜誌第一期的公開信中寫道：「我為什麼不寫文章，偏要寫『信』呢？……因為我從來不會寫文章。我從小在學塾裡，寫文章就不曾滿過篇。」[44] 杜重遠的作品中處處可見救國的道德義務，同時他勸告讀者們不要無動於衷，而是要起身抵制日本。

杜重遠是中國從帝制過渡到共和的那一代人；方軍則是在杜重遠去世十年後才出生，但他許多呈現自我的方式，與杜重遠描述自己為什麼選擇書寫中日衝突的敘述有相似之處。方軍在他書中的結論那章提及，有人問他為何當初要寫一本這麼個人的書，他直言道：「我不是政治家，不是藝術家，不是教育家，也不是評論家，而且從不想當那些玩藝兒。」[45] 此前，他曾宣稱：「其實我並不具備寫作的才能。……如果日本人像德國人那樣的話，我還有必要動筆嗎？……我感到的是一種歷史的責任感在驅使著我。」[46] 方軍提到德國人，是在說德國人已經承認了自己在戰爭中犯的罪，但日本人卻沒有這樣做。

這兩位作家最大的差別在於，杜重遠寫作的時候，中國實際上正處於日本的攻勢之下，而方軍寫作的時候是一九九〇年代，雖然中日關係緊張，但中國已是一個強大的主權國家，日本則被死鎖在戰後的「和平憲法」（peace constitution）中。

儘管他們皆自謙不學無術，但從兩位作家的作品都看得出，兩人極具文學造詣且技巧嫻熟。舉例來說，方軍運用類疊的修辭，精準呈現了當他獲知日本戰爭暴行之後開始哭泣的情緒：「我的淚是半個世紀前中國人的屈辱；我的淚是半個世紀前中國人不屈不撓鬥爭中流淌的血；我的淚是一個中國退役軍人恨不能早生幾十年去為國拚殺的心。」[47]在書的最後，他回答了自己為什麼要寫這本書：「我希望我們的祖國富強，我希望我們的孩子堅強，不富強、不堅強，我們就還可能讓出東三省，敗退盧溝橋，撤出大上海，血流南京城。」[48]

方軍認為，過去幾世紀以來，社會達爾文主義一直影響著大多數的民族主義故事。當時的社會非常恐懼新帝國主義可能再次使中國處於弱勢，而方軍就是將他個人的「陶冶」

（Bildung）＊與這樣的恐懼連結在一起。雖然作者一直自謙沒什麼文化，但這本書的筆法相當純熟。他一方面小心地承認，日本學生和老兵其實已經認識到他們國家犯的戰爭罪，但另一方面他的寫法也跟其他人一樣，明明中國已經是東亞之霸，卻還是把中國說成是受害者。

這種踩在受害者位置的情結，方軍在書中第一章〈人肉餡餃子〉發揮得淋漓盡致。方軍在第一章描寫他採訪的一個日本老兵聽到的故事，某個監獄的獄長割下中國囚犯身上的肉，尤其是女性的肉，煮熟了吃掉。吃人是中國文化中最有力的圖像之一。[49]方軍開頭第一句話就聲稱，他原本並非要在第一章就寫這個主題，而是打算放在後面寫。但是，為什麼最後決定在書的最開頭放一個從別人那裡聽來的事件呢？老兵山下並沒有說自己吃過人肉，但他從別人那裡聽說有發生過這樣的事。抗戰時期日本人在中國犯下的暴行，明明白紙黑字記載下來的案例多的是，為什麼這種聽說來的故事卻有這麼大的本事，讓方軍決定將它安排在其他第一手獲得且更「主流」的故事前面呢？

方軍之所以選擇凸顯吃人的情節，很可能是因為「吃人」在中國文化中是不斷出現的禁忌主題。魯迅大概算是二十世紀使用這類意象的佼佼者。他在一九一八年出版的《狂人日記》中，以「狂人」來譬喻中國文化普遍存在的儒家思想，認為這是一個人吃人的社會。[50]這個主題在中國不僅可以追溯至幾個世紀前，也出現在許多其他的文化中；它幾乎總是跟前現代的暴行連結在一起，與現代戰爭那種傾向機械化、非人化的形象形成對比。[51]

方軍在聽了山下訴說吃人的故事後，深深改變了他之後與身邊日本人接觸的態度。他和山下一邊做飯一邊聊天，突然對面前的餃子反感起來，「我感到手中盆裡的肉就是鮮紅的人肉！……我把盆一下摔到桌上，我告訴老日本鬼子：『這是人肉！我看它像！老子我不能給你做人肉餡餃子！』」[52]後來，他去爬了趟富士山，對著山嵐嘶吼控訴：為什麼它不敢開口說出關於這類恐怖暴行的真相呢？

這裡並不是要從歷史現象的角度去談「吃人」，而是「吃人」成為一種工具，藉文學

＊譯注：Bildung是德文，翻譯為「陶冶」，這裡意指個人受到外在文化與教育的影響、形塑。另外也有「教育」的意思。

寫作的方式來考察中國社會。方軍處理這個主題的方式，跟過去幾十年關於人吃人的著名事件有異曲同工之處。像是作家鄭義在天安門事件之後逃出中國，在臺灣出版了《紅色紀念碑》。[53]《紅色紀念碑》是一本報導文學，講述在文革時期內部矛盾最嚴重的時候，廣西省發生了人吃人事件。鄭義承襲了反傳統的五四思潮中的激進思想，利用人吃人事件做為引子去關注中國的社會趨勢，人吃人是種隱喻，同時也是字面上「自我毀滅」的意思。

方軍並沒有明確提到五四的「吃人」，但和鄭義一樣，他也寫出了吃人的文化意義。然而與魯迅和鄭義不同的是，方軍舉吃人的故事並不是為了從內部批判中國，而是想方設法把中國的侵略者描繪成不見容於中國文化的真正惡人。〈人肉餡餃子〉這一章是很極端的例子，說明了關於中日戰爭的寫作如何被用來重塑二十世紀中國人的形象。在作者筆下，中國人既正向又愛國，同時又是受到其他人慘無人道摧殘的受害者，而不是在自作自受。

相較於方軍，樊建川是另一個類型的作家。樊建川生於一九五七年，成長於文革時期，在參軍之前被下放到農村。之後，他在家鄉宜賓當教師，一路當到副市長，再後來跑去當房地產開發商。他接受《南華早報》（*South China Morning Post*）採訪時說，到了二〇〇〇年，他經營的公司已是四川前五大房地產公司之一。大約在那時候，他開始專心致力打造本土的博物館，日後成為中國最大的民營博物館聚落群。這些博物館典藏的文物都跟中國歷史上最敏感的議題有關，包括文化大革命。其中一座博物館紀念的是抗日戰爭，也成了樊建川二〇〇〇年出版的《一個人的抗戰》一書的主題。[54]

從樊建川的書名和副標題看得出來，這本書的目標很大。「一個人的抗戰」這個標題說明了這是參與者的回憶錄，但副標題「從一個人的藏品看一場全民族的戰爭」講的則是另一件事。[55] 樊建川想告訴讀者的是，他的書受到方軍回憶錄的啟發，而且他的書正是方軍想實踐的另一個變體。樊建川同樣也在重建戰爭經驗，但他的方式是利用他蒐藏的文物來重建。他宣稱自己從小就在收集紀念品，對文革和抗戰時期的陶瓷製品特別感興趣。他所擁有的這兩個時期的收藏品，「在國內均居前列」。[56]

書中每一章的篇幅都短短的，開頭先描述樊建川所收藏的文物，比如一個杯子、一頂頭盔、一張身分證，然後再開始思考這個物品在戰爭期間和當今社會有何意義。樊建川的書寫框架有別於方軍的寫法。方軍的敘事在某些方面相當典型，他表達了民族主義的情緒，強調中國共產黨在戰爭中的角色，並對國民黨不屑一顧。樊建川則把共產黨和國民黨的領導人放在同一邊，他們的對立面是漢奸：「一邊是毛澤東、蔣介石為代表的抗日陣營，一邊是汪精衛、溥儀為代表的漢奸陣營。」[57] 綜觀他所收藏的紀念品，他指出：「這裡的一些涉及蔣介石的文物，可以說是他曾為抗日做出貢獻的物證。」[58]

他進一步反思了像汪精衛這樣的漢奸：

我們中國人，常以「龍的傳人」自居並以之自豪。對於汪精衛之流敗類，我們切齒之餘，頂多把他們視為龍種生出的跳蚤。其實，與其說他們是少量的龍種變異，不如說我們中華民族密如蟻群的人群中，本來就有相當一部分是跳蚤。那甘心為日本人賣命、甘心任日本人驅使的八十萬偽軍就是力證。天下之壞事，一半是壞人做出來的，另一半是一些算不上壞人的人對壞人麻木、容忍、默許乃至支持的結果。有那八十萬偽軍（偽軍並非個個都是大奸大惡之徒），不出汪精衛，也會出李精衛、張精衛；不出陳公博，也會出王公博、趙公博。[59]

這段話表面上與中共認可的關於中日戰爭的新公共記憶相去不遠，沒什麼好挑剔的。然而，樊建川認為，汪精衛對權力的貪婪，使他輕易地被日本人利用，從這個觀點看得出樊對漢奸的態度有小小的轉變。[60]陳公博是汪精衛在漢奸政權南京政府中走得最近的同事之一。這種「王公博、趙公博」的說法，換做維琪政府大概會說：「沒有皮耶·拉瓦爾，我們可能還是會有皮耶·拉布倫，或皮耶·拉布朗。」樊建川這番話顯然不再著重於汪精衛是否真的那麼邪惡，而是認為因中國社會和人性使然，會與敵人合作可能也不令人意外。（十年之後，電視主持人崔永元也提出類似的看法，我們將在第四章討論。）

不過，有關這段「螞蟻跳蚤」說，還有另一種詮釋：這句話可能不僅僅局限於對日抗戰，還可能在講文化大革命或其他時期的中國社會也會製造「跳蚤」和「螞蟻」。十多年來，樊建川斥巨資打造了中國唯一的博物館來紀念文化大革命。官方將文化大革命歸咎於「四人幫」，結果像鄭義在《紅色紀念碑》裡提到的有關中國社會本質更廣泛的問題，中共卻隻字未提。[61]方軍也同樣在有關戰爭的文章中要求，應該要把中國抗戰危機時的責任，從中國人自己身上轉移到帝國主義侵略者身上。雖然樊建川書裡的那段話並沒有明講，而是強烈地暗示，中國社會內部的某些東西讓中國人更容易受到日本人的控制。這個暗示或許也跟文化大革命會發生有關，他的著作後面章節說得更清楚。

在樊建川這本書中，他把文化大革命跟中日衝突兩件事直接放在一起講，卻不是提抗戰時期發生的事，而是在講一個陶杯。他在〈粗陶杯的「申訴」：一個川籍抗戰老兵的命運〉形容道：「一只極普通的粗陶杯，年代不久遠……但卻是我抗日文物中的一件珍品。」杯子上寫著：「我只記得八年抗戰，我和日本昨（作）戰，我的腿上中了一棵（顆）砲彈。我堅決打到底，沒有下（火）線。一九六六年九月十五日。」[62]

樊建川解釋，物主在杯子上寫下這句話的時候，正是文革爆發後的幾個月。在樊建川所說的「紅色恐怖」時期，這位來自四川的物主遭受攻擊，因為他曾在國民黨軍隊中當過兵，這段經歷如今對他不利。這位物主很可能並沒有受到良好教育，因為這麼短短一句話就有三個錯漏。樊建川推斷，物主在文革期間受到迫害，表示他一定是國民黨軍隊的士兵，而非八路軍或地方的游擊隊，他寫道：

從這段文字上看，書寫者心情悲憤。八年抗戰，九死一生，多年來，他引以為榮的抗戰經歷，卻一夜之間要以此為恥了？他想不通，也無處訴，那時的政治高溫下，多數人不信甚而不屑，他這才想到把它寫到這個陶杯上，如此心境下寫下這句話，肯定是惟悲且憤的。[63]

更慘的是，樊建川猜想，那個杯子很可能是物主被下放去勞改期間製作的。這個杯子不僅引發樊建川長篇大論的思考，還成了這本書的封面圖片，從這點可以看得出，他對抗日戰爭的興趣很可能出自於認同這是一場「正義之戰」，與文化大革命和毛澤東時代的狀況形成鮮明對比，當時並不重視國家的重要性和中國地區的認同。樊建川的著作也讓人看到，有關抗戰的詮釋界線變得相當靈活，許多大膽的新說法都不會踩線。

樊建川出版這本書的二十年來，他的博物館聚落又有了進一步發展。建川博物館聚落現在有兩百多萬件館藏文物，是重要的觀光景點。[64]二〇一八年重慶的建川博物館開幕，紀念重慶在抗戰時期變成國民政府的臨時首都。[65]

樊建川和方軍的著作都是一九九〇年代末的產物，當時掌權的是江澤民，後天安門時代的「愛國主義教育」運動初見成效。二戰的新公共記憶發展在二十一世紀變得愈發蓬勃。二十多年後的今天也更看得出這兩本書是這個現象的先驅，並且認識到它們如何在這個趨勢中體現了兩股截然不同的潮流。第一股潮流以方軍為例，是走「受害者學」（victimology）文化的路線，隨著中共地位的復興，愈發凸顯中國受盡苦難和犧牲的樣子。第二種以樊建川為例，是對官方話語抱持曖昧的態度，傾向於強調國民黨的貢獻，並且更加強調戰爭對中國人身分認同所造成的影響。

有問題的記憶——是禁忌還是遺忘？

方軍和樊建川的書雖然在議題和思想上有許多相似之處，也都帶有強烈個人色彩和鮮明的個人立場，但對於中日抗戰在當代中國人民生活中的重要性，雙方的立場卻截然不同。換句話說，後冷戰時期對抗戰的解讀很多元，中國對抗戰的新記憶不止一種，而是有各種各樣的記憶。樊建川利用他的著作去批判和反思當代中國人的生活，這是中國政治書寫中常見的方式，但卻很少說白，而是比較喜歡以暗示或推論的方式。在被允許的記憶和不被允許的記憶之間有一條界線，而且往往被刻意模糊。

可能因為自己是八路軍的後代，方軍更多是遵從中共主導的傳統史學，淡化蔣介石和國民政府對抗日勝利的貢獻。方軍的父親是（共產黨的）八路軍老兵，他曾告訴方軍：「蔣介石為什麼倒臺，就是因為他不抗日。」方軍很後悔當時沒找機會問他父親：「如果蔣介石一開始就抗日，那麼後來，他會怎麼樣呢？」[66]〈你爹是八路軍〉那一整章寫的是一位日本老兵的採訪，老兵談起自己對抗戰時期傳奇的共產黨部隊很是尊敬。[67]

方軍的書甚至也提到一些不實的宣傳誇大了中共的貢獻。其中一個例子就是，方軍發現滿州抗日領袖馬占山很後來才跟共產黨有來往。方軍寫道：「一九九一年我出國時，心目中的抗日英雄幾乎都是共產黨人。」但在得知馬占山的事蹟之後，他便改變了想法。他還寫到一位日本老兵小林很渴望跟他一起回北京，戰爭期間他就在北京當兵；他很想去看一看以他很是尊敬的敵人張自忠為名的街道，這位國民黨將軍在對日抗戰中犧牲了。[68]這些變化在一些地方如北京的中國人民抗日戰爭紀念館也可見一斑；官方放寬了對抗戰的視角，讓人得以開始研究一些與中共關係不大的人物。

對日抗戰如今已是中國的「正義之戰」。中國人的身分認同在冷戰時期蕩然無存，現在藉抗日戰爭的歷史還魂，重新定義了身為中國人的意義。但是許多問題，諸如世代、性別、屬於哪一區，以及對抗戰、文革和改革開放時的經驗，皆影響了群體和個人如何理解抗戰究竟何以為「正義之戰」的問題。博物館和書籍並不是將這些理解散播出去的唯一途徑。下一章，我們將看到視覺媒體如何提供一個強大的舞臺，讓我們得以一窺中國在二十一世紀不斷改變的戰爭記憶變成什麼樣貌。

注釋

1. Svetalan Alexievich, *The Unwomanly Face of War: An Oral History of Women in World War II*, trans. Richard Pevear and Larissa Volokhonsky (New York, 2017). 亞歷塞維奇榮獲二〇一五年諾貝爾文學獎。
2. Henry Rousso, *The Vichy Syndrome: History and Memory in France since 1944*, trans. Arthur Goldhammer (Cambridge, MA, 1991), ch. 6.
3. Tamara Hamlish, "Preserving the Palace: Museums and the Making of Nationalism(s) in Twentieth-Century China," *Museum Anthropology* 19, no. 2 (1995): 20-30.
4. Justin Jacobs, "Preparing the People for Mass Clemency: The 1956 Japanese War Crimes Trials in Shenyang and Taiyuan," *China Quarterly* 205 (2011): 152-172.
5. Kenneth B. Pyle, "Japan Besieged: The Textbook Controversy," *Journal of Japanese Studies* 9, no. 2 (1983): 297-300.
6. 胡喬木，〈博物館事業需要逐步有一個大的發展〉，《人民日報》，一九八三年十一月五日。
7. 周秋光、黃仁國，《劉大年傳》，長沙：岳麓書社，二〇〇九，頁五二二—五二七。

8.〈中國人民抗日戰爭紀念館：講解詞〉，北京：中國人民抗日戰爭紀念館，一九九七，頁三四。
9.〈中國人民抗日戰爭紀念館：講解詞〉，頁三四。
10.〈中國人民抗日戰爭紀念館：簡介〉，北京：中國人民抗日戰爭紀念館，一九九七，頁三。
11. 于延俊，〈充分利用博物館的社會教育優勢培養愛國主義精神，增強公眾民族意識〉，收錄於《中國人民抗日戰爭紀念館文叢》第五輯，一九九四，頁三七九。
12. 關於社會主義消費主義，請參見：Karl Gerth, *Unending Capitalism: How Consumerism Negated the Chinese Revolution* (Cambridge, 2020).
13. 于延俊，〈建好基地，播種未來：抗戰館青少年教育基地工作情況匯報〉，收錄於《中國人民抗日戰爭紀念館文叢》第四輯，一九九三，頁三二九—三三〇。
14. 于延俊，〈充分利用博物館的社會教育優勢培養愛國主義精神，增強公眾民族意識〉，頁三八〇。
15. 于延俊，〈充分利用博物館的社會教育優勢培養愛國主義精神，增強公眾民族意識〉，頁三八一。
16.〈中國人民抗日戰爭紀念館：簡介〉，頁九。
17. 作者個人觀察，二〇一八年六月。

18.《偉大勝利歷史貢獻》，博物館展覽文宣，二〇一八年取得。

19. Xi Jinping（習近平）, "Work Together to Build a Community of Shared Future for Mankind" (United Nations Office, Geneva, 18 January 2017), http://www.xinhuanet.com//english/2017-01/19/c_135994707.htm; "FM Wang Yi's speech at 56th Munich Security Conference," *China Daily*, 16 Feb. 2020.

20. 作者個人觀察，二〇一八年六月。

21. Kirk A. Denton, "Exhibiting the Past: China's Nanjing Massacre Memorial Museum," in *Violence de masse et Résistance—Réseau de recherche*, published 25 Nov. 2014, https://www.sciencespo.fr/mass-violence-war-massacre-resistance/en/document/exhibiting-past-chinas-nanjing-massacre-memorial-museum.html. 另可參見：Kirk A. Denton, *Exhibiting the Past: Historical Memory and the Politics of Museums in Postsocialist China* (Honolulu, 2014), 頁一三八有齊康的看法。

22. "Chinese Educators Inspired at Yad Vashem," Yad Vashem blog, 22 Nov. 2011, https://www.yadvashem.org/blog/chinese-educators-inspired-at-yad-vashem.html.

23. Iris Chang（張純如）, *The Rape of Nanking: China's Hidden Holocaust* (New York, 1997).

24. Joshua Fogel, "The Controversy over Iris Chang's 'The Rape of Nanking,'" *Japan Echo* 27, no. 1

(2000): 55-57.
25. Michael Billington, "*Into the Numbers* Review," *Guardian*, 5 Jan. 2018.
26. 作者個人觀察，二〇一五年七月。
27. Studs Terkel, "*The Good War*": *An American Oral History of World War II* (New York, 1984).
28. Charles A. Laughlin, *Chinese Reportage: The Aesthetics of Historical Experience* (Durham, NC, 2004).
29. 關於杜重遠，可參見：Rana Mitter, *A Bitter Revolution: China's Struggle with the Modern World* (Oxford, 2004), chs. 1-3.
30. Liu Binyan（劉賓雁）, *People or Monsters? And Other Stories and Reportage from China after Mao*, ed. Perry Link (Bloomington: Indiana University Press, 1983).
31. Robin Stummer, "Why Has the Great War Come Back to Haunt Us?" *The Guardian* weekend supplement, 7 Nov. 1998, 12-23.
32. 宋世琦、顏景政主編，《記者筆下的抗日戰爭》，北京：人民日報出版社，一九九五。
33. Chang-tai Hung(洪長泰), *War and Popular Culture: Resistance in Modern China, 1937-1945* (Berkeley, 1994), ch. 4.
34. 宋世琦、顏景政主編，《記者筆下的抗日戰爭》，頁三六八。

35.《抵抗》三日刊第十二號，一九三七年九月二十六日。

36. 宋世琦、顏景政主編，《記者筆下的抗日戰爭》，頁三七四。

37. 方軍，《我認識的鬼子兵》，北京：中國對外翻譯出版公司，一九九七。

38. 近年來，藉由調查自己所在地區的二戰經驗來反思當代的身分認同，在西方已很常見。例如德國電影導演凡赫文（Michael Verhoeven）的《我不是壞女孩》（*Das Schreckliche Mädchen; The Nasty Girl*），就是真人真事改編自一個德國女孩為寫作論文而試圖挖掘自己的小鎮過去在納粹時期遭遇的經驗。而關於荷蘭及其寬容和抵抗的迷思，庫柏（Simon Kuper）的研究令人印象深刻：*Ajax, the Dutch, the War: Football in Europe during the Second World War* (London, 2003)。

39. 關於在亞洲二戰期間的日記寫作，請參見：Aaron W. Moore, *Writing War: Soldiers Record the Japanese Empire* (Cambridge, MA, 2013).

40. Pei-yi Wu（吳百益）, *The Confucian's Progress: Autobiographical Writings in Traditional China* (Princeton, NJ, 1990).

41. 其中一位作者是著名記者鄒韜奮，請參見：Wen-hsin Yeh（葉文心）, "Progressive Journalism and Shanghai's Petty Urbanites: Zou Taofen and the Shenghuo Weekly, 1926-1945," in Frederic Wakeman Jr. and Wen-hsin Yeh, ed., *Shanghai Sojourners* (Berkeley, CA, 1992).

42. 《新生》第一卷第一期，一九三四，頁一。
43. Pei-yi Wu（吳百益）, *The Confucian's Progress*, 93.
44. 《新生》第一卷第一期，一九三四，頁一一。
45. 方軍，《我認識的鬼子兵》，頁二八六。
46. 方軍，《我認識的鬼子兵》，頁二六七。
47. 方軍，《我認識的鬼子兵》，頁一二。
48. 方軍，《我認識的鬼子兵》，頁二八七。
49. 方軍，《我認識的鬼子兵》，頁三。
50. 例如參見：John Gittings, *Real China: From Cannibalism to Karaoke* (London, 1996).
51. 關於早期如何同時探討戰爭與暴行的記憶，請參見：Tobie Meyer-Fong, *What Remains: Coming to Terms with Civil War in 19th Century China* (Stanford, CA, 2013), 尤其是第四章。
52. 方軍，《我認識的鬼子兵》，頁二四。
53. Zheng Yi（鄭義）, *Scarlet Memorial: Tales of Cannibalism in Modern China*, trans. T. P. Sym (Boulder, CO, 1996).
54. Kathy Gao, "Meet the Chinese Property Tycoon Whose Museum Business Brings Him Joy, Fame,"

South China Morning Post, 27 July 2015.

55. 樊建川，《一個人的抗戰：從一個人的藏品看一場全民族的戰爭》，北京：中國對外翻譯出版公司，二〇〇〇。

56. 樊建川，《一個人的抗戰》，扉頁。

57. 樊建川，《一個人的抗戰》，頁七三。

58. 樊建川，《一個人的抗戰》，頁一三六。

59. 樊建川，《一個人的抗戰》，頁七五。

60. 樊建川，《一個人的抗戰》，頁八三。

61. 相較之下，近年來關於大屠殺究責的學術研究，已進一步從歸咎於領導人，轉向為著重一般公民的責任。例如可參見：Robert Gellately, *Backing Hitler: Consent and Coercion in Nazi Germany* (Oxford, 2001).

62. 樊建川，《一個人的抗戰》，頁一〇五。

63. 樊建川：《一個人的抗戰》，頁一〇七。

64. 博物館的網站：http://www.jc-museum.cn/en/。關於博物館與毛澤東時代的關係，請參見：Barclay Bram, "Fan Jianchuan's Museum Industrial Complex," Medium.com, 19 Jan. 2018, https://

medium.com/@barclaybram/fan-jianchuans-museum-industrial-complex-534108783b62.

65. "Chongqing Jianchuan Museum Opened on June 18," China Travel News, 21 June 2018, http://www.cits.net/china-travel-news/chongqing-jianchuan-museum-opened-on-june-18.html.

66. 方軍，《我認識的鬼子兵》，頁二八四—二八五。

67. 方軍，《我認識的鬼子兵》，頁六九—八七。

68. Arthur Waldron, "China's New Remembering of World War II: The Case of Zhang Zizhong," *Modern Asian Studies*, 30, no. 4 (1996): 945-978.

第四章

舊記憶與新媒體：網際網絡與影視作品的抗戰故事

一九八〇年代和一九九〇年代，中國的公領域愈來愈關注二戰這個主題。二〇〇〇年代開始，這個主題的能見度又進一步提高，因為這段時間最重要的轉型之一就是中國媒體性質改變了。二〇〇〇年代的前十年，中國中產階級變得更多更富有，這些人持有更多可支配收入，名人文化於焉而生。一些演藝明星不僅出現在電影和電視上，還出現在雜誌、廣告招牌上，宣傳著各種生活風格產品。然後，在二〇〇〇年代末和二〇一〇年代，社群媒體進入中國。幾年之內，中國的網際網絡以毛澤東時代無法想像的方式活躍起來，各種辯論、八卦、爭論和醜聞，從這隻手機傳到另一隻手機。即使二〇一二年習近平新上任成為領導人，並在中國公領域設下新的威權控制，也阻止不了這股潮流。

新媒體帶來新機會，伴隨而來的還有科技威權主義（techno-authoritarianism），左右了人們對中國二戰經驗的認知。名人文化有時會以意想不到的方式與公共記憶產生互動，像是二〇一八年知名電視名人崔永元出來爆料，把原預計上映、知名女星范冰冰有參與演出的一部二戰主題電影搞到不得上映。然而，在這些辛辣的名人八卦後面，其實談的是同一回事，自一九八〇年代以來，關於抗戰的意義一直引發各種論戰：當社會更在意賺大錢，而非抽象的意識型態時，新的中國國族認同究竟是奠基於何處？

這一章我們從崔永元二〇一〇年的紀錄片《我的抗戰》開始談起。這部紀錄片拍的是一群被世人遺忘的二戰國民黨士兵的故事。我們會檢視，二〇〇〇年代初在各種影視節目上呈現戰爭會碰到哪些複雜的問題，以及處理南京大屠殺與重慶抗戰這兩個不同事件的方式有何差異，通常故事都把前者說成恐怖悲劇，卻在後者強調英雄事蹟。我們也會探討，中國如何開始以電影來吸引國際觀眾目光，讓世人更了解中國的抗戰經驗，中國企圖藉這些抗戰經驗去搶占道德高地和取暖。接下來，我們就會把焦點從生產者轉移到消費者「國粉」身上，也就是所謂的「民國迷」，他們把中國參與二戰的修正主義觀點當作是網際網絡上個人身分認同的一部分。一九九〇年代出現一波風潮，戰爭被用來表態中國人的身分認同，如今這波風潮正在電影、電視和網際網絡上大行其道。

電視節目界的奧德賽：崔永元

從二〇〇八年北京奧運後，到二〇一二年習近平上任前，中國政治開始有一點點空間，允許那些相對自由的觀點出現。但看看異議思想家劉曉波二〇〇八年被捕，後來二〇一七年在獄中死去的經過，就知道這個開放充其量也只是特例。然而，儘管媒體二〇一〇年代相當受到打壓，仍有一些人大膽說出了自己的想法。像是這段時間就出現一個家喻戶曉的電視節目，主持人是中國知名廣播人崔永元。

崔永元幾十年來都是中國的媒體紅人，一九九六至二〇〇二年擔任中央電視臺節目《實話實說》的主持人，因其自然又真性情的個人主持風格而大受歡迎，與當時中國廣播界常見的呆板僵硬的表現方式非常不一樣。二〇〇一年他為了治療憂鬱症退出主持，這也成了當年另一個大話題。因為在中國，很少有人會在公開場合討論心理健康問題，而崔永元打破了長久以來的禁忌，公開提起了這個議題。後來他又重返螢光幕，主持了一系列熱門節目。二〇一三年退出廣播界的工作，轉而從事學術工作，結果他進到了學術界還是很爭議。二〇一〇年代初，他強烈反對基改食品，甚至還因此跟人打官司。二〇一八年，他與影星范冰冰陷入了公開的口水戰，我們後面再回來討論這場論戰造成的影響。二〇一九年，他高調涉入了中國最高法院法官竊取案件卷宗的醜聞。[1]

早在二〇一〇年，崔永元就開始做《我的抗戰》這個線上影集，主題是歌頌抗戰時期國民黨士兵的生活，與他之前的作品走向截然不同。[2]這是中國有史以來第一次，有知名媒體人開始以敘說個人故事的方式去呈現出戰爭隱密的那一面。二〇一〇年十月七日，崔永元接受自由派報紙《南方周末》採訪，他提及自己從何時開始對抗戰歷史感興趣。他注意到常講「全民抗戰」這個詞的人，是「希望用這個詞暗示對方，我們在敘述這段歷史的時候，帶著你們呢」。他說自己很晚才明白，當詮釋抗戰的方式變多之後，會帶來哪些改變。他小時候的電影都暗示國民黨與日本有勾結，當他訪問一九四四年爆發過一次重大戰役的雲南松山時，才意識到這個想法是錯誤的。昔日當過國民黨士兵的導遊並沒有認出崔永元，還帶著他去看戰友被殺的戰場發生地，「忽然就高喊每一個戰士的名字」。崔永元說：「當時我特別的難受。這可能是我生活中第一次看到國民黨軍人並產生了由衷的敬意。」[3]

崔永元利用拍攝長征紀錄片的機會，採訪了雲南當地一百多名前國民黨士兵。在政治上，長征是可以談論的主題。這些採訪成了他紀錄片的基礎，後來他又在二〇〇二至二〇一〇年間進行了大約三千五百次訪談。他之所以這麼做，有部分是因為他看過日本的紀錄片，他對這些紀錄片的專業程度印象深刻，但也認為日本紀錄片有誤導人的嫌疑。在其中一部「敘述（一九三七年）南京之戰的片子裡你也看不到一具屍體」。當被問及為何要拍紀錄片時，崔永元認為，「個人故事」提供了人們「超過以往教科書上對抗戰的認識」。[4] 崔永元找不到主流媒體願意播放這些訪談內容，但是新媒體輩出的二〇一〇年代給了他一線生機，他可以把這些訪談放到線上去。跟崔永元合作的一位記者說道，這和別人「為了做宮保雞丁只找這些材料」不一樣，意思是，他們不是先決定做節目，然後才去找材料，而是材料自己找上門，他們必須想清楚如何使用它。他們遇見這些國民黨老兵時，採訪到的故事都還很粗胚。一名曾在國民革命軍第二十九軍服役的士兵李和鳴正吵著想自殺，他在學校裡當代課老師，老了也沒有退休金，覺得自己的人生一文不值。另一名老兵則懇求道：「別採訪我，一採訪我，我腦子的神經就受不了。」[5]

其實崔永元講的故事並不符合官方的那一套詮釋方式，也許這就是他的影片難以找到平臺願意播映的原因之一。像例如有一集在講八路軍，就沒有按照毛澤東叮囑的那樣，將軍隊呈現成必須在人民這個水裡才能活的魚；反而記錄了那個地區的當地人如何向敵軍指認出誰是共產黨士兵。另一集則是關於與敵人合作的敏感議題。崔永元指出，有些人可能是因為要謀生而通敵；有些人真的當了漢奸，但「有點良心的漢奸」只是披上了漢奸的外衣，並沒有傷害人民。他說，這些人的口述歷史「有他一整套的說法」，「而不是我們想像的就是賣國那麼簡單」。[6]崔永元進一步指出，「甚至有的漢奸認為，那是抗戰的另外一種方式，用空間換時間。」也就是說，某些漢奸之所以要暫時犧牲領地，是為了分散日軍兵力，延滯日軍的進展，等之後再把土地收復回來。抗戰時期著名的通敵者汪精衛就採取了這個策略，蔣介石本人當然也有使用過。崔永元在《中國周刊》一次單獨的採訪中，講述了這些老兵的故事，他說這些人都覺得自己被社會拋棄了。[7]

這個系列在網路上大紅大紫。後來一些地方電視臺也開始播映這個節目，最後上了國家電視臺，還開了第二季。同時，崔永元出版了同名著作《我的抗戰II》，將刀口對準了另一個神聖不可侵犯的話題，他質疑戰爭記憶是否有辦法透過網際網絡成功支持無腦的愛國主義。他認為，像「如果還有另一場中日戰爭怎麼辦」的這類言論很常聽到，但其實是個「偽命題」。今日的「憤青」可能會說，自己到時候會「從戰壕裡跳出來」，但實際上他們可能只是講講而已。崔永元也不認為自一九三一年開始的日軍入侵是突如其來的，因為過去日本就襲擊過明朝，然後再次於一八九四至一八九五年發動甲午戰爭（第一次中日戰爭）。最後，他也戳破了中國是二戰時的亞洲關鍵戰場這個日益流行的神話。他問道：「如果沒有太平洋戰爭，沒有蘇聯紅軍，沒有美國人在長崎、廣島投下兩顆原子彈，中國人何時可以體面的做一回勝利者？起碼不是一九四五年。」[8] 崔永元的尖刻口吻，可說是對官方歷史最大膽的新注解。

崔永元身為知名媒體人，沒有像著名作家方軍和樊建川來得那麼「具代表性」。但他們三個人的作品都讓抗戰時期國共分歧的定義愈來愈清晰，從一開始認為中共主導了抗日，到認為國共在抗日中都扮演重要角色，最後變成承認當時的中國大半區域其實都在通敵政權的手中。

崔永元不是唯一將對日抗戰的看法搬上電視螢幕的人。大多數觀眾最常看到電視上在播的，是那些不斷宣揚民族主義而且充滿暴力的電視劇。二〇一四年，作家慕容雪村觀察到，中國在二〇一二年播出的以抗日戰爭為背景的電視劇就有七十部，在接下來一整年裡，光是某一家影視公司就拍攝了四十八部這類作品。[9] 到了二〇一五年，連官方的《中國日報》都承認，有太多這類電視劇因為劇情太過荒唐（比如演出中國軍人一拳打退日本人），讓戰爭淪為笑柄而下架。[10] 然而，無論是電視劇還是電影，這類影片無疑在中國相當有市場。

電影與受害者的力量

到目前為止，我們探討了博物館、回憶錄和電視劇，這些媒介面向的都是國內觀眾。二〇〇〇年代，中國人開始透過電影，努力接觸國際觀眾。中國的製片人和觀眾很欽羨西方利用二戰的影像來形塑外界如何看待戰爭的能力，比如二〇一七年由諾蘭（Christopher Nolan）執導的《敦克爾克大行動》（*Dunkirk*），講述的是一九四〇年英國和其他盟國從敦克爾克大規模撤離的故事。一些中國評論家嚴厲批評了這部電影，因為他們認為這部電影在講撤退，並不符合「中國價值觀」。有一家出版社認為，中國暴力動作片《戰狼2》有中國英雄、西方反派和當代的設定，描繪一場「完全的勝利」，更能體現中國的價值觀。這不禁讓人想到習近平對抗日戰爭也有一樣的讚譽，習近平稱之為中國抗擊外敵入侵的第一次「完全勝利」。罵歸罵，《敦克爾克大行動》依然在上映後拿下中國票房冠軍。[11]

中國電影努力想模仿美國電影的成功經驗，希望重新詮釋出不同的故事。然而到目前為止，講抗戰的中國電影在西方幾乎都鎩羽而歸了；西方講中國戰爭的電影也同樣忽略了中國人的視角。有幾部以戰時中國為背景的西方電影成績斐然，但是這些電影都是關於在中國的歐洲人的故事，而不是以中國人的視角來講述戰爭經歷。一九五八年，以一個英國傳教士在中國的生活為題材的電影《六福客棧》（*Inn of the Sixth Happiness*），名列一九五九年英國票房第二名。一九八七年，史匹柏的電影《太陽帝國》（*Empire of the Sun*），是根據英國小說家巴拉德（J. G. Ballard）的半自傳體小說改編而成，講述抗戰期間生活在上海的經歷。該片獲得了一系列獎項，在美國的票房表現還算差強人意。

二〇〇〇年代，中國試圖重新詮釋戰爭遺緒：一方面渴望在國內創造一種言論，支持官方關於戰爭的宣傳，另一方面又向國外灌輸說中國的協助阻止了法西斯的擴張。過去十年，隨著中國經濟實力不斷增長，自由主義世界對中國愈來愈謹慎，敵意也愈來愈多，中國的這兩項任務變得更加迫切，但是對內的目標和對外的目標經常發生衝突。而這類衝突在中國電影裡可見一斑。當中國國內愈來愈走向威權統治，電影（以及電視節目）傳達的訊息往往變成無腦的愛國情懷。雖然電影中的愛國主義在美國有一定的吸引力，但非美國人和非中國人通常對宣傳美國或中國價值觀的極端愛國主義作品不怎麼感興趣。

二〇〇〇年代，票房最亮眼的電影都跟南京大屠殺有關。這很可能跟當時中日關係日趨緊張有關，二〇〇五年甚至有中國青年向日本駐上海領事館扔酒瓶，卻沒有執法人員出面制止。[12]大屠殺這個主題賦予了這些電影特殊的道德重量，讓中國更加站穩戰爭受害者的位子。南京大屠殺也是中國抗戰歷史中少數為西方人所熟悉的事件之一，還被翻拍成電影。二〇〇九年導演陸川的《南京！南京！》，以及二〇一一年張藝謀根據嚴歌苓同名小說改編的《金陵十三釵》，皆受到國際影評極大的關注。

陸川的電影在中國票房成績驚人，不到三週就賺了一億五千萬人民幣。[13] 中國知名演員劉燁飾演的主角陸劍雄中尉，在日軍攻進城裡時試圖逃跑。與此同時，中泉英雄飾演的日本士兵角川正雄在城市中穿梭，眼見四處盡是強姦和謀殺，深感痛心之下放走兩名中國俘虜，然後自殺身亡。

這部電影在上映前就引發諸多爭議。中國審查人員不確定該不該讓這部電影上映，幾乎要把它禁掉。[14] 它上映之後，有人批評它怎麼可以拍出角川令人同情的一面。然而，正是這樣不黑白二分的細節處理，賦予這部電影強大影響力。這部電影並沒有以任何方式寬恕或淡化發生在南京的恐怖事件，但是，陸川也沒有把主角拍成怪物或是英雄，而是跟我們一樣的一般人，這一安排讓電影的效果更加強大。不過影片的重點還是放在中日的衝突；片中的西方人角色，比如由蘇格蘭演員裴中中（John Paisley）飾演的約翰・拉貝，就不是那麼重要。

張藝謀的電影《金陵十三釵》則走不同路線，故事以一位西方人角色為中心。英國影星克里斯汀貝爾（Christian Bale）飾演一名殯葬業者，後來頂替一名死掉的神父（此為虛構情節）。這部電影在中國頗受好評，票房成績也很不錯。然而，這部電影依然有一個致命弱點：它明明是一部中國著名導演在中國製作的電影，卻不主打中國人面臨的困境或困難，而是講述一個美國白人獲得救贖的故事。這部電影在性別政治上也同樣很有問題；日本人想要圍捕並強暴一群女學生，另一群同樣被困在安全區的妓女「大澈大悟」，願意代替女學生赴難。這部電影在美國的票房慘不忍睹，製作成本超過九千萬美元，但在上映第一個週末只賺了區區四萬八千五百五十八元。[15]

大量的中國電影把自己拍成受害者，反觀在中國境外上映的電影，基本上少有正面描述中國抗日的努力，彼此形成了鮮明的對比。這也是為什麼二〇一五年，布魯斯威利（Bruce Willis）將簽約主演《大轟炸》（*The Bombing*）的消息一出，就讓西方電影界為之騷動。《大轟炸》是一部以重慶空襲期間為背景的大片。導演是蕭鋒，藝術指導是梅爾吉勃遜（Mel Gibson），拍攝預算高達五千三百萬美元。宣傳海報剛發布在網路上，就吸引了眾人目光，但是不到一年，就明顯出問題了。這部電影沒有如期出現在二〇一六年坎城影展，同年五月，美國一家娛樂網站稱其在製片上出現了問題。

還記得《大轟炸》這部電影嗎？這是一部中國電影，由布魯斯威利主演，他是整個亞洲卡司中唯一的美國人，甚至連梅爾吉勃遜也投資了這部電影，並成為該片的藝術總監。

現在有消息指出，我們可能永遠看不到《大轟炸》了。這部電影本身就是顆未爆彈哪。

努力參與演出的布魯斯威利必須完全使用中文配音，因為整部電影都是中文。沒有人說半句英文。

你能想像這樣的電影在西方世界上映嗎？……

當然問題不只這樣。「這是關於中國人在二戰時反擊日本人的故事」，一位消息人士指出，「反正世界上又沒有多少人關心這件事，而且日本人也不會看。」

眼尖的觀察家將繼續關注《大轟炸》是否會出現在坎城影展。但消息已指出，它不會出現。[16]

這篇文章清楚說明了為什麼中國故事在國際傳播一直是個問題。「反正世界上又沒有多少人關心這件事」，大抵總結了二戰的中國故事為何持續在抵抗全球化。

不過，事情很顯然沒有這麼簡單，這部電影也沒有全然就此埋沒。二〇一八年《大轟炸》殺青，還外加一個好消息：中國最知名的影星范冰冰客串了一個小角色，對國內觀眾來說，這部電影又多了分吸引力。

接著在二〇一八年五月，崔永元的爆料指控打亂了原來的上映時程。崔永元二〇一三年就已經離開了中央電視臺，但他仍活躍於公開場合。他指責范冰冰在《大轟炸》中簽了兩份合約，也就是所謂的「陰陽合約」，這是很常見的避稅手段。[17]據稱，崔永元之所以爆料，是因為他不滿范冰冰曾參與另一部電影，該片中的聊天節目主持人被指是以崔永元為原型。不久之後，范冰冰消失了，她在中國社群媒體上的數百萬粉絲也不知道她發生什麼事。與此同時，《大轟炸》的製片人試圖將她的名字從電影宣傳中刪除，並且刪掉了她在電影中的戲分。這部電影原定在二〇一八年八月的二戰結束紀念日上映，但被推遲到了十月。二〇一八年十月，范冰冰終於再次現身，但仍需補繳八億八千四百萬人民幣的稅金。製片取消了在中國上映的計畫，《大轟炸》的餘波終於消停。「是到放下的時候了，」導演蕭鋒在微博寫道，「向一直支持我的主創夥伴，向一直努力的發行團隊，向仍對電影保有期待的觀眾道歉！」崔永元卻死咬不放，繼續聲稱這部電影的部分資金偷拿了上海老百姓的退休金，他呼籲大眾一起抵制這部電影上映。[18] 二〇一八年十二月，這部電影在美國以線上電影形式發行，電影名稱有兩個，《大空襲》（*Air Strike*）以及《堅不可摧》（*Unbreakable Spirit*），後者是故意讓人連想到布魯斯威利二〇〇〇年的另一部電影《驚心動魄》（*Unbreakable*）。

范冰冰的醜聞鬧得滿城風雨，卻鮮少人談論電影本身的內容。電影是在講一位美軍上校（布魯斯威利飾演）協助訓練中國菜鳥飛行員去對抗日本空軍。這個角色與二戰時「飛虎隊」的飛行官陳納德（Claire Chennault）有幾分相似。然而，電腦動畫做出來的戰鬥特效拙劣至極，與二〇一三年政治立場不明但空戰特效震撼出色的日本電影《永遠的0》（*The Eternal Zero*）形成鮮明對比。中國影帝劉燁在劇中飾演一位中國飛行員，他駕駛一輛卡車，帶著一件軍事機密貨物橫越中國西南地區，一面躲避日軍空襲，一面沿途接應來自各路逃難的男女老少。他在這部片的角色比起他在陸川的《南京！南京！》中的演出遜色了不少。這趟路途似乎是在致敬中國的「西遊記」——孫悟空和夥伴一起前往西天取經的故事。片中有個角色是科學家，負責運送小豬給那些飢餓的人們，讓他們獲得更好的營養，這是呼應國民政府在抗戰時實施的農業改良計畫。不過這些敘事線結合得並不好，美國娛樂雜誌《綜藝》（*Variety*）的哈維（Dennis Harvey）在評論中指出：「所有這些問題都讓這部電影變得又吵又雜，但又缺乏一致性或敘事中心，我們永遠無法確定當前發生的任何事件，跟整部都很混亂不清的電影之間的關係是什麼。」不過，哈維也認為「某些方面精心雕琢、場面浩大，讓這部電影即使很難讓人印象深刻，但至少成功展現了它的野心」。[19] 美國版在網路上的評價也不怎麼樣，像是有一位觀眾說：「布魯斯威利原本在《驚心動魄》裡的好演技，到了這部片卻爛得讓人『驚心動魄』。」甚至有一位觀眾寫道：「雖說這部電影講的是中國人對抗邪惡日本人的故事，但真正的大魔王其實是糟糕透頂的演技、導演和劇本。」[20] 這部電影的藝術品質讓人懷疑是否值得一看。相比之下，其他有關二戰的電影，像是波蘭的《灰燼與鑽石》（*Ashes and Diamonds*），以及法國的《再見，孩子們》（*Au Revoir les Enfants*），則完全是另一個無可比擬的等級。即使如此，《大轟炸》依然讓人看見，中國仍然渴望能創作出一部像其他電影那樣吸引更多國際目光的作品。

中國電影另一個更大的問題是，它在描述戰爭的時候，無法展現自己的軟實力。那些中國人或其他前同盟國的人製作的電影，如果能夠融入一種更宏觀甚至是像神話一般的敘事去映照當下的事件，通常都會成功。當代很多很賣座的商業片都成功講述了美英兩國是如何解放歐洲。不過可想而知，前軸心國就尷尬很多了。日本一些成功的電影，像是前述提到的《永遠的0》，以及片渕須直（Sunao Katabuchi）二〇一六年一鳴驚人的動畫電影《謝謝你，在世界的角落找到我》（*In This Corner of the World*），都是在質疑戰爭的意義，並同情那些被迫上戰場的士兵和毫無決定權的日本老百姓。雖然這些電影在國外受到的迴響比較少，但日本也不是想用這些電影向外國講述自己二戰時期的故事。值得注意的是，日本二戰題材的電影很少涉及到中國，絕大多數都把重點放在太平洋戰爭上。[21] 看來日本認為太平洋戰爭才是「真正的」戰爭，對抗的是一個值得尊敬的（亦即擁有「先進」技術和文明的）對手，戰爭結束之後則成了朋友。盧溝橋事件到珍珠港事件發生之間的這段期間，戰爭根本還沒真正開打，拍了也沒人看。中國抗戰的故事在日本毫無市場可言。

相反地，中國人則是非常希望「他們的」二戰電影能在世界其他地方創造市場，而他們之所以失敗，有部分是跟一些限制以及西方世界的偏見有關。在以西方文化為主的英語電影市場，除了武俠片，鮮少有純亞洲題材的電影能獲得廣泛關注。而且還有一個問題，那就是以西方人對二戰時期的理解，中國並沒有做出任何貢獻。中國為了加強當今政權的正當性，致力於翻新抗戰時的記憶，但是這個目標並沒有受到其他地方的廣泛支持；不僅是因為中西兩方仍在相互較勁，也是因為國際社會並不喜歡中國的威權體制。這使得中國在抗戰時期起身反抗的故事更難獲得共鳴。要在二十一世紀主張消費至上的威權主義，並不是一個很有吸引力的提議，就好比在二十世紀中期不會有人想為維護歐洲帝國而戰。當然，也有一些並不提倡自由民主價值觀的俄羅斯戰爭電影頗受好評，例如一九八五年克利莫夫（Elem Klimov）的《見證》（*Come and See*），其主題跟《啟示錄》（Apocalypse of St. John）有關，這類電影常常充滿悲苦、虛無主義，也不認可蘇聯的價值觀。而像陸川的《南京！南京！》這部電影則是極盡所能的曖昧，這也是它上映前差點被禁播的另一個原因。

對美國觀眾來說，要理解真正的中國通常不容易，有些故事會為了迎合政治需求而被改變。二戰時就出現過一個有趣且非常誇張的例子。老舍在一九三七年發表了《駱駝祥子》，這部作品被認為是中國現代小說中最出色的長篇小說，講述一位年輕的人力車夫被當代社會環境壓力慢慢摧殘而逐漸走向悲劇的故事；主角搞砸了人力車的生意，他的女友在妓院工作後不久就自殺了，而他自己最後則死在不知名的巷子裡。二戰時期的美國還很親中，一九四五年，這本書的英譯本出版，並且榮獲美國「每月一書俱樂部」（Book of the Month Club）的推薦。老舍卻錯愕地發現，英譯版最後三分之一的許多內容被篡改得面目全非，結局變成主角從妓院裡救出了女友。這樣的改寫顯然是為了迎合美國人渴望故事有個美好結局；也可能是因為出版商認為，無論老舍怎麼寫他的國家，美國在二戰時期的盟國都不該是一個死亡與絕望之地。[22]當時的好萊塢在這種情緒下也拍了一堆吹捧蘇聯的電影，例如寇蒂斯（Michael Curtiz）一九四三年的《出使莫斯科》（*Mission to Moscow*）就把蘇聯描繪成一個美式民主剛剛萌芽的國家。但在二〇二〇年代，就沒有任何政治或文化壓力會讓人想拍一部紀念重慶或延安的電影給西方人看了。而且有鑑於美國對中的敵意與日俱增，這種電影的市場只會愈來愈小。

「國粉」現象

崔永元所持的懷疑觀點在網路上比電視上更容易找到，而且網路上還出現了一群「國粉」，也就是一群喜愛中華民國或國民黨的民間人士。二〇一五年，自由亞洲電臺曾採訪一位名叫王雪笠的女士，網路暱稱叫「空氣」，是中國大陸「民國憲政派」的領頭人物。熱衷於「民國熱」的人，通常是受過良好教育的都市人，他們想要找到一種方式來表達他們對當權政府的懷疑，王雪笠就是這種現象的一個典型範例。[23]她之所以取名為「空氣」，是因為她認為空氣是世界上最自由的物質。王雪笠是極端活躍的國粉代表，時常在社群媒體上發表看法。她聲稱自己不僅擁護孫中山的三民主義，也擁護一九四六年的憲法——那部由國民黨在陷入國共內戰時所制定、充滿問題而且只有小部分民主的憲法。她認為「『民國憲政派』取義是中華民國的憲政」，與中共憲政相比之下是「民主」的。二〇〇三年，王雪笠與她的夥伴在網路上跟「毛粉」吵翻天，並且逐漸形成一股勢力。王雪笠聲稱，二〇〇五年，時任國民黨黨主席連戰訪問中國，讓國粉的勢力大增，連戰訪問期間，吸引了一大票國粉，從中國各地跑到孫中山在南京紫金山的長眠之地中山陵，以及原國民政府總統府（南京總統府）。王表示，接著「二〇〇六年形成了第二個高潮，就是還原和反思抗戰的歷史。同時我們也發現愈來愈多的宣傳民國史的人才，包括在體制內有愈來愈多的同情者加入我們當中來」。[24] 他們的主要「戰場」是在QQ通訊平臺，但後來二〇一一至二〇一二年有更多的文章是發表在中國的微博。

可以說，國粉並不是憑空出現的。二〇〇〇年代初，「憤青」愈來愈受關注，這群年輕的中國民族主義者常常發表強烈的愛國言論，甚至批評自己的政府對日本過於軟弱。[25]

比如其中一位憤青名叫郭泉，他積極參與調查南京大屠殺，並且在相關研究中心擔任兼職研究員。那幾年他熱衷於發展批評政府的事業，二〇〇八年因主張多黨民主政治而被控「顛覆國家政權罪」入獄。[26]

「國粉」頻頻跟政府對立，引發當權者不安。雖然中國網際網絡環境受到限制，不太可能衡量有多少國粉，而且顯然這波民國熱都集中在同一群人，但是這群人的聲量依然大到不容忽視，二〇一四年十月就逼得官媒《環球時報》發出警告，要人們不應該再繼續緬懷國民黨時期以及中華民國：

近來，在大陸網上的一些角落，以及在少數知識份子中間，出現了一種對「中華民國」的病態緬懷。

這種「民國熱」的思潮對大陸的民國時期不斷進行浪漫主義描述，稱那是個「民主」、「自由」，而且「崇尚知識」的時代。

然而，這種論調的基礎是當時中國少數高級知識份子的境遇。這些人鐵定屬於當時的上流社會，甚至受到當下學術界的普遍推崇……

懷舊是人類的一種基本情緒。這就像民國的國學大師王國維和辜鴻銘懷念滿清（一六四四—一九一一）時梳辮子，以及中國現在還有一些人懷念「文革」時代（一九六六—一九七六）一樣。它們都有複雜的社會原因及心理原因，成熟社會對它們的態度應是能寬容時則寬容。

然而當有些人把「民國熱」當成一個意識型態甚至政治工具，來挑戰大陸社會的主流歷史觀和對現實政治的認識，我們應當毫不客氣的揭穿他們的把戲。中國人早在六十五年前就拋棄了中華民國。

要不是當時的國民黨政權爛透了，徹底失了民心，中國共產黨也不可能有辦法動員全中國的老百姓打倒它。

國民黨在大陸的統治堪稱「一團糟」，當時的國家治理甚至沒有深入到基層社會，也未能突破地方力量的實際割據，而且受制於西方列強。上世紀四〇年代末的中國內河裡還游弋著英國軍艦。面對東洋小國日本的侵略，中國這樣一個泱泱大國卻無力進行反抗動員，國民黨政權應當對中國遭日寇的蹂躪承擔責任。中華民國無論在綜合國力、國際地位、民生水平以及對國民各種權利的綜合保障能力方面，都遠遠無法與當今的中國相比。

我們可以懷念民國時期的一首歌、一道風情，或是一些面孔，但歌頌那時的國家制度和它所帶來的影響，這是對中國歷史以及推動這個國家發生偉大變化的所有人的侮辱。[27]

幾個月後，無視官媒發出的警告，空氣宣稱：「尤其是我們說服了青年，青年人信仰青天白日滿地紅旗的比例愈來愈多。大多數青年他們的家庭是跟國民政府、跟國民黨沒有關係的，他們純粹是出於理性的思考選擇了中華民國，願意為這個事業去獻身、去奮鬥。」[28]

網路上除了能繼續看到國粉的身影，還可以看到其他緬懷民國時期的方式，比如角色扮演（cosplay）和旅遊。除了空氣這些人的死忠支持，以及有國家撐腰的《環球時報》，大家對抗戰時期的理解其實都不盡相同。有一位自稱國粉的人，網路暱稱是「Qiuba Shiji」，二〇一七年寫了一篇文章〈我怎樣看國粉〉，對這種民國熱現象有一番細緻的批判。[29] Qiuba 認為「國粉有三類」，他們的特徵如下：

第一類是會變的國粉。這類國粉只是歷史愛好者的一個階段而已。出於對現實的不滿，也出於人人皆有的逆反心理……在長期受到官方正史灌輸後開始獨立尋找歷史痕跡的初期，很多人都有與官方背道而馳的一個過程……我本人就曾是改（革）開（放）以後的第一批國粉。

他認為，大多數的國粉是第二類：

第二類是假國粉。這類國粉，就是你在網絡論壇海量的灌水帖中、在路邊店吃飯時、在乘坐公交車時、在與同事、親友或家人閒聊時聽到的諸如「抗戰主要靠國軍」、「國軍抗戰功績被埋沒」等聲音的發出者。

這類國粉並沒有想讀什麼正經書，就只是隨意從網際網絡上蒐集「某些歷史碎片」：「他們最容易接受與官方正史不一樣的聲音，也最喜歡傳播這樣的聲音。」第三種是「鐵國粉」，帶有自身政治目的之政治行動者，占總數比例不到五%。Qiuba並沒有直接指明空氣，但根據這個描述，她應該屬於這一類。「各類國粉……聲音是很大的，但聲高不代表理正。」

Qiuba不認同國民黨軍隊在抗戰中扮演重要角色。他指出，在一些重大戰役例如一九三九年南寧的崑崙關戰役，國民黨軍隊被日本人（他在文章中稱之為日本鬼子）打敗了。他最後寫道：

> 抗戰期間，國軍堅持了正面戰場，多數的國軍將士沒有投降。在抗戰初期的戰場上，國軍與日軍的抵抗特別的激烈，犧牲特別巨大。所有這些，當然是必須給予

肯定的，無數為國捐軀的英烈更是值得後人永遠銘記的。……但許多國粉……非要把國軍抗戰的貢獻拔到最高才行，就太不切實際了。[30]

國粉的比例當然沒有很高，像空氣這樣全心全意認同國民黨治理的人可能也很罕見。不過，他們關注的問題卻反映了更大的文化趨勢。Qiuba 說的第一類人在某些方面與我第二章談到的學術界以修正主義討論抗戰歷史的現象有些重疊。第二類人則呼應了一種對當代生活更普遍的不滿。「假國粉」並不是真的想要巨細靡遺的分析八十多年前國民黨在戰場上的表現，而是一群對共產黨抱持著怨氣，同時也對整個人生不滿的人。大概就像是一群中年上班族在北京地鐵通勤的時候，用手機打字討論一九三九年長沙會戰第一階段到底發生了什麼事，藉此讓自己跳脫身邊高壓緊繃的環境。

國粉現象跟美國緬懷南方邦聯年代的情懷有某種相似之處，那些出來捍衛邦聯旗幟和雕像的人，常常辯稱自己是在試圖保護「歷史而非仇恨」。反對者則認為，歷史帶來的意義與創建邦聯的政治制度是不可能分開而論的。許多邦聯的擁護者提出的歷史解釋很令人質疑，例如南方本可以贏得內戰，或是前美利堅邦聯總統戴維斯（Jefferson Davis）理論上也會廢除奴隸制。但這些言論通常並非真的在談一八六〇年代的事件，反而更接近發言者對當代美國的看法。那些在二〇一〇年代出現、討論國民黨在抗戰中扮演何種角色的論述，當然也是如此。如今中國消費主義盛行，又缺乏明確的意識型態，那些被排擠的網友會喜歡這類論述，一點也不奇怪。

人們會擔心國粉問題，可能也跟最近有些力量在阻擋公共文化去承認國民黨的抗戰戰績有關。二〇一九年六月，電影《八佰》被安排為上海國際電影節的開幕片。這部電影講述抗日戰爭早期一群英雄孤軍奮戰的著名事件：為抵抗逐漸進逼的日軍，約八百名國民黨軍隊士兵在上海的河邊倉庫做最後一搏。這部電影的預算超過八千萬美元，是中國第一部完全使用ＩＭＡＸ寬螢幕形式拍攝的電影。六月底，突然傳來消息稱這部電影不再是電影節的開幕片，幾天後，該片在中國的首映被取消了。

六月初，與中國社會科學院有關聯的中國紅色文化研究會曾譴責這部電影，認為該片對國民政府在抗戰期間的貢獻看法過於樂觀。比如電影裡中國士兵保衛象徵中國國民黨的青天白日滿地紅旗幟，最令他們感到不滿。雖然無法證實這些批評是否跟這部電影取消播映有直接相關，但有關的可能性很大。一名因期盼落空而備感失望的觀眾在微博上發表評論，直言：「為什麼（取消放映）呢？就因為和日本作戰的八百名勇士是國民黨士兵而非共產黨？」根據《南華早報》記者 Elaine Yau 從中國社群媒體上收集的意見，網友對於取消放映的看法似乎呼應著國粉熱潮。一位網友指出：「國民黨士兵是對抗日本的主要力量，這是事實。」另一位網友則抱怨：「我為（在倉庫圍困中）犧牲的士兵感到悲傷，他們為國家犧牲性命，現在卻遭到這些人的攻擊。請永遠記住那些為中國獨立獻出生命的戰士們。」[31]

影評人 Lan Lin 針對像紅色文化研究會這樣的中國半官方組織如何影響文化產物和審查制度提供了深刻的分析，讓我們更理解由上而下的國家力量如何干預並影響藝術家個人：「電影《八佰》的命運，也讓我們看到了中國電影審查機器內部一些系統性和行政上的變化。主事的依然是中華人民共和國國家新聞出版廣電總局，但其他政治力量也會產生影響。」[32] 中國的公領域不僅壓縮對國家自由反擊的空間，還讓一些在政治上更保守的組織可以對文化生產者施加壓力，即使是已經獲得正式批准的特殊產業，比如電影，也無一倖免。《八佰》的狀況就是如此。如何在允許更具包容性的歷史，以及不得破壞中共歷史神話之間保持平衡，這個議題早在一九八〇年代胡喬木等人就已經提過，但這個問題至今依然未解。

在中國，不同的記憶載體之間都會彼此互動，整體說來相當複雜。像楊天石、張憲文談蔣介石與國民黨的學術研究，在一般書店都能找到。樊建川那套四川人的抗戰貢獻的顛覆性看法，與重慶那些美化戰爭年代的基礎建設沒什麼兩樣。崔永元藉由新的社群媒體來解決關於國民黨士兵故事的宣傳困境，進而向中國主流傳播單位施壓，要求進一步平反；到了二〇一五年，中共強硬派評論家兼解放軍軍官羅援等人，都開始說要承認國民黨對抗戰的貢獻。[33]

二〇一五年九月三日，天安門廣場舉行了一場閱兵儀式，上述的努力見效了。儘管大多數的注意力都放在鋪張的軍事裝備以及賓客名單（出席的有俄羅斯的普丁、南韓的朴槿惠、代表聯合國的潘基文；美國的歐巴馬、北韓的金正恩、英國首相卡麥隆則缺席），比較少人注意到現場還有一群老兵接受檢閱。這些老人都已年過九旬，是當年參與抗日戰爭的國民黨及共產黨老戰士。在閱兵儀式的最後，中國國家主席暨總書記在全中國電視機的轉播面前親自表揚這些老兵，肯定國民黨人對抗戰勝利的貢獻。即使如此，抗日的主角依然是中國共產黨。但從二〇一〇年崔永元挑戰底線的紀錄片，到二〇一五年的天安門廣場閱兵典禮，還是可以看到，中國官方在短短五年的時間內，大幅提升了認可國民黨表現的程度。

我們之前討論過的那些學術研究，雖然大幅影響了關於抗戰的新論述，但這些論述主要反映的，依然是公共討論的結果。現在中國對第二次世界大戰有一套穩固且清晰的論述。一九九〇年代末那些各式各樣的說法已被清楚界定，而且儘管在當代仍會受到抵制，但有賴二〇一〇年代及二〇二〇年代的社群媒體和公共文化，這些論述會一直存在下去。

注釋

1. Mimi Lau, "China's Whistle-Blower Blogger Cui Yongyuan Appears," *South China Morning Post*, 1 Mar. 2019.
2. 《我的抗戰》影集：http://tv.sohu.com/20100816/n274237549.shtml。
3. 崔永元受訪，〈崔永元談《我的抗戰》〉，《南方周末》，二〇一〇年十月七日。
4. 〈崔永元談《我的抗戰》〉。
5. 〈崔永元的《抗戰》〉，《中國周刊》，二〇一〇年九月八日。
6. 〈崔永元談《我的抗戰》〉。
7. 〈崔永元的《抗戰》〉。
8. 有關崔永元《我的抗戰II》的簡介，請參見百度百科：https://baike.baidu.com/item/%E6%88%91%E7%9A%84%E6%8A%97%E6%88%98II/26747.
9. Murong Xuecun（慕容雪村）, "China's Television War on Japan," *New York Times*, 9 Feb. 2014.
10. "Anti-Japanese War Dramas Pulled from TV due to Ludicrous Plots," *China Daily*, 20 Aug. 2015.
11. Gaochao Zhang, " 'Dunkirk' Conquers China's Box Office," *Los Angeles Times*, 6 Sept. 2017; Neil

Connor, "A Retreat Has No 'Chinese Values': Dunkirk Movie Comes under Fire in China," *Telegraph*, 4 Sept. 2017.

12. Chris Hawke, "Anti-Japan Rampage in Shanghai," CBS News, 16 Apr. 2005, https://www.cbsnews.com/news/anti-japan-rampage-in-shanghai/.
13. Derek Elley, "*City of Life and Death* Review," *Variety*, 14 May 2009.
14. 加拿大影評人謝楓（Shelly Kraicer）深入淺出地講述，官方對陸川電影的態度，如何從認可逐漸轉變成不認可。Kraicer, "A Matter of Life and Death: Lu Chuan and Post-Zhuxuanlu Cinema," *Cinema Scope* 41 (Winter 2010), http://cinema-scope.com/features/features-a-matter-of-life-and-death-lu-chuan-and-post-zhuxuanlu-cinema-by-shelly-kraicer/.
15. Kurt Orzeck, "Chinese Blockbuster 'Flowers of War' Leaves Audiences Cold," *The Wrap*, 26 Jan. 2012, https://www.thewrap.com/despite-christian-bale-flowers-war-leaves-us-audiences-cold-34515/.
16. Roger Friedman, "That Movie Bruce Willis Made in China—with Mel Gibson as Art Director—Is MIA," *Showbiz 411*, 4 May 2016, http://www.showbiz411.com/2016/05/04/that-movie-bruce-willis-made-in-china-with-mel-gibson-as-art-director-is-m-i-a.
17. Wang Xiangwei, "Meet Cui Yongyuan," *South China Morning Post*, 26 Jan. 2019.

18. Vivienne Chow, "China Release of Fan Bingbing–Bruce Willis Film 'Unbreakable Spirit' Is Scrapped," *Variety*, 17 Oct. 2018; "Fan Bingbing Movie Co-starring Bruce Willis Cancelled," *The Straits Times*, 18 Oct. 2018, https://www.asiaone.com/entertainment/fan-bingbing-movie-co-starring-bruce-willis-likely-cancelled-following-actress-tax.

19. Dennis Harvey, "Film Review: 'Air Strike,'" *Variety*, 27 Oct. 2018.

20. 電影《大轟炸》網友評論，請參見IMDb：https://www.imdb.com/title/tt4743226/reviews?ref_=tt_urv.

21. 我在BBC廣播紀錄片《日本·永不結束的戰爭》（*Japan's Never-Ending War*, 2018）發現這個議題：https://www.bbc.co.uk/programmes/b0b0wrpk.

22. Jonathan Spence, *The Gate of Heavenly Peace: The Chinese and Their Revolution*, 1895-1980 (New York, 1981), 360-361.

23. 關於這個現象，可參見：Robert Weatherley and Qiang Zhang, *History and Nationalist Legitimacy in China: A Double-Edged Sword* (London, 2017).

24. 〈民國復興運動興起　「國粉」隊伍壯大〉，自由亞洲電臺，二〇一五年三月五日，https://www.rfa.org/mandarin/yataibaodao/zhengzhi/ck-03052015093356.html.

25. Lijun Yang and Yongnian Zheng, "Fen Qings (Angry Youths) in Contemporary China," in Suisheng Zhao, ed., *Construction of Chinese Nationalism in the Early 21st Century: Domestic and International Aspects* (London, 2014).
26. "China Releases Former Nanjing Professor Jailed for 'Subversion,' " Radio Free Asia, 14 Nov. 2018, https://www.rfa.org/english/news/china/professor-release-11142018162943.html.
27. "Double Ten Day Fervor Humiliates History," *Global Times*, 10 Oct. 2014, http://www.globaltimes.cn/content/885475.shtml.
28. 〈民國復興運動興起　「國粉」隊伍壯大〉。
29. Qiuba Shiji，〈我怎樣看「國粉」〉，二〇一七年九月二十三日，https://www.jianshu.com/p/e6a00469f1de。*
30. Qiuba Shiji，〈我怎樣看「國粉」〉。
31. Elaine Yau, "First Chinese IMAX Film *The Eight Hundred*'s Release Cancelled," *South China Morning Post*, 17 June 2019. 電影預告片現在仍可在線上觀看（二〇二〇年三月十二日檢閱）：https://www.youtube.com/watch?v=41VkLPcB_Cg.
32. Lan Lin, "Release Delay of War Epic 'The Eight Hundred,' "SupChina, 1 July 2019, https://supchina.

com/2019/07/01/release-delay-of-war-epic-the-eight-hundred-a-new-era-of-chinese-movie-censorship/.

33. Rana Mitter, “What Is China’s Big Parade All About,” *ChinaFile*, 2 Sept. 2015, http://www.chinafile.com/conversation/what-chinas-big-parade-all-about.

*譯注：此網址已無效，另可參考下列網址：https://zhuanlan.zhihu.com/p/53807892；https://zhuanlan.zhihu.com/p/29888225；https://kknews.cc/zh-tw/news/4n2kj6v.html。

第五章

由重慶到延安：地方記憶與抗戰認同

美國記者白修德或許是二戰期間，全中國最有名的外國人了，他於一九四六年記錄了在戰時成為臨時首都的重慶。他筆下的重慶是「一個特別的時期，雖然只是個臨時駐地，卻像慕尼黑或凡爾賽一樣，有著超越地理名詞的意義。數以百萬計的人相信著中國的偉大，匯集到重慶的城牆下，抱著洶湧的熱忱要從日本的侵略中守下這片土地」。[1]

說到人們對重慶抗戰歷史的興趣，就會想到周勇。他在二〇一八年向我談起這座城市成為臨時首都的重要性：「我認為這樣一段歷史對一個國家、一座城市，都是十分寶貴的，戰爭是人類的悲劇，戰爭的歷史卻是人類的資產。」[2]

雖然相隔八十年，經歷戰爭的美國記者，和大半生浸淫其中的中國史學家，都認同這件事。無論身在當時還是回首過往，戰時的重慶都充滿各種道德觀的碰撞；同樣的碰撞也發生在抗戰時期的其他地區，讓整個中國的道德觀邁向全新的境地。畢竟，戰爭的每個角落，都有著無數的合作與對抗。只不過，這些地方的記憶都被隱藏或是否認了數十年。

多年來，整個中國的集體記憶都集中在同一個地方的同一段意象：中國西北方的陝甘寧，延安窯洞裡的共產黨首都。在西方人眼裡，一九四四年前往延安拜訪毛澤東和其追隨者的「迪克西使團」，就是整個中國抗戰時期的形象。一九四九年以後，游擊隊抵抗的故事，從基層被拉抬到中華人民共和國建國神話的核心。整段史詩的重心變成西北方艱困的黃土大地，所有故事的意識型態和道德教訓，也都圍繞在中國共產黨由此處崛起，最終贏得勝利。[3]

不過，在一九八〇年代以後，中國人對抗戰時期的集體記憶，就換了地方。西南地區在毛澤東時代幾乎完全被忽略的歷史，終於開始復甦、沉吟、高唱自己的經歷。此處的抗戰記憶並沒有直接和整個國家的大敘事打對臺，不過，強調西南地區的抵抗，就不免讓人注意到抗戰時期支配大後方的國民政府。此外，當地新發掘的集體記憶，也紀念起個人的犧牲。遠在緬甸邊境的松山有一座私人博物館，展示著中國遠征軍在當地對抗日本的紀錄。[4]在成都市外，也有著中國最大私人博物館之一的建川博物館，強調著西南地區對於抗日的貢獻。

就連在抗戰時光從未遠去的延安，也對那個時代有了新的觀點。商業化的「紅色旅遊」主打有關共產黨建黨和崛起的景點，為延安和許多抗戰時期與毛澤東有關的地方，吸引了絡繹不絕的朝聖遊客。甚至在最官腔的敘事裡，都有了不正統的元素：比如歷史學家朱鴻召等作者也挪用了延安神話，重新評估現今中國所謂後社會主義的生活。

哀悼失落之城

多數更新版的抗戰神話，都是源自一九九〇年代的重慶，也就是中國在一九三七至一九四六年之間的戰時首都。重慶絕非最適合做為首都的城市。假使二十世紀的中國太平安穩，這座城市大概也會發展和工業化，但跟鄭州、石家莊這些中型城市相比也沒什麼差別。抗戰時期把政府從南京搬到重慶的決定，讓這裡聲名大噪。「抗日戰爭塑造了重慶人的基本性格，」周勇說，「也創造了這座城市的核心文化。」[5]

遷都絕非小事。英國將印度首都從加爾各答遷到德里，就是在一九一一年的德里杜爾巴（Delhi Durbar）＊上宣布，英王喬治五世甚至還親臨印度，舉行了富麗堂皇的遊行。一九三七年宣布遷都重慶時，雖然沒有同樣的風光，但也有些相似之處。遷都新德里是因應危急所做的決定，當時孟加拉的政治人物讓帝國當局認為，該行省已經不再適合做為首都。遷都重慶也是因為面臨危機，只不過更為嚴重：中日戰爭即將爆發。雖然決定倉促，但遷都內地的計畫其實已經醞釀多年。

在整個二十世紀，重慶經歷了多次巨變。在一九九七年成為直轄市以前，重慶都隸屬於四川省。而抗戰時期控制四川的是川軍領導人劉湘，他在傳統的省會成都施行統治。一九三一年，蔣介石政府無力提供軍援導致滿州被攻陷後，就開始制定計畫，做為戰爭爆發後對抗日本的手段。一九三二年十二月二十九日，國防設計委員會（National Defense Planning Commission）成立，對中國的化工、燃料等資源需求做了詳細的調查，結論是中國內地還需要更多準備。[6]

除了戰時定都重慶的計畫，國民政府還打算更進一步改造中國的政治地理，希望能藉

*譯注：印度貴族對大英帝國宣示效忠的宮廷集會，分別在一八七七年、一九〇三年、一九一一年舉辦過三次，這三次同時也是英王加冕為印度皇帝的典禮。

此在當時所控制的地區鞏固政權。重慶有長江和嘉陵江的便利水運，又有高山峽谷做為天險，易守難攻的地勢使它成為絕佳的最後堡壘。（而在國共內戰中，重慶也的確是共產黨最難攻克之處。）然而，此地從未受國民政府的力量徹底掌控，即使在一九二七年過後也不曾。劉湘和蔣介石的關係，充其量也只能說是同床異夢，他處處提防著蔣介石，擔心四川會被納入中央的掌控——而他的擔心也是正確的。

一九三五年三月，蔣介石首次到訪重慶，評估能否將之做為抗日基地。他在三月四日的演講中表示：「就四川地位而言，不僅是我們革命的一個重要地方，尤其是我們中華民族立國的根據地。」[7] 在這次演說之後，軍事委員會旋即在重慶成立行營。國民政府中央軍機構的出現，讓四川軍閥開始一步步被蔣介石收服。

一九三七年七月七日，駐紮宛平縣的中日雙方發生戰鬥，戰爭持續了數週，起因至今仍撲朔迷離。隨著北平、天津陷落，南京也顯得岌岌可危，讓國民政府高層更急著遷都。[8] 八月七日，蔣介石與何應欽、汪精衛、閻錫山等高層領導人會面，眾人都表示支持擴大戰事，即使戰事將會波及上海。劉湘也在其列，應允提供五百萬兵丁。八月十三日，淞滬會戰開打，蔣介石嘉許了劉湘的「建議中央遷川，長期抗戰的種種意見」。官方終於開始遷都行動。[9]

此時，國民政府已然無力守住上海。日軍帶著數之不盡的增援，又掌握了科技優勢，讓中央軍就算用上最精良的部隊也抵擋不住，整座城市在凶殘的白刃戰中破碎。十一月十五日，代行國民黨中央政治委員會職權國防最高會議常會宣布「國民政府及中央黨部都遷重慶」。[10] 隨著中國東部淪陷，上海、南京被毀，有些人倉皇撤離，國民政府主席林森也在十一月十一日前往武漢，接著轉乘汽船「民風輪」於十一月二十六日抵達重慶。到了一九三八年底，所有主要政府機關都已經遷抵新都。

國民政府在重慶所面臨的任務，和二戰期間其他主要首都十分不同。（如果納粹在一九四一至一九四二年間占領莫斯科，史達林也許得遷往計畫中的臨時首都古比雪夫〔Kuibyshev〕，但這個計畫從未實行。）首先，遷都必須迅速完成。雖然已經準備兩年，要建立堅實的抵抗基地，仍有許多工作必須完成。重慶的道路很差，幾乎沒有交通建設，也沒有多少建築物適合用來建立穩固的政權。讓重慶適合做為長期抗戰中心的因素，也讓它的補給和防守變得困難。無論取道滇緬公路、經廣東沿岸的海路，還是透過北方青海，都可以進入重慶。日本的入侵也讓中國難以聯絡東部沿岸，雖然經香港的路線一直到一九四一年才中斷。

作家許晚成將重慶之行的困難，以及他對這座戰時首都的印象，寫成了詼諧的札記《抗戰八年重慶花絮》，書裡提到兩塊街角的招牌，正好形成諷刺的對比：

重慶百象街大眾輪船公司門首，有廣告兩張；其一謂：本公司XX輪安全，迅速直放南京上海。其二謂：行船走水三分險；速向本公司保險。[11]

不過，光是抵達重慶，危險和困難都還沒結束。大量難民湧入重慶與四川省；整座城的人口在一九三七年還不到五十萬，到戰爭結束時已經有了一百零五萬，多了不止一倍。[12]但破壞城市安全的因素裡，最可怕的還是轟炸造成的破壞。一九三〇年代初的中國政治思想家常把「非常時期」掛在嘴上，而戰爭帶來的混亂確實也多少讓那段時期顯得偏離常軌。[13]

身處恐怖的戰爭之中，會讓人們更期盼從這團暴虐和動盪中，看到一些新的東西。國民黨的政治人物，常利用人民對太平的期待，做為繼續抗戰的主要理由。在當時，「建設」是個很強烈的比喻。在重慶，「建設」又不僅僅是比喻而已，而是貨真價實的需要，特別是在一九三八年二月至一九四三年八月這段期間，整座城市頻頻面臨從天而降的轟炸。根據不完整的統計，在這五年半裡，日軍總共在兩百一十八次空襲中，出動了九千五百一十八架飛機，造成一萬一千八百八十九人死亡，一萬四千一百人受傷，摧毀了一萬七千六百零八棟房屋。[14]在抗戰期間，為了守住重慶，必須不斷重建被炸毀的地方，然而接連不斷的空襲也妨礙了任何有條理的重建計畫。一九三九年的《都市計畫法》對居民、商店、工廠和政府設立了各種規範，並要求改進道路、供水和下水道系統，還有分配土地，以及設立衛生、教育、防空等公共服務。一九四〇年，這些計畫又變成了「戰時三年建設計畫」。此外還有許多教育文化上的進步，比如設立了三十所高中。[15]

整座城市的重建皆由高層規劃，向下分派，為的是應對日漸渾沌的戰局。此外，人民高漲、難以控制的情緒，也正改變著城裡的氣氛。葛林（Graham Greene）曾以倫敦大轟炸為背景，描寫了戰爭的這一面：「夜復一夜的警報、彈幕、轟炸機長驅直入，明確無疑的引擎聲（你在哪？你在哪？你在哪？），炸彈砰砰接近又砰砰離遠，像極了愛情的魔法來過。」[16]人們心中愈來愈清晰強烈感受到白修德筆下的「特別的時期」，而在湧向臨時首都的中外人士之間，也逐漸重新建立起一種認同感。只是英勇義行，往往不敵傷感哀戚，也不敵犬儒市儈。

許晚成提到，一九四四年八月三日《渝報》上有篇文章題為：「端風尚戒淫靡，同居啟事不准刊登。」官方會定期公開舉辦正式的集體結婚儀式。但根據許晚成的記載，報紙顯然一直會公然刊登男女同居的消息：

近來各地報紙有男女同居公開登載啟事，一若登載正式訂婚結婚之啟事然。該部以男女同居，不能認為正式婚媾，公開登報，實足以滋長淫靡之風。影響所及，不堪設想。特於前日通令全國，按照《修正出版法》第二十二條……取締各地報紙登載妨害善良風俗男女同居之啟事。[17]

許晚成認為，新的規定其實是承認了「後方」國民黨區有許多「臨時夫妻」的傳言。[18]許晚成的故事顯示，國民政府當局試圖創造新的道德核心，以免性自由危害社會風俗。[19]畢竟重慶的責任是成為國家新生的熔爐，而一座充滿絕望難民和不正當性關係的骯髒城市，將會重創這種形象。然而，無論官方有什麼樣的期望，重慶的居民都只能一面被腐敗、疾病與破城的恐懼壓得喘不過氣，一面等待著戰爭結束。一九四五年八月，戰爭戛然而止，城裡的居民馬上又要面對充滿未知數的和平。

遺忘與追憶

在毛的統治之下，當局幾乎沒給重慶什麼紀念或哀悼戰時苦難的餘地。因為殘酷的現實是，國民黨的抗戰故事完全無助於讓人民更相信這個新生社會主義國家的意識型態。

然而私底下，戰時的歲月並沒有被遺忘。我問重慶中國抗戰大後方研究協同創新中心主任周勇，小時候家裡有沒有談過這方面的歷史，他回答：「我們沒法不談這事。但在一九五〇年代和一九六〇年代，這事大都是自己人在家裡談。」[20]他說，當時候「老一輩都還活著，他們還記得很清楚」。他們不會在公開場合談論對日抗戰的事，但私底下都記得。老一輩人講的，都是戰爭如何改變了他們的日常生活。比如空襲的時候，人們會準備一個小包袱，以防萬一被困在避難所好幾個小時。警察會在空襲來臨前出來搖鈴，催促人們快點躲起來。周勇的家人還講到他們吃的米很差，裡頭摻滿了砂礫，身上穿的則是國產粗布做的廉價衣服。而印象最深刻的則是日本投降的時候。「一九四五年八月十日，」他告訴我，「消息傳到重慶，整個城市都欣喜若狂。」人們燃放無數的鞭炮，開始飲酒慶祝。「甚至連我奶奶這麼個鄉下女孩，也走了好幾里路到重慶去看遊行，去看城裡狂歡慶祝。」然後他又說，「他們把這些事情記得極為清晰。」[21]

儘管這些記憶如此鮮明，在冷戰時期仍然只屬於私人。毛澤東統治下的重慶被其他問題籠罩著。文化大革命期間，重慶是紅衛兵批鬥最慘烈的地方，當地軍火庫的彈藥被用在城市的街頭上。[22]參與鬥爭的人都是戰時重慶人的後代，某種意義上，軍火庫也是那些年留下的遺產。

一九八五年，抗戰結束四十週年紀念，是重慶戰爭集體記憶的一個重大轉捩點。早在一九五〇年代，就已經保留了一些歷史場景，但多半是政治上受到認可的重慶歷史：包括位在紅岩村郊區的中國共產黨總部，還有中美特種技術合作所（Sino-American Cooperative Organization, SACO）主宰的監獄。這個監獄的負責人是軍統局副局長戴笠還有他的美國夥伴，他們在這裡逮捕、拷打並殺害了許多異議份子。在毛澤東時代的大部分時間裡，重慶絕大多數的戰時歷史都沒有被拿來公開討論。

一九八〇年代，讓中國公領域大幅轉變的種種因素，也影響到了重慶。地方認同變得更強烈，這在亟欲吸引外國投資的城市裡尤其明顯。一九九七年重慶成為中國繼北京、上海、天津後的第四個直轄市，地方認同也在這段政治變化中達到巔峰。人們開始投入更多心力蒐集地方歷史，許多口傳歷史都被收錄進政府規劃的《文史資料》書系裡。[23]

在接下來的二十年裡，重慶的都市地貌得到重新規劃，為的是納入自一九四九年以來被忽略的抗戰歷史元素。原本只留在家族歷史中的空襲故事，又回到了大眾的記憶裡。二〇〇五年開幕的三峽博物館，也有一區專門用來紀念中國抗日戰爭。其中最令人驚豔的，就是以暴烈橘紅色燈光重現重慶空襲，最後配以悽愴小提琴樂曲的立體模型演出。[24] 市中心有些空間特別狹長的餐廳，這些店家都是由防空洞改建而成，讓顧客在裡頭享用當地的火鍋。重慶郊外的黃山別墅曾是蔣介石的戰時官邸，現在則成了旅遊名勝；此處陳列著蔣介石的決策，還有一名扮演蔣委員長、為觀光客導覽的演員。[25] 二〇一〇年代，重慶市裡與抗戰經驗有關的藝術和歷史博物館，更是飛快增加；到處都是紀念碑和雕像，紀念著各式各樣的事件和人物，其中也包括了蔣介石的參謀長，史迪威將軍的故居。私人企業也加入了這股風潮，比如樊建川在二〇一八年新建的重慶博物館。

然而，重慶戰時記憶的復興，並不只是在呼應先前的國家記憶轉變。最關鍵的差別，在於重慶回憶復興的主角，是共產黨的死敵國民黨。一九四九年後，國民黨除了在舞臺上充當反派，所有的故事都遭到全國性的打壓，這意味著所有國民黨影響區域內的地方歷史，都被忽略或是醜化了。這對戰時住在重慶的人來說，可說是雙重打擊：他們不只遭受到比中國任何地方都嚴重的空襲，所有對勝利的貢獻還被排除在歷史之外。當全國開始有空間能討論毛澤東以外的戰爭貢獻，重慶的地方記憶也找到方法，避免直接衝撞仍受中共主導的全國歷史，從巧妙的角度切入、復甦，靜靜地顛覆。[26] 時至今日，重慶已經可以紀念、讚頌被共產黨死對頭當作臨時首都的時代了。比起共產黨的活動，重慶更關注國民政府的抗戰紀錄，還有被忽視已久的在地歷史。

這些改變能夠成真，是因為有許多形塑重慶歷史的獨特因素交會合流。畢竟，重慶絕不是戰爭期間，中國唯一受到轟炸的城市。某些對中國境內造成最多破壞的空襲，更是出自美國之手；李梅（Curtis LeMay）將軍在一九四四年就協同中國軍隊，轟炸了日軍占領的武漢，以及包含臺北在內的許多城市。[27] 然而，空襲日本占領區或殖民地城市，並不符合在戰爭歲月誕生以及在冷戰過後復活的主流故事；在這些故事裡，中國若不是像南京人一樣的無辜受害者，就是像重慶人一樣的勇敢抵抗者。

在地歷史的修編在重慶也廣受歡迎。周勇告訴我：「那時候，重慶人真的非常高興，因為這些歷史記憶又回到了城裡。」[28] 只不過這天來得非常晚。一九八五年，當地歷史學者和作家開始認真還原白修德筆下「特別的時期」，當時許多經歷過抗戰的老人家都還活著。到了二十年過後的抗戰結束六十週年紀念，這些生還者就減少了很多。

擁有第一手戰爭記憶的人逝去，讓地方史的重心變成設法將全新的集體記憶傳遞給對這些事情知道不多或是欠缺連結的後人。地方報紙大肆報導二〇〇五年的抗戰勝利六十週年紀念，寫了許多文章介紹地方英雄、文藝人士以及跟重慶有關的指揮官。當局也意識到，這或許會是最後一次還有少數生還者在世的大型抗戰勝利紀念，因此新聞採訪和公共藝術計畫，把出席者的故事都加入了抗戰敘事裡頭。比方說，當年七月有一座描繪空襲受害者的雕像的揭幕儀式，就找了九十一歲的空襲倖存者袁永珍（音譯）出席。[29] 像這樣的公共藝術背後還有著更遠大的政治目標，就是為了向全世界強調中國在反法西斯盟軍裡的角色；用一份可以證明此趨勢的研究的話來說：「中國是反法西斯聯盟中四大國之一，中國戰場是反法西斯戰爭戰場格局中最為重要的戰場之一。」[30]

當地媒體也宣傳著重慶的重要性。二〇〇五年，重慶電視臺發行了一部叫做《抗戰陪都》的紀錄片。DVD的封面美術濃縮了整部片要傳達的訊息。左邊是美國華盛頓特區的國會大廈、莫斯科紅場的克里姆林宮，以及倫敦國會大廈的鐘樓。右邊的抗戰勝利紀功碑則比這三者都更巨大，這座紀念碑在一九四四年立於重慶市中心，後來又被重新題名為人民解放紀念碑。簡單來說，在第二次世界大戰中，盟軍首都不止三個，而是有四個。儘管戰時同盟的每個國家各自奉行自由、帝國、共產主義、民族主義等差異極大的意識型態，但精神上仍有共通的標的。這張封面還有更進一步的暗示：就算如今國際秩序中的主要勢力表面看來有著大相逕庭的價值觀，仍有可能跨越意識型態的藩籬而互相合作。[31]雖然沒有明言，但它清楚表達了在現今的國際社會中，中國還是一樣樂意合作，這和毛澤東時代激烈的對立態度大不相同。

西南和他方：國民黨區的非官方記憶

隨著檯面上出現博物館和電視臺紀錄片等官方批准的全新抗戰記憶，非官方的記憶也有了空間得以再生。這種現象不單限於西南地區，但這裡的人確實特別熱衷，因為自一九四九年以來，當地的抗戰記憶一直受到官方壓制。樊建川首先在二〇〇〇年出版了《一個人的抗戰》，追溯過去無人聞問的聲音。和他的作家朋友方軍不同，樊建川在書中偏重有關國民政府的紀錄，極少提到中共和八路軍。樊建川有很強烈的（廣義）民族情懷，但他的描述中也直指一個中央和地方之間的問題：直到最近，中國的歷史書寫都把國民政府排除在外，這意味著和中共沒什麼關聯的四川，也就同樣缺乏記載。

這種地方觀點也解釋了，為什麼在樊建川的收藏裡，比如四川民兵和正規軍琺瑯徽章等文物的照片中，會不斷出現國民政府的青天白日圖騰。[32]他講述了許多國民黨軍隊的英勇傳說，像是前線的七位川軍將領，還有一個叫張書芬的女性醫護人員。[33]樊建川看著收藏裡張書芬的證書，照片上的她看起來性格堅毅。他很好奇她有沒有活下來？有沒有子女？他揣想著，如果她在二〇〇〇年還活著，應該已經有八十歲了。接著他從人物跳到百姓身上：「打勝一場正義的戰爭，我們不正是靠著千百萬像張書芬這樣普普通通戰士的奉獻和犧牲嗎？」[34]「正義的戰爭」不只是屬於領導人，更是屬於平民百姓，無論他們加入的是哪個黨。特凱爾對此也不會有什麼異議。這本書的地方意識在接近結尾之處達到高潮，樊建川寫道：「四川，你是背負抗戰的壯漢！」接著指出，在抗日戰爭期間，重慶才是整個國家的抵抗中心。重慶，他的意思是，不是延安。[35] 書中對蔣介石的讚許也愈發濃烈。比如在某一段，樊建川就說蔣介石在一九三〇年代提出的新生活運動後來雖飽受嘲笑，但道德革新的目標並非壞主意。他說，像是不要隨地吐痰、等公車應排隊不推擠，都很有道理。[36]（二〇二〇年代初，中國政府想用一套「社會信用」系統來規範個人行為，這些規範和新生活運動的發想都非常相似。）

在序章裡，樊建川說到他的朋友都認為他收藏那些東西實在有點古怪，建議他應該把這些事情交給政府就好。他卻覺得自己和這個主題有著很私密的連結，而他根據這些收藏品對當代中國的觀察，就算沒有直接牴觸北京中國人民抗日戰爭紀念館等官方機構的觀點，顯然也不太符合這些機構要傳達的訊息。[37] 他說：「我希望中國人讀了這本書能堅定我們改革開放、富民強國的決心。」[38] 出版《一個人的抗戰》過後，樊建川就在成都郊區建了一系列的博物館，其中一座就以國民政府為主題。二〇一八年，他在重慶的第一間博物館開張，主題正是這座城市的戰爭經驗。對樊建川來說，恢復共產黨主旋律以外的中國戰時經驗，背後其實還有個更遠大的實驗，就是拓展當代中國有關哪些近代事件可以被言說的界線。二〇一三年，中國西南地區雲南省的松山，也有另一座紀念園區在當地農民和業餘歷史學家楊國岡（音譯）的贊助下成立，追悼一九四四至一九四五年間，在緬甸邊界服役的中國遠征軍。此處最大的特色就是令人聯想到西安兵馬俑的大片軍人雕塑群。其中有一尊塑像還是依史迪威將軍的面容所造。[39]

最近還有一個計畫是在處理重慶及西南國民政府地區戰爭記憶的一大空白：數百萬難民逃離日本入侵的經驗。二〇〇五年，歷史學家蘇智良率領研究團隊，出版了口述歷史選輯《去大後方》。史料其實是在上海蒐集的，但這本書喚醒了重慶和「下游」城市人民之間，在那些戰爭歲月裡被迫建立起的連結。這本書是衍生自上海電視臺在二〇〇二至二〇〇四年之間拍攝的一部關於戰爭難民經歷的紀錄片，這部紀錄片讓人想到應該要出一本書，不斷提醒人們戰爭世代的經歷。受訪的老人家表示，他們很擔心自己的經歷被遺忘。其中一人還沮喪地說：「今天的一代人對二戰知之甚少。我們不怕死亡，我們怕被遺忘。」[40]

對於戰後數十年在英國成長的人來說，撤僑故事是二戰故事裡頭最有力的橋段之一。

以此為主題的兒童小說，比如鮑登（Nina Bawden）的《嘉莉的戰爭》（*Carrie's War*）、沃許（Jill Paton Walsh）的《火燒蘭》（*Fireweed*），都是學校圖書館的必備讀物。但中國的環境就比較不利於書寫這類作品。在一九四九年後，逃往延安才符合政治的主旋律，但只有少數難民選擇這條逃亡路徑。絕大多數的人都是前往重慶，而他們的故事在毛澤東時代卻不能輕易提起。蘇智良說：「在千年一劫的危難時刻，中華民族六千萬兒女，政府官員、大學教授、工商老闆、小工苦力……他們不分老幼，不分男女，不分信仰，不分黨派；為了生存，為了延續民族的血脈，為了抗擊日本侵略者……他們只有一個心願：向西，向西，再向西！」這片大遷徙的景象令他稱奇：「世界上哪個國家有過如此規模的戰略大轉移？世界上有哪個民族遭受過這等的苦難！」[41]他強調，「本書記錄的就是這些大時代裡的小人物」，是在追溯「可歌可泣的事蹟」。[42]這本書是在為逃往重慶的小人物平反，他們同樣有著愛國的榮譽心，卻在戰後的數十年來不斷被壓抑，甚至被看做恥辱。

二〇〇五年，蘇智良發現在世的倖存者已經不多了，就算活著也都已經有八、九十歲高齡。於是參與計畫的編集者遍歷中國和北美採訪數百名戰爭倖存者。《去大後方》的愛國調性非常濃厚，卻絕非戰爭的政治宣傳。教育家晏陽初把中國的政府和工廠遷往內地，比做「中國實業史上的敦刻爾克大撤退」。時任《大公報》記者徐盈也說：「中國的敦刻爾克的撤退的緊張程度與英國在敦刻爾克的撤退並沒有什麼兩樣，或者我們比他們還要艱苦些。」另一名受訪者也說，在面對轟炸時，「我們還是愛國的」。[43]不過，整本書的主題也呈現出其實打仗絕對不像書裡頭那樣乾脆俐落，真正的戰爭往往混亂不堪；書中強調的是日常生活裡的英勇，而非為國為民的姿態。這些都呼應了許晚成對一九四〇年代的重慶的描述：骯髒、毫不浪漫，卻堅忍不拔。

這些保存下來的記憶，包括被稱做「水老鼠」，從沉船裡頭打撈遺失貨物的年輕人、鄙陋的飲食、不存在的航班，還有完整或破碎的屍體。[44]有人在訪談中被問及遭遇空襲是什麼感覺，他說自己那時候既不害怕也不緊張，只是一天又一天地在疲憊中等待著警報解除。[45]但也不是只有中國的百姓才懂這種持續不斷的疲憊和無聊；西方也有句俗話說，戰爭就是九九％的無聊，加上一％的極度恐怖。戰爭的這一面，讓我們除了衰憊中緊繃的性張力、人生無常所致的空虛，又多窺見了一種參雜在當時政治和社會中的情緒。[46]這些無力、痛苦的故事，無法撐起誇張、粗暴的愛國敘事，卻能讓整個社會的記憶更為細緻。《去大後方》裡的故事不同於國家高歌的主旋律，也不是博物館裡所陳列的憂傷記憶，而是蘇智良口中「小人物」切身的戰時經歷。這套紀錄片和故事集把戰爭的記憶變得有血有肉，無論是哀悼還是慶祝，這些故事最重要的意義是找回和記住那些經歷，而不是服務國家的宣傳。蘇智良告訴我，他曾收到老兵寫給他的信，說他們看了這部片都不禁留下眼淚。[47]

還有很多文藝作品也描寫了戰爭中人民的心思。齊邦媛的回憶錄《巨流河》，說的就是她在日本入侵時不得不逃離家鄉的故事，其中穿插著她和年輕飛行員張大飛的浪漫愛情，只可惜張大飛最後死在了中原的空戰中。齊邦媛的故事中凝結了浪漫、絕望和堅毅，讓這本書不只在臺灣熱賣（她在一九四九年遷往臺灣），也在中國大陸暢銷。[48]二〇一七年，齊邦媛接受中國新華社的訪談時提及，「在她的書架上，還擺著這位大陸讀者寄來的禮物和玩具。」她承認，「大陸讀者的反應，讓我驚訝於人心的相通，他們能感受到我的悲傷和惆悵。」並提到一名和她同齡的北京老太太「經常給她寫很長很長的信，說她雖然成長於紅色革命家庭，但她還是讀得淚流滿面，感慨不已」。[49]這本戰爭回憶錄在海峽兩岸都獲得意想不到的成功，不過還有很多故事仍深深埋藏、未被訴說。像是日本強逼女性當慰安婦的故事，無論從性政治的意義，還是一直以來都很微妙的中日外交來看，似乎都太過敏感，無法得到廣泛報導；蘇智良在上海的大學裡所陳列的資料，是中國在這個議題上為數不多的公共討論空間之一。[50]

戰爭記憶、內部政治、薄熙來醜聞

重慶戰時記憶的復興，後來又跟後毛澤東時代以來這座城市最離奇、最受人關注的事件扯上了關係——共產黨資深領導薄熙來的崛起與垮臺。在中國多處任職後，深具領袖魅力的薄熙來在二〇〇七至二〇一二年間被委派到重慶市擔任市委書記。他的前任汪洋靠著這份職務在中央平步青雲，薄熙來希望能追隨他的腳步。一名當地學者也期望他能協助復興這座城市的歷史。但在二〇一三年，薄熙來的政治生涯突然迎來了終點。

任職重慶期間，薄熙來因為著名的「重慶模式」而聲名大噪。這個模式包括推行更社會主義式的經濟（這對現在傾向以新自由主義解決國內經濟問題的中國共產黨來說，還真是諷刺），還有打擊組織犯罪（這些罪犯也常常正好是薄熙來的政敵）。這些政策被簡稱為「唱紅打黑」，意思是薄熙來鼓勵人民重新歌唱讚頌毛澤東時期的「紅歌」，還有打擊城裡勢力龐大的「黑幫」。[51]

薄熙來掌權的時期，也是中國整體來說相對自由的時期。在籌備二〇〇八年北京奧運，以及之後的一段時間裡，中國一直想讓全世界看到它更為開放的一面。除了允許外國記者報導原本接觸不到的新聞，敏感的歷史話題也得到了更開放的討論空間。二〇〇九年十一月十五日，熱心振興重慶的民間學者王康接受了香港《亞洲週刊》的採訪，談論抗戰時期的重慶歷史。這位王康也是個不尋常的人物。他先是在一九八九年的民主運動中，以追求自由的示威者之姿嶄露頭角，後來不但在重慶歷史和文化方面頗具分量，也似乎對薄熙來事件中的曲折瞭若指掌，並將這些資訊透露給記者。[52]

在《亞洲週刊》的訪談中，王康主張：「要撿起重慶的文化記憶，先要延續它的歷史記憶。」他熱情地提出，重慶在抗戰歲月裡的浪漫和絕望，都能為這座城市和整個國家帶來許多啟發。

王康進一步解釋，身兼太平洋戰爭中整個世界反法西斯戰爭的東方指揮樞紐、抗日戰爭的後方中心、國共兩黨合作的中心，讓重慶的抗戰時期成為一個「特有的年代」。他認為這個時期不但大師畢至、英才薈萃，也是東西方文化交流的重鎮。沒有國民黨遷都重慶、不對日本人做任何妥協，中國根本維持不了八年抗戰。王康指出，蔣介石也強調這個時期的中國要運用「精神、傳統、文化、倫理道德」。[53]

不過他也指出，這段時期幾乎沒留下什麼遺緒，也幾乎沒有留下任何足跡：「值得重慶人深深反思。」對於這種歷史失憶，他說：「抗戰是中國知識界復興中國文化的重要階段，但被意識型態的原因遮蔽了。」他宣稱國民黨的國民參政會是中國近代的第一個民意機構，在一九四五年：「建立兩黨執政的政府也並非不可能。」他認為就算在現代，「（一九四五年蔣介石和毛澤東的）重慶談判時的部分口號，如軍隊國家化、政治民主化、黨派平等合法，至今都沒有過時。」[54]在王康接受專訪的十年之後，中國在習近平的統治下，這些想法都受到強烈的壓制。不過就算在二〇〇九年，這樣想也還是很大膽。

王康在訪談的最後也不忘為家鄉自吹自擂一番：「那可是重慶這座城市的氣質、性格。重慶人的性格就是浴火重生，是火鳳凰。沒有大轟炸，重慶人的現代性格形成不了。」未來當國共兩黨再牽手時，「不在臺北，也不會在北京，唯一可能是在重慶。」[55]（實際上是在更南邊一點的地方：二〇一五年十一月七日，習近平和甫卸任的國民黨籍臺灣總統馬英九，在新加坡達成了一九四五年過後，雙方第一次的握手會面。）王康很希望薄熙來能注意到他的建議，呼籲他重視重慶「做了中國內憂外患一場最大的衛國戰爭的首都」的時代。[56]

但薄熙來再也沒有機會聽從他的建言了。他的崛起顯然讓政治對手十分緊張，因而導致了自一九八九年中共總書記趙紫陽垮臺、甚至是一九七六年四人幫被捕以來，中國高層最大的一場震盪。在一場突如其來的變局中，薄熙來在二〇一三年七月被指控貪汙和瀆職。更精采的是，他的妻子谷開來也被控涉嫌在重慶郊區的飯店裡殺害了一名英國商人。處事低調的張德江接手重慶高層，並在穩定政局後交棒給孫政才。此時正逢中國近年來最集權的領導人習近平上臺，孫政才在重慶的執政也比薄熙來更加低調；饒是如此，他還是在二〇一七年七月突然被趕下臺。顯然派任重慶可以讓一個人飛黃騰達，也能讓人不得翻身。不過無論高層如何變動，重慶的抗戰記憶依然持續發展；這項計畫已經超越了任何一個政治領導人的利益。

天涯另一方：延安記憶

重慶地位躍升的不尋常，要對比抗戰時期政治上的彼端才能了解；這個地方就是陝西省的延安，毛澤東的發跡之地，以及最終統治中國的那一代人所出身的地方。

在中國，「紅色景點」向來有著近乎宗教的神聖性。在文化大革命期間，無數的朝聖者會搭著火車前往毛澤東出生的湖南省韶山，把當地擠得水洩不通，官方必須幫毛澤東老家蓋一棟複製品，才能容納兩倍的遊客。[57]延安做為共產黨最重要的根據地的前首都，當然也是名勝之一。毛澤東和其他共產黨領導人就是在此策劃該如何對付日軍的入侵。實際上，延安也是中國共產革命的起點。現在還有許多前往延安的「紅色旅遊」，當地的諸多景點也忠實反映了中共崛起的官方歷史。

正如對重慶歷史的解讀已經有所轉變，過去官方對中共抗戰領導人的美化詮釋，也開始受到公開的質疑。這種比較開放看待延安的態度，從學者朱鴻召在二〇〇七年所寫的傑作就能看得出來，那時的中國出版業相對也比較自由。朱鴻召任教於延安，也為《解放日報》撰寫文章，而這份報紙的起源，正是延安共產黨的黨報。朱鴻召的書名叫《延安日常生活中的歷史》，封面上寫著「展示一個你不知道的延安」。這是一本關於延安抗戰時期的敘事歷史（narrative history）著作，引用了大量當年的史料，以及一九七八年改革開放後的回憶錄和口述歷史。書中對毛澤東在延安的日子雖有許多褒揚，但對這塊中國共產主義聖地的描寫，仍然非常直白且不加吹捧。

抗戰時期生活在重慶最鮮明的一點，就是個人的角色體現了不斷變化的社會性質，建立起更廣闊的道德觀念。而在朱鴻召引用的文章、訪談和回憶錄中，這種道德觀念的建構也歷歷可見。[58]

相較於重慶給人放蕩、委頓的印象，描繪延安的文字就都不約而同集中在時間的條理上，不斷提起吃飯有著固定的時間表。記者陳學昭寫道：「三頓飯在六七小時內吃完，只覺得一天工夫吃飯的時間占去大部分。因為飯與飯之間的距離太近，常常把工作打斷。三頓飯都是小米，菜呢，都是南瓜。」[59]另一本回憶錄的作者說那就像是樂團演奏：「哨子聲蓋過了樂器聲，要開飯了，今天又逢改善生活，同學們放下學習工具，雀躍著跑下山來。炊事員已經把一大飯桶麵條抬到廣場上……人們擁擠起來，終於把盛起來的那碗麵條擠翻。」[60]

這些故事和許晚成筆下的重慶的匱乏和飢餓差異很大。在一篇筆調挖苦的花絮裡，許晚成提到重慶有間大學食堂的公告上寫著：「食毋求飽。」[61]相反地，朱氏筆下的延安既沒有嚴重的糧食分配不均，整體上也沒有營養缺乏的問題。他的書中描寫了許多慷慨的義舉，比如說曾有當地人同情陳學昭來自外地，就送了她雞蛋和青蔥，另外，魯迅藝術學院的學生也有特別配給，因為他們的年紀正需要營養。但食物的分配也有大小等級之別。有一段來自著名詩人艾青的回憶說道，他當時分的是「中灶」伙食，但他的妻子和兒女都只能吃一般的「大灶」。這些規矩由官方強制執行：年青士兵會把食物送到黨員家門口；如果黨員不吃，就要原封不動送回去，不能讓給其他人吃。[62] 這些於食物配給的故事，都要跟其他有關缺乏食物的陰暗故事一起理解；在本章的稍後，我們會看到過去被消音的一九四二年河南大饑荒，如今又回到了中國的公共論述之中。

朱氏的作品模糊了一九四九年以來的敘事基調，重慶和延安不再是徹底對立的選擇。在忠誠的共產黨員看來，「封建」的國民政府和重慶的敗壞，自然和「延安路線」判若雲泥。但人們有時就是不會分得這麼徹底。

從朱鴻召在書中引用的資料，我們可以發現在重慶和在延安的工作，其實多少有些交集。一開始，在延安為中共工作，和在重慶為國民政府工作，兩者的差別似乎很明顯。由於延安在一九四二至一九四三年間遭到經濟封鎖，進出陝甘寧地區變得愈來愈難，這兩座城市的交流也很有限。在戰爭初期這還比較容易。陳學昭的配偶，也就是延安醫院的創辦人何穆，就是因為覺得同事不尊重他，才前往重慶。但和中共之間的牽連令他難以在當地執業，只好再回到延安。中共也一心把他留下，因為沒有他，門診就難以運作。在延安的經歷讓他感到十分矛盾。他的工作很有價值，但他不會應付自我批判和批鬥大會這些事情，而且他也因為無意全心附和新的政治要求，而屢屢遭人譏笑。因為專業地位，何穆亨有騎馬的待遇，但馬夫給他的卻是一匹病馬，這些輕蔑舉止在在顯示出人們背地裡對他的愚弄。[63]像這樣一心充滿使命感，每天卻受人惡意排擠的複雜滋味，其實就是人生。但「英雄與壞人」這樣簡化的分別，卻容不下人生的滋味。

朱鴻召對延安的描寫既沒有惡意，也沒有溢美。裡頭的「日常生活」和重慶很像，在戰爭時期的重重限制中，改革的努力往往要跟殘酷的暴行和政治壓力互相拉扯。重慶至今仍留有國民黨和美國一起建造的中美特種技術合作所監獄，在拷問室裡記憶著那段陰森的歷史。共產黨在延安也用過差不多的手段，但官方的歷史中從未提到這些。朱鴻召打破慣例，列舉了大量證據，指出延安政權跟其他面對戰爭壓力的政權一樣，都幹過極其狠毒的勾當。像是某份檔案裡就有這麼一個殘忍的故事：「一位有孩子的母親名叫張元芳，她與孕婦林白都被關了禁閉，有幾次飯不給她們吃，兩三天沒有給她們水喝，棉衣早發下了，但是某些單位壓著不送給她們。」[64]

書裡還有一個故事發生在一九四五年十月的延安大學魯迅藝術學院：「逼、罵、打、捆這四種方法和延安各機關恐怕差不多……魯藝比較特殊的是禁閉室和『工農合』。」[65]在一些人眼裡，「這裡是勞動營、集中營，和國民黨一樣。」這些折磨的記憶可以影響終生。一名叫李納的學員回憶起五十年前被共產黨打上「問題」的標籤，依然心有餘悸。[66]連結到後來的歷史，她認為這些手段，正是二十多年後的文化大革命期間各種「五七幹校」*的前身。

不過這些招數有時也能達成預期中的效果。朱鴻召引用了一個老師在一九四二年所說的話：他通過學習討論認識到「以往對於個人與集體的關係和責任了解得不夠」，現在，「他恨不得有時把自己拆散，然後再根據文件把自己重新建造起來。」[67]

不過，雖然重慶和延安都曾動用酷刑，兩邊還是有一個重大差異。在延安，這些手段是用在自願前來此處的知識份子身上，照理說他們都是自己人。而重慶的特務頭子戴笠，

*譯注：根據一九六六年毛澤東的《五七指示》所設立的知識份子勞改營。

對付的都是自己的政敵。[68] 朱氏在還原延安抗戰歷史時，並沒有否認，也沒有試圖掩蓋這段對後來共產黨統治影響極大的日子。而他的研究也顯示，這些歷史的黑暗面並非可以輕易抹滅的小汙點，而是延安抗戰不可或缺的一部分。

在延安和重慶的回憶裡，髒亂也是一個無所不在的主題。這並不讓人意外；戰爭時期的衛生條件往往很糟，而國民政府在抗戰時期的社會政策，也一直繞著改善衛生打轉。忽略髒亂的歷史，正是名副其實「消毒」過的歷史。朱氏書中的延安回憶也不斷提到骯髒的環境。有個黨員回憶起一處舉行政治會議的地點：「印象很深的是地上的跳蚤太多，開會時『千軍萬馬』都鑽到褲腿裡去了。」[69] 一名叫做王惠德的讀書人提起在田裡挑水肥的事情：「身上、腳上、手上濺上糞便，半天下來，任憑你怎麼洗，端飯碗的手都是臭烘烘的。」不衛生的環境也是疾病的溫床；一名女子丁雪松記憶裡的延安中國女子大學生活是這樣的：「……和他們同睡一鋪炕……你的毛巾和牙刷，他也隨手拿起即用。」[70]

朱鴻召這本書還揭露了延安歲月中不曾被官方歷史提及的另一面，那就是性別在革命中的影響。無論國民黨還是共產黨，男性革命家對女人的態度，就算說得再好聽，也和實際行為相當矛盾。國民黨人心目中的現代社會充滿對女性的色欲和輕視，但也不是毫無進步之處。[71]早在一九三六年，法國和瑞士這兩大西方自由社會都還沒有讓女性投票，國民黨就已經宣布男女都有平等的投票權，只不過實際施行還是要等到一九四七年頒布戰後新憲法。[72]共產黨主張性別平等的時間更早，但實際運作卻極其父權。克服萬難身赴延安的作家丁玲曾在一九四二年三月要求重視女性在革命中的地位和權利，卻遭到毛澤東的嚴厲批判。[73]

許多延安抗戰的回憶錄都提到婦女艱困的生活，而在遠方的重慶也有許多人著迷於這個主題。許晚成筆下有一則故事，主題同樣是重慶的飢餓和淫亂，同時也透露了重慶人對共產黨偏遠根據地的冷嘲熱諷：「某女學生突然靈機一動」，她「空著肚皮」逃到延安，半年後又回到重慶，「不過肚皮卻漲大了。」[74]許多延安回憶錄也有提到懷孕生子，只是語調不若許氏嘲諷。延安女性有所謂「四怕」：一怕懷孕，二怕生育，三怕帶孩子，四怕棄孩子。意外懷孕是許多延安婦女的共同回憶，當時的醫療和育兒資源都極度缺乏，女性只有把孩子送給農家撫養，才能繼續革命事業。[75]

然而對於那些日後在毛澤東時期身居高位的男性元老，紀錄往往集中在他們如何為黨奉獻。像是朱鴻召引用的于若木回憶錄裡，寫的都是她貴為中華人民共和國最高領導人之一的丈夫陳雲有多麼嚴謹自律。她提到陳雲「工作過勞，使流鼻血之舊病復發」，還有兩人除了週六以外很少見面。兩人的「住禮拜六」顯然也廣為延安人所知。[76]

這些關於延安領導人如何過日子的故事，除了洋溢著革命的英雄氣概，也完全符合傳統的大丈夫形象。在一九三八年，延安的男性足足有女性的三十倍之多；就算到了一九四四年，男性人口也還是多達女性的八倍。儘管陽盛陰衰，高階黨員總是不愁找不到伴。書中引用了梅劍主編的《延安祕事》：

> 舞會在當時之所以特別盛行，除了跳舞可以娛樂身心、有利健康的原因之外，還因為參加跳舞的舞伴都是妙齡女郎。毛澤東和中共中央為補償大多數高級將領由於軍務倥傯而耽誤的青春，鼓勵和幫助他們解決婚姻問題……當時延安的高級領導人，師級以上軍官中八〇%的人都是在這一時期戀愛、結婚、成家、生子，延

安對他們是一種溫馨、甜蜜的回憶。[77]

在這些擁有甜蜜回憶的未來領導人裡，胡喬木也是其中一員，而他的這些回憶，對於四十年後要處理戰爭記憶的學界來說，非常重要。

不過，也不是每個領導人都順利找到了愛情。根據傳聞，一九七一年因為發動政變而被打為革命叛徒的林彪，就曾在討老婆時踢到鐵板：「一名抗大女學員被帶到校長室……沒有向這位女學員講明是什麼一回事……林彪說話了，當頭一句就是：『我們結婚吧？』……她哭着推門而出，邊跑邊喊：『我不幹！我不幹！』」[78]

對女性來說，性別是參與革命的阻礙，但對男性來說，傳統那套卻是鞏固權力的關鍵。而戰爭又加劇了這種對比。[79]

朱鴻召這本書對於延安戰時真實生活，提供了最有力也最精緻的描寫。他也在書中清楚解釋，為何這個研究題材對生於戰後多年的他別具意義。如實呈現延安歲月是為了紀念，而不是批判：

立於又一個新世紀之初，回顧剛剛成為過去，還帶著我們父輩、祖父輩體溫的二十世紀中國社會歷史，具有思想文化史價值意義的時代，只有「五四」和延安。「五四」發現了人，延安改造了人。[80]

發生在二十世紀初，致力將「德先生和賽先生」介紹給中國的五四新文化運動，對中國有很大的意義。不過他接著又說：

延安十年歷史的豐富性、複雜性和當代性，遠遠超出了「五四」。我相信……建設二十一世紀中國社會文明進程同樣繞不過延安。我希望，每一位熱愛生活、追求幸福的人都關注延安、思索延安，以此做為我們今天選擇生活方式與生存方式的邏輯起點。[81]

朱氏對延安的看法，和許多當代中國的價值觀，呈現出鮮明的對比。他曾在上海的南京路，哀嘆中國現在的年輕人已經成了消費主義的俘虜。[82] 他說他想找的，不是圖書館供人查閱的延安，而是隱藏在書面資料和人們記憶中的延安——換句話說，就是跟中共官方層層美化過的歷史大不相同的延安。[83]

朱鴻召認為，中國人想要有完整的政治、社會和文化認同，延安歲月是不可或缺的。他並未逃避延安時期的殘忍和恐怖，但也沒有加以譴責；相反地，他正是要論證，為了打造全新的社會，一切不幸乃至於殘酷，都有正當的理由。這個主張和王康等人相去不遠，在他們看來，另一個戰時首都重慶所遭遇的逆境，同樣為現代中國的堅毅出了一臂之力。

饑饉與回憶

戰爭時期的社會史常會結合物資匱乏和生活紀律的故事。好幾個世代以來的英國學童，也是聽著長輩為了戰爭犧牲奢侈用品和食物、領取配給的故事長大。中國的戰爭故事同樣圍繞著這些主題；比如朱鴻召重建的延安歲月，就相當強調糧食分配中的等級制度，還有對共產主義再分配制度的義務感。重慶的故事則集中在人們眼中的不公，像是勞工和專業人士都因為物價飛漲而無法餵飽家人，但黑市商人卻大賺不法之財。

二〇一〇年代又有了一種和飢餓關係密切的戰爭敘事被重新發掘出來，那就是一九四二年蹂躪河南省的恐怖饑荒。由於氣候惡劣加上政府強徵穀物做為軍糧等天災人禍，約有三百萬人在這場延續到一九四三年的饑荒中餓死。某種程度上，承認河南大饑荒對中共來說沒有什麼政治壓力，因為這場災難有部分是國民黨徵糧為稅所造成的。不過這件事還是到最近幾年才進入大眾文化之中。

中國社會在找回和運用這份記憶時，結合了許多元素，諸如被遺忘許久、在政治上又比較敏感的主題，名人文化帶來的曝光度，外國人的紀錄加持，以及對歷史素材的重新探索。其中的重頭戲，是二〇一二年的大饑荒七十週年紀念，還有中國最重要、票房最好的導演馮小剛從小說改編的電影《一九四二》。

原著作者劉震雲曾獲頒二〇一一年的茅盾文學獎，如今已經是中國極具聲望的作家之一。一九九〇年，劉震雲時年三十二歲，有個朋友連繫他，說是想要寫一個關於中國天災的故事，並提到了一九四二年的河南大饑荒。劉氏從沒聽過這場饑荒，知道當年死了那麼多人更是讓他震驚。

二〇一二年，他回憶起一開始得知自己家人也經歷過那場災難時的情景：

對比之下，我馬上也覺得事情嚴重了。於是，我回到了故鄉河南，想回到一九四二年，把當年餓死的三百萬人從一九四二年打撈出來。很快，我發現一九四二年饑荒的親歷者和他們的後代，已經把一九四二年和餓死的三百萬人給忘記了，這也是我對一九四二年那場災難一無所知的原因。我的姥娘就是一九四二年饑荒的親歷者，當我問她一九四二年的狀況時，她反問：「一九四二年是哪一年？」我說是餓死人的那一年。她馬上說：「餓死人的年頭多得很，你到底說的是哪一年？」[84]

和崔永元、方軍、樊建川這些人不一樣，劉震雲想探索這二戰中不為人知的一頁，有部分也是為了弄清楚自己是誰。他也開始質問，為何歷史大事好像很容易被忘記：

中國人，你為什麼這麼幽默？你為什麼這麼愛遺忘？我問起一九四二年饑荒時，我姥娘的回答可以說明一些問題：在中國的歷史上，餓死人和人吃人的情況實在是太多了。對於餓死人成了家常便飯的民族來說，除了遺忘，怎麼面對這個嚴峻而平常的事實，也是個問題……於是，用幽默的態度和失憶來面對災難，成了中華民族生存的祕訣。[85]

靠著堅持不懈的研究，劉震雲找回了自己家族的故事，這些記憶也成了小說《溫故一九四二》的題材，並在一九九〇年首次發表。大約十年過後，河南歷史學家宋致新也開始研究這場饑荒，發現歷史紀錄並非付之闕如。二〇〇五年，她將這五年研究中找到的新聞報導、回憶錄和文件結集成冊，以《1942：河南大饑荒》這個重量級標題成書。宋致新出生於一九四九年的河南開封，她的母親則生於一九一三年，也是饑荒的見證人之一。[86]這些研究也是文史資料計畫的一部分。這是一個全國性的計畫，目的是蒐集地方層級的歷史記憶與資料，不過這些不同資料之間的可信度也有很大的差異。《1942：河南大饑荒》的不凡之處，在於宋氏大量引用了美國記者白修德的文章做為研究饑荒影響的關鍵資料。[87] 卷中還有很多中國記者的文字，比如《大公報》張高峰*詳實、悲涼、動人的報導，另外還有說明歷史背景的資料，並介紹了這些紀錄自身見聞的作者。[88]

同樣在一九九〇年代與二〇〇〇年代，劉震雲也忙著和他的長期合作夥伴馮小剛取得當局同意，以這個敏感的主題拍攝電影。最後電影終於得以在二〇一二年上映，在中國大開紅盤，以二．一億人民幣的預算，回收了大約三．六四億的票房。不過西方對這部片的評價並不好，認為它只是賣弄大場面和廉價感傷，缺乏真摯的情感（張藝謀的《金陵十三釵》和蕭鋒的《驚心動魄》也遭到相同批評）。《綜藝》雜誌的威斯堡（Jay Weissberg）說

*譯注：原文為Zhang Gaoli，但《1942：河南大饑荒》一書中提到的是當年《大公報》因報導饑荒而遭停刊，當時記者為張高峰。

它展現的「只有預算，沒有心意」，而《衛報》的布魯克斯（Xan Brooks）則說它只是「空話和傷感的百年好合」。[89]

不過電影好不好並不是重點。重點是讓這段一直被人遺忘的饑荒歷史，有機會進到中國的公共領域。宋致新的書也因此得到更多曝光。二〇一二年又出了以電影劇照為封面的增訂版，以及包含電影資料的簡短版本。孟磊、郭小陽、關國鋒這三名記者也在同一年出版了報導文學《1942：飢餓中國》，書中結合了年長饑荒生還者的訪談，還有當時的資料。[90] 孟磊在書中形容一九四二年是個「歷史黑洞」，而他寫書的動力也是因為另一個記者要他去了解那「有意無意被遺忘的一年……交織饑餓、恐懼的一年」。而且「很難找到這一年的翔實資料」。他說多虧有劉震雲的小說和馮小剛的電影所帶來的聲量，這個主題才會受到注意，不然這場饑荒原本「在歷史上幾乎是一片空白」，只有少數學者做過研究，其中最重要的一位就是宋致新。在他看來，最「可怕」的事情是這場饑荒似乎沒留下歷史記憶：「在採訪時，每每提起一九四二年，即便是管理檔案的人，第一句話也是『一九四二年**怎麼了？**』」孟磊說他曾想借閱河南省官方的檔案，對方卻說最早只有十年後，也就是一九五二年的資料。他也找到了其他資料來源，比如當地的地理志就有提到那幾年的大旱，但他不理解，「僅僅大旱，怎麼會死這麼多人？」[91]

孟磊和其他記者持續尋找資料和倖存者。做這些事的同時，孟磊慢慢覺得這個故事對身為河南人的他，有了重大的意義。他看到「河南農民們把自己的孩子送上戰場保衛國家，把自己僅有的一點糧食捧出來獻給國家，自己啃著草根野菜」。「一九四二年旱災中三百萬人的死亡，天災只是一部分原因，更主要的原因卻是人禍……我們有數百萬的父老鄉親的生死，就那麼悄聲無息的，被人為『掩埋』了。」[92]另一名作者關國鋒也說：「做為地地道道的河南人，做為七〇後新聞媒體人，我此前從未聽說過（這場饑荒）。」他加入這個計畫有三個原因：「一是做為河南人我特別想知道河南這段被掩埋的歷史真相；二是我堅信這段歷史該有它警示當下、昭示未來的珍貴價值；三是做為新聞記者我們應該在探尋和揭示真相上擔負責任。」[93]這三名記者認為，重新探索自家省份的歷史，可以確認自己的身分，這意味著他們要像重慶一樣，重新審視過去由上而下抹去他們祖輩、父輩經歷的官方現代史。

這份動機也影響了整個國家的集體記憶。團隊在書的末尾這麼呼籲：「我們期待更多的人介入真相的探尋，歷史的歸檔。」以及：

為了警醒當下。
為了昭示未來。[94]

那麼準確說來，到底郭小陽他們想要對過去和未來的人提出什麼警告呢？畢竟，當代中國雖然也面臨許多危機，不過大型饑荒似乎不太可能發生。而書的封面上卻寫著：「如果我們總是遺忘，下一場饑荒會將我們埋葬！」這句話沒有明言，卻暗示了比一九四二年更嚴重的饑荒是有可能發生的。確實，同樣的事情再度發生，距離河南大饑荒還不到二十年——大躍進期間的饑荒就餓死了超過兩千萬人。《1942：飢餓中國》的作者們也許沒有直接提到毛澤東時代的災難，不過其他人就沒這麼含蓄了。

電影《一九四二》上映的效應之一，就是讓人們可以用來類比後來這場饑荒。慕容雪村（知名小說家兼部落客郝群的筆名）就直接把一九四二年的饑荒和大躍進時期的饑荒連結起來。根據美國之音（Voice of America）電臺的引文，慕容雪村說：「我們的觀眾也知道，一九四二年的饑荒並不是（近代）最嚴重的，最嚴重的是一九五九到一九六二年的那次饑荒。」並補充：「我能理解馮小剛他為什麼不拍更嚴重的饑荒。」他指出：「如果這是一個開放的、自由的創作環境，我相信他一定會拍一九五九年到一九六二年的這場大饑荒。」[95]（經過一連串爭論後，慕容雪村的微博在二〇一三年被關閉。）同時間，另一名在微博上擁有二十萬追蹤者的部落客李勇則評論：「國民黨不能以處在抗戰中為藉口，就將一九四二年河南饑荒的救災諸多問題推卸掉。同理，一九五九至一九六二年和平時期，中原乃至全中國的大饑荒，更應該反思。」[96]還有一名網友說：「我看了電影之後，馬上下載了關於一九五九到一九六二年大饑荒的書《墓碑》。」[97]（這本由記者楊繼繩研究大躍進饑荒的宏大巨著，在中國也是禁書。）[98]

馮小剛本人很難這麼直接討論電影的創作意圖，不過他也仗著自己是「中國的史匹柏」，在二〇一三年批判了「荒謬」的電影審查制度，並呼籲應該要有更多討論文化大革命的電影。[99]不過根據錢溫蒂（Wendy Qian）的評論，馮小剛的電影中包含許多暗指大躍進的元素。比如有一幕是一名官僚拒絕將饑荒的細節呈報給蔣介石；而大躍進期間的饑荒會不斷惡化，其中一個原因也是低階官僚太害怕讓上級知道農村發生的事情。還有一幕是警察擋住災民，不讓他們進入洛陽；在大躍進的饑荒中，農民同樣被禁止進入城市。[100]

河南大饑荒重現於公領域，也呈現出中國在復原戰時記憶這件事情上，公、私領域是模糊不清的。即使在官方對饑荒沉默的時期，像劉震雲和宋致新等人，都還是有機會探訪家族記憶、挖出眾人封禁或埋藏的回憶。重慶的家族不得不隱藏這些記憶，是因為那段時間和國民黨政權領導抗戰有關。但對於河南的家庭來說，官方對饑荒感到不悅的原因則難以捉摸得多；也許是因為這樣淒涼的故事沒什麼愛國或民族主義的價值，又會讓人想起大躍進時期的饑荒。

有關戰時歷史的政治氛圍，大概在一九八〇年代開始變得比較寬鬆，後來的數十年間，官方對河南大饑荒的討論也愈來愈多，不過直到馮小剛的電影於二〇一二年推出，整個故事才至少在那一年浮到公領域的第一線。雖然有點勉強，但這就和其他變得更自由的抗戰詮釋一樣，為批評中共和官方對歷史的態度打開了更多空間——只是後來中國嚴密的網路審查，還是再度禁絕了這些討論。此外，圍繞整部電影的論戰，也顯示出河南人無論是對一九四二年還是對大躍進，都很有熱情參與家鄉的歷史創傷。

從中國政府的角度來看，修正對重慶戰時經歷的觀點，就意謂著要正面看待國民政府在對日抗戰期間所發揮的作用，然後又得將他們在隨之而來的國共內戰中視做反派。

黨國從上而下推行的英雄敘事，和在地記憶之間的矛盾，並不只是在重新看待重慶國民政府的紀錄時，難以維持首尾一致。朱鴻召書裡呈現的毛澤東延安根據地，雖然值得後世記憶和驕傲，但那個時代也用了威權和高壓手段來塑造正確的意識型態。一九四二年恐怖的大饑荒，從河南人的集體記憶中消失了將近七十年。即使到了現在，要談論這段歷史也不容易，因為太容易讓人聯想到毛澤東時期的饑荒。中國每個地方的人們對於戰爭歲月都有自己的記憶，但往往跟北京希望大家記得的東西沾不上邊。

在西班牙、越南等經歷過內戰和衝突的國度，也存在同樣的記憶矛盾。在西班牙，內戰的陰影形成對過去噤口不語的「遺忘默契」；然而這份默契其實根本難以維持，因為共和軍雖然在一九三九年輸掉戰爭，卻贏下了一段神話。而在越南，北越贏得勝利後雖然刻意忽視南越士兵公墓，不讓未經特許的人進入；但也慢慢出現修復南越戰爭死傷經歷的行動。美國在一九九五年和越南恢復正常邦交，也讓南部落敗的感受獲得更多關照。十年過後，戰敗逃亡美國的前南越副總統阮高祺（Nguyễn Cao Kỳ）終於能回到越南，他說：「我想現在政府首先要做的，就是好好清理過去的仇恨……修復前南越軍的公墓，讓我們的朋友或親人可以前往……為我們朋友的靈魂悼念。」[101]二〇〇六年開始，南越軍人公墓終於允許親人進入，整理個人的墓地，有名的邊和軍人墳場也得到整修，以供私人致哀。[102]

內戰中國民黨一方的死者，至今都未能受人祭奠，這一直是整個國家集體記憶中的一大空洞，畢竟曾有人為國民黨戰死的家族，可是數也數不清。不過這個問題又比南越複雜多了；中國不只得為過去的敵人掃除汙名，還要讚揚他們的貢獻。越南並沒有像「國粉」這種全心支持前國民黨政權的人。在中國，每個地方的人都曾參與過抗日戰爭，要把這些經歷都說成故事，可說是格外困難。中國人喜歡說歷史是衣冠鏡，但有時候歷史更像是潛望鏡，讓人不得不從特定的角度來看世界。

注釋

1. Theodore H. White and Annalee Jacoby, *Thunder out of China* (New York, 1946), 3.
2. 二〇一八年四月二十九日採訪周勇。
3. 關於毛澤東神話，請參見：Julia Lovell, *Maoism: A Global History* (London, 2019).
4. 作者個人觀察，二〇一五年八月。
5. 周勇訪談。
6. 關於二十世紀初的四川社會及政治，請參見：Di Wang, *The Teahouse: Small Business, Everyday Culture, and Public Politics in Chengdu, 1900-1950* (Stanford, 2008).
7. 周勇編，《重慶抗戰史：1931-1945》，重慶：重慶出版社，二〇〇五，頁一二一—一二二。
8. 周勇編，《重慶抗戰史：1931-1945》，頁一二三。
9. 周勇編，《重慶抗戰史：1931-1945》，頁一二三。
10. 周勇編，《重慶抗戰史：1931-1945》，頁一二三。
11. 許晚成，《抗戰八年重慶花絮》，上海：龍文書店，一九四六，頁六。
12. 關於難民，請參見：Stephen Mackinnon, *Wuhan 1938: War, Refugees, and the Making of Modern*

China (Berkeley, 2008); Rana Mitter, *China's War with Japan, 1937–1945: The Struggle for Survival* (London, 2013), 173.

13. Brian Tsui, *China's Conservative Revolution: The Quest for a New Order, 1927-1949* (Cambridge, 2018), 117.

14. 扶小蘭，〈論重慶大轟炸對城市建設的影響〉，抗日戰爭紀念網，載於：http://www.krzzjn.com/html/71920.html。

15. 扶小蘭，〈論重慶大轟炸對城市建設的影響〉。

16. 引自：Lara Feigel, *The Love-Charm of Bombs: Restless Lives in the Second World War* (London, 2013), 26.

17. 許晚成，《抗戰八年重慶花絮》，頁二七—二八。

18. 許晚成，《抗戰八年重慶花絮》，頁二八。

19. 柯臨清（Christina Kelley Gilmartin）隱晦地處理過這個議題，請參見：*Engendering the Chinese Revolution: Radical Women, Communist Politics, and Mass Movements in the 1920s* (Berkeley, 1995).

20. 二〇一八年七月採訪周勇。

21. 周勇訪談。

22. Roderick MacFarquhar and Michael Schoenhals, *Mao's Last Revolution* (Cambridge, MA), 217.
23. 周勇訪談。
24. 作者個人觀察，二〇一三年七月。
25. 作者個人觀察，二〇一五年八月。
26. 過去幾年，民間和學界都很盛行研究這段歷史，其中一例是：鄭光路著，《川人大抗戰》，成都：成都人民出版社，二〇〇五。
27. Hans van de Ven, *China at War: Triumph and Tragedy in the Emergence of the New China* (London, 2017), 195.
28. 周勇訪談。
29. Rana Mitter, "Aesthetics, Modernity, and Trauma: Public Art and the Memory of War in Contemporary China," in Vishakha Desai, ed., *Asian Art History in the Twenty-First Century* (Williamstown, MA, 2008), xx.
30. 胡德坤等，《中國抗戰與世界反法西斯戰爭》，上海：社會科學文獻出版社，二〇〇五，頁一。
31. 《抗戰陪都》，重慶：重慶電視臺，二〇〇五。
32. 樊建川，《一個人的抗戰》，頁一〇四—一〇五。

33. 樊建川，《一個人的抗戰》，頁一〇九、一一三。
34. 樊建川，《一個人的抗戰》，頁一一三。
35. 樊建川，《一個人的抗戰》，頁一五九。地方認同也影響了中國東北，也就是以前的滿洲如何重新看待抗戰歷史，比如從一九三一年開始被日本占領，比其他地方又多了六年。
36. 樊建川，《一個人的抗戰》，頁二一九—二二〇。
37. 樊建川，《一個人的抗戰》，頁四。
38. 樊建川，《一個人的抗戰》，頁五。
39. Li Yang, "Burma Road Sacrifices Recalled after 80 Years," *China Daily*, 31 Oct., 2018. 作者個人觀察，二〇一五年八月。
40. 楊麟等，《去大後方》，上海：上海人民出版社，頁四五九。
41. 楊麟等，《去大後方》，頁一—二。
42. 楊麟等，《去大後方》，頁二。
43. 楊麟等，《去大後方》，頁一五三—一五五。
44. 楊麟等，《去大後方》，頁三九二、三五二、四一一。
45. 楊麟等，《去大後方》，頁四一一。

46. 楊麟等，《去大後方》，頁四一一。
47. 二〇一八年七月，作者採訪蘇智良。
48. 齊邦媛，《巨流河》，臺北：天下文化，二〇一四。英文版為：*The Great Flowing River*, trans. John Balcom (New York, 2018).
49. 章利新、查文曄，〈臺灣作家齊邦媛〉，《新華網》，二〇一七年六月二十八日，http://www.xinhuanet.com/tw/2017-06/28/c_1121223819.htm.
50. 更多相關研究請參見：Peipei Qiu, Su Zhiliang, and Chen Yifei, *Chinese Comfort Women: Testimonies from Imperial Japan's Sex Slaves* (New York, 2014).
51. John Garnaut, *The Rise and Fall of the House of Bo: How a Murder Exposed the Cracks in China's Leadership*, Penguin digital only publication, 2012.
52. 不過王康本人並未自稱熟悉薄熙來，甚至未曾與他碰面，請參見：Jaime A. FlorCruz, "Daring to Speak Out about Bo Xilai Thriller," CNN, http://edition.cnn.com/2012/04/26/world/asia/china-bo-insider-florcruz/index.html. 王康的政治生涯與一九八九學運之間的關聯，請參見：Gloria Davies, ed., *Voicing Concerns: Contemporary Chinese Critical Enquiry* (Lexington, KY, 2001), 66-67.
53. 紀碩鳴專訪王康，〈重慶民間思想家王康，恢復重慶的歷史記憶〉，《亞洲週刊》，二〇〇九年十一月七日。

54. 〈重慶民間思想家王康，恢復重慶的歷史記憶〉。

55. 〈重慶民間思想家王康，恢復重慶的歷史記憶〉。

56. 〈重慶民間思想家王康，恢復重慶的歷史記憶〉；鄭宇碩主編的書中也談到了王康的重要性，請參見：Joseph Cheng, ed. *The Use of Mao and the Chongqing Model* (Hong Kong, 2015).

57. 關於延安的「紅色旅遊」，請參見：Chunfeng Lin, "Red Tourism: Rethinking Propaganda as a Social Space," *Communication and Critical/ Cultural Studies* 12, no. 3 (2015): 328-346。亦可參見：Lovell, *Maoism*.

58. 有關毛派對延安的論述，請參見：David E. Apter and Tony Saich, *Revolutionary Discourse in Mao's Republic* (Cambridge, MA, 1998).

59. 朱鴻召，《延安日常生活中的歷史》，廣西：廣西師範大學出版社，二〇〇七，頁一一。

60. 朱鴻召，《延安日常生活中的歷史》，頁一二。

61. 許晚成，《抗戰八年重慶花絮》，頁八。

62. 朱鴻召，《延安日常生活中的歷史》，頁一一、二九。

63. 朱鴻召，《延安日常生活中的歷史》，頁九六。

64. 朱鴻召，《延安日常生活中的歷史》，頁一三二。

65. 朱鴻召，《延安日常生活中的歷史》，頁一三二。

66. 朱鴻召，《延安日常生活中的歷史》，頁一三二—一三三。

67. 朱鴻召，《延安日常生活中的歷史》，頁一三四。

68. Frederic Wakeman, Jr., *Spymaster: Dai Li and the Chinese Secret Service* (Berkeley, CA, 2003), 305-306.

69. 朱鴻召，《延安日常生活中的歷史》，頁三五一。

70. 朱鴻召，《延安日常生活中的歷史》，頁三五二。

71. 關於國民黨對女性的蔑視，請參見：Maggie Clinton, *Revolutionary Nativism: Fascism and Culture in China* (Durham, NC, 2017), 140-158.

72. Louise Edwards, "Women's Suffrage in China: Challenging Scholarly Conventions," *Pacific Historical Review* 69, no. 4 (2000): 625-626.

73. Jonathan D. Spence, *The Gate of Heavenly Peace: The Chinese and Their Revolution, 1895-1980* (London, 1982), 330; 朱鴻召，《延安日常生活中的歷史》，頁二五二。

74. 許晚成，《抗戰八年重慶花絮》，頁二八—二九。

75. 朱鴻召，《延安日常生活中的歷史》，頁二四五—二五〇。
76. 朱鴻召，《延安日常生活中的歷史》，頁二三七—二三八。
77. 朱鴻召，《延安日常生活中的歷史》，頁六，引用梅劍編，《延安祕事》，北京：紅旗出版社，一九九六，頁四四五—四四六。
78. 朱鴻召，《延安日常生活中的歷史》，頁二三八。
79. 李丹柯在書中仔細處理了這個問題，請參見：Danke Li, *Echoes of Chongqing: Women in Wartime China* (Urbana, IL, 2010).
80. 朱鴻召，《延安日常生活中的歷史》，頁三五六。
81. 朱鴻召，《延安日常生活中的歷史》，頁三五六。
82. 朱鴻召，《延安日常生活中的歷史》，頁三五六。
83. 朱鴻召，《延安日常生活中的歷史》，頁三五七。
84. Liu Zhenyun, "Why Won't the Chinese Acknowledge the 1942 Famine?" *New York Times*, 30 Nov. 2012.
85. Liu, "Why Won't the Chinese Acknowledge the 1942 Famine?"
86. 宋致新編，《1942：河南大饑荒》，湖北：湖北人民出版社，二〇一二。宋致新的家庭資訊可見於折口。

87. 宋致新編，《1942：河南大饑荒》，頁四。

88. 關於饑荒，請參見：Mitter, *China's War with Japan*, ch. 14.

89. Jay Weissberg, review of *Back to 1942*, *Variety*, 13 Nov. 2012; Xan Brooks, review of *Back to 1942*, *Guardian*, 11 Nov. 2012.

90. 孟磊、郭小陽、關國鋒，《1942：飢餓中國》，北京：中華書局，二〇一二。

91. 孟磊、郭小陽、關國鋒，《1942：飢餓中國》，頁三—四。

92. 孟磊、郭小陽、關國鋒，《1942：飢餓中國》，頁八。

93. 孟磊、郭小陽、關國鋒，《1942：飢餓中國》，頁八。

94. 孟磊、郭小陽、關國鋒，《1942：飢餓中國》，頁二七五。

95. Voice of America news, "Historic Chinese Drama Sparks Debate about More Recent Past," 5 Dec. 2012, https://www.voanews.com/a/historic-chinese-drama-sparks-debate-about-more-recent-past/1558770.html.

96. Voice of America news, "Historic Chinese Drama."

97. Voice of America news, "Historic Chinese Drama."

98. Yang Jisheng, *Tombstone: The Great Chinese Famine*, 1958-1962 (London, 2012).
99. Clifford Coonan, "China Should Have Films on Cultural Revolution," *Irish Times*, 8 Mar. 2013, https://www.irishtimes.com/news/china-should-have-films-on-cultural-revolution-says-feng-1.1319576.
100. Wendy Qian, "In China, the Subversiveness of Historical Films," *Atlantic*, 1 April 2013.
101. "Vietnam Ready to Restore South Vietnamese War Cemeteries," Radio Free Asia news, 26 Jan. 2005, https://www.rfa.org/english/news/politics/vietnam_wardead-20050126.html.
102. Viet Thanh Nguyen, *Nothing Ever Dies: Vietnam and the Memory of War* (Cambridge, MA, 2016), 35-37.

—第六章—

開羅症候群：二戰與中國當代的國際關係

在二〇一〇年，有兩部關於二戰的作品登上螢幕，一部來自美國，另一部來自中國。美國電視觀眾看到的，是史蒂芬史匹柏與湯姆漢克團隊推出的《太平洋戰爭》（*The Pacific*），這部長度僅有十集的迷你影集，描寫的是美國第一海軍陸戰師在太平洋戰場上的奮戰。中國導演柳雲龍的《東風雨》這部電影，則是集結了諸如范冰冰等眾多巨星；順帶一提，范冰冰的演藝生涯在大約十年後因為財務問題觸礁了。電影的主要（虛構）情節，是中共探員發現了一份情報，指出日本即將攻擊珍珠港；這份情報有轉交給羅斯福政府，但美國卻不相信。[1] 這部片在中國的票房，比《太平洋戰爭》在美國的收視率還要好。不過，兩部片都透露了中美兩國分別是如何看待二戰在國際關係上的遺緒。

知名「左派」*影評部落客司馬平邦和文藝團體「名博沙龍」把這兩部作品放在一起討論，並寫了一篇文章，題為〈中美為何同時重寫太平洋戰爭史？〉。他們分析了這兩部作品，認為兩個國家都在試著取用戰爭歲月的政治遺產：「從它孕育的一開始就在正義價值和英雄主義的外殼裡可能包藏著陰謀取向和利益博弈。」在他們看來，中國的《東風雨》雖然沒有露骨的民族主義，卻仍暗示了珍珠港事件會發生是因為沒有聽從中國的建言，試圖讓中國聽起來比較高明。也就是說，本片是在主張，中國不是只能等待美國拯救的受害者。相反地，《太平洋戰爭》要傳達的訊息則是：「當年拯救人類逃離日本法西斯魔爪的是美國軍隊，美國軍隊才是世界最強大的武裝力量。」他們的結論是：

無論是《血戰太平洋》**還是《東風雨》的出臺都不只是為了故事而故事，為了表演而表演，美國人需要提醒世人它們在當年人類最危險的時候都做了多少擔當和犧牲，而中國人亦終於勇於宣揚同樣在那場人類浩劫中自己一樣做出了多少擔當和犧牲——或者說，這是當代美中兩國政治、經濟、文化博弈的另一種延續罷了。[2]

*譯注：在中國，「左派」關心的通常是現行體制的穩定、國家主權安危、民族尊嚴等議題，比較親近官方意識型態。

**譯注：中國HBO譯名。

試圖改變戰爭集體記憶這件事，一直對中國的國際關係有著重大影響，特別在二十一世紀尤其嚴重。這章的第一節會先處理美中關係，因為一般人都以為，二戰在當今的意義，幾乎只跟中日關係有關。確實，要了解中國描述戰爭的角度，當時的動盪非常重要。但除了日本，中國和美國，以及與南韓等鄰近國家的關係，也都受到了二戰記憶的影響。主要影響對日關係的因素有二，一是日本還沒有確實承認對中國的戰爭罪行，這點有部分是真的，有部分則是因為官方刻意營造；二是中國想要牽制日本的國際影響力。至於影響對美關係的，主要是厭煩美國在戰爭結束七十多年後，仍一直利用當時在亞洲的角色維持霸權。中國期望的，是在當時一樣受到日本統治的亞洲鄰國之間，創造一種團結心，以促成新的聯盟。然而，這些努力都因為和外交政策扞格不入而失敗了；像是中國想和南韓團結一致為戰時慰安婦的議題向日本求償，卻因為南韓和美國之間的國防合作而迅速告終。

近年在中國，部分關於戰爭歲月的話語，正逐漸熱衷於在國際關係上討回公道。[3]許多人認為，中國在國際秩序中一直受到欺負，現在是時候拿回應有的聲量，要求更認真的對待。

追求聲量有很大一部分是跟中國在國際秩序中的處境有關，但還有一部分是希望取得道德地位，以說服其他勢力支持中國的目標。從這個角度來看，中國嘗試利用戰爭記憶，正反映了它調整國際關係策略的意圖，而這份意圖幾乎完全是從現實主義在考量權力的平衡。也就是說，中國現在進行「記憶工程」（memory work）的目的之一，就是想增加自己在東亞的道德分量。

中國想創造一九四五年後的新秩序，可以從一九八〇年代走向修正主義看得出來。胡喬木一九八七年針對中國抗日戰爭的「偉大意義」，發表在《人民日報》上的社論（見第二章的討論），很大一部分是在拒絕重視國民政府對戰爭的貢獻。但胡喬木也提出了這場戰爭的另一個面向：

八年抗戰的另一個偉大的意義，就是根本改變了遠東的國際政治形勢。在八年侵華戰爭結束以前，日本帝國主義已經陷到山窮水盡、四面楚歌的地步。[4]

胡喬木繼續以目的論的方式講述共產黨勝利之前的歷史。「一九四五年八月，」他寫下，「蘇軍殲滅了日本關東軍並進入朝鮮。」原子彈轟炸日本過後，戰敗的日本接受了「和平憲法」，而中國等新興大國則組成了一九四六至一九四八年間的遠東國際軍事法庭（International Military Tribunal for the Far East, IMTFE）。「不到一年以後，」胡氏指出，「中華人民共和國就宣告成立。一向被稱為東亞病夫的舊中國就一去不復返了。同時，遠東的舊形勢和世界的舊形勢，也都一去不復返了。」[5]

數十年後看來，關於國際秩序即將展現的新面貌，胡喬木似乎說對了。在一九八七年，人們對這種新秩序還有著各種猜想；這些猜想最後都錯了，其中最明顯的就是蘇聯會繼續維持穩定。[6] 另一個猜想則是美中的相處能保持融洽，但這個假設在胡喬木撰稿時就已被擱置，距離兩國一九七九年恢復邦交還不到十年。

胡喬木說抗日戰爭對「國際秩序」影響重大，這個看法的重要性在於他暗示了當代亞洲國際體系的起點是一九四五年二戰結束，而非一九四九年毛澤東革命。選擇這個時間點，意味著他眼中戰後時期的重大事件，也包括了國民黨的作為，比如派遣梅汝璈法官代表中國參加遠東國際軍事法庭。在胡喬木看來，中國不再被視為「病夫」，除了是因為中共建立了中華人民共和國，其他改變也有影響，但這些改變不是共產黨的功勞，而是要歸功於國民黨。用艾奇遜的名言來說，胡喬木認為中國在戰後的國際秩序中「參與了創造世界的過程」，這意味著就算他沒有強調國民黨的功勞，也算是幫它恢復了名譽。

在一九九〇年代和二〇〇〇年代，國民黨對戰爭的貢獻得到平反，也代表中國更容易在看待國際關係時利用國民黨的歷史。比如二〇一三年十一月，也就是開羅會議七十週年的時候，許多中國媒體都大肆報導了這個發生於一九四三年十一月二十二、二十三日的事件。在這場充滿爭議的會議上，中國雖然被西方列強當作盟邦，卻不被重視，因為歐洲戰場以及展開歐陸的第二條戰線，才是最重要的議題。[7] 然而，媒體會爭相報導這次週年紀念，並不是因為突然對同盟國的戰爭會議產生興趣。重點其實是放在會議結束後的公報*：

*譯注：此指《波茨坦公告》內容。

直至如此之新秩序成立時，及直至日本製造戰爭之力量業已毀滅，有確定可信之證據時，日本領土經盟國之指定，必須占領，俾吾人在此陳述之基本目的得以完成。

《開羅宣言》之條件必將實施，而日本之主權必將限於本州、北海道、九州、四國及吾人所決定之其他小島之內。[8]

一些中國評論家宣稱，這部分的宣言顯示中國的一些領土主張，尤其是對東海島鏈中段，中國稱為釣魚臺群島、日本稱為尖閣諸島之地的主張，都是有憑有據。從這些論述策略，就可以看出這幾十年來，中國的政治變遷如何反映在對戰爭的歷史書寫上。雖然沒有直接承認，但國民政府在對日戰爭中所做的這些行為，如今都已嵌入中國關於戰後國際秩序如何形成的敘事中了。

正如司馬平邦的觀察，美國介入亞洲的合理性，是以二戰時犧牲眾多士兵協助擊退日本為基礎。經過這麼長一段歲月，中國也發展出類似的理由，來合理化自己擴大影響力的企圖。中國的主張是，在八年對日抗戰中，有多達一千四百萬名中國人死去；沒有這些犧牲，中國（和亞洲其他地方）可能就會淪陷於日本帝國主義。不過這個想法並不是二〇一〇年代才被創造出來的；一九八七年，黃美真和幾個同僚就發表了一篇論文，主張中國的抗日戰爭「推遲了太平洋戰爭的爆發，為西方民主國家加強戰備贏得了寶貴的時間」，且中國也「有力的支持了英美在太平洋戰爭的作戰」。[9]不過在當時，中國還沒什麼機會在國際戰略上大張旗鼓地利用這個觀點。

在這幾十年裡，情勢有了天翻地覆的改變。中國在這段時間的整體目標，是嘗試改變亞洲對第二次世界大戰的想法：首先是中國對大戰的貢獻從未被西方承認；其次是中國為此應該在亞太地區獲得更大的聲量；最後是日本的威脅與日俱增，所以中國提高戒心有其道理。在一九八〇年代，中國還只是暗示自己協助建立了國際秩序；到了二十一世紀初，這已經成了正式的主張。

冷戰與後冷戰

冷戰在一九八九至一九九一年間落幕，中國對於自己在亞洲應有的地位，看法也有了改變。歐洲的情勢在一九八九年之後飛快改變，政治權力大幅變動，北大西洋公約等組織張開雙臂歡迎莫斯科的前衛星國，俄羅斯也有一段時間看似會徹底民主化。相反地，亞洲的變化就顯得比較小。回顧過去，中國共產黨差一點就跟著蘇聯一起在一九八九年冰消瓦解，這讓中國的領導階層下定決心要為國家找到新定位，以保住中國在整個區域的地位。

一九九〇年代和二〇〇〇年代正逢中國經濟飛快成長，這也讓中國有了提升地位的基礎。打從十九世紀末開始，中國思想家就以「富國強兵」來描繪國家安全願景；而二〇〇〇年代或許是從那時以來，中國第一次有機會真正達成富裕和強盛兩個目標。

經濟榮景讓中國的國際地位跟著竄升，同時，在二〇〇〇年代，大半個世界都見識到了小布希政府打造單極世界的決心——這個計畫正好幫了中國一個大忙，使其搖身一變，成了世上唯一能與美國分庭抗禮的超級大國。[10] 亞洲從未真正遠離冷戰，不過，隨著新世紀來臨，局勢顯然也正迅速灼熱起來。

一九八〇年代與一九九〇年代，中國對過去的重新思索，市場主要放在國內而非國際。除此之外，我們也可以從亞洲局勢低盪時期的種種周折，看出中美都沒有意願為該地區的整體事態產生爭議；對北京和華盛頓來說，遏制蘇聯遠比互相對立更重要，況且蘇聯在冷戰後期對亞洲影響力減弱，也讓這個任務更為容易。在這段時期，中國也積極表現出遵從國際規範的樣子，這個傾向在一九八九年遭到國際孤立之後變得更為迫切。

不過，到了二〇〇〇年代初，這些因素就有了大幅變化。俄羅斯和中國愈走愈近，而在種種合作中最重要的，就是在二〇〇一年成立的上海合作組織，這個國際安全組織有時也被嘲笑是一個獨裁者聯盟，而它的目標正是挑戰「華盛頓共識」。中國也清楚表示，它認為美國只是在侵擾亞洲，並未帶來安穩；美國對日本的保護，也被中國看做是在阻擋它擴大勢力，以及妨礙它主張領土。

相反地，美國在亞洲的聯盟則是共識漸增。美國在冷戰期間宣稱的捍衛「自由」，聽起來十分空洞，因為當時的美國正極力保護南韓、臺灣、南越等非民主政權。在一九八〇年代初，日本是美國唯一完全民主化的盟邦，而且也是印度之外唯一的穩定盟友。但是到了二〇〇〇年代初，美國的民主盟友除了南韓和臺灣，還多了菲律賓和（跌跌撞撞的）泰國。既然這些國家都是在自由投票的制度下成為美國盟友，中國也很難宣稱美國在亞洲的角色沒有正當性。

由於尚未能駁斥美國在亞洲的正當性，東亞未竟的冷戰遺緒也成了北京眼中最優先的議題。中國在崛起為地區乃至全球大國的同時，也在重新探索中國的大戰歷史和緊接而來的戰後經歷，並藉此為中國在亞洲秩序中的角色創造敘事的原點。因為亞洲沒有雅爾達會議（Yalta Conference）來分配責任，自然也從來沒有一套戰後秩序可以讓中國維持地位。關於亞洲的戰後協議，想獲得穩定的解釋，難處在於現今各大勢力對敘事原點毫無共識。不過，少了雅爾達會議，也為中國開啟了新的機會，可以重新解釋整個過程，因為準確來說，這個過程從未完成。

二〇〇〇年代末，亞洲秩序的本質有了重大轉變。原因之一是歐巴馬贏得了二〇〇八年的美國總統大選。他提倡的方式比小布希更國際主義，而且他也積極想重建美國在伊拉克及阿富汗戰爭之後的名譽。同樣在二〇〇九至二〇一二年間，日本由民主黨執政，他們最起碼在政治修辭上和美國拉開了距離，顯示出願意接受中國在東亞擁有更多影響力。另一個重大轉變則是因為中國領導階層在二〇一一至二〇一三年間的鬥爭。這段期間，重慶市委書記薄熙來競爭中央的野心導致他下臺被捕，原因是他的政治對手摧毀了他的勢力。不久之後，胡錦濤和溫家寶政府也交出領導權，讓習近平在二〇一二年十一月成為新任總書記。

習近平很快表達出他希望在國內創造更順從的氛圍，同時對海外更加強硬。薄熙來事件也嚇壞了中國的領導階層，導致整體施政變得更加威權。中國對待鄰國，尤其是日本和東南亞國協諸國的態度，變得更加粗暴。這對中國的外交毫無助益；各國原本期待中國可以提出一套新的敘事，取代美國的影響力，最後卻統統敗興而歸。歐巴馬政府在二〇一一年宣布「重返亞洲」，重建與正式盟友的關係，並為越南這些原本不算盟友的國家提供支援。安倍晉三在二〇一二年重新擔任日本首相，顯示出日本對中國的態度變得更加強硬，還在國內大肆修正對戰時日本右翼的觀點。不過中國也不是沒有同伴。雖然泰國是美國盟友，軍政府卻比較支持中國；此外，親近北京政府的還有寮國、柬埔寨，以及在二〇一五至二〇一六年民主化的緬甸。但相較於被中國成功離間的前美國盟邦，這些都不算什麼。中國找到了將美國逐出東亞的新戰術。其中一招是在外交上打擊日本。

結果就是中日兩國對二戰經驗的解釋，在二〇一〇年代中期出現了衝突。日本右翼高聲對東京在一九三〇年代和一九四〇年代發動的帝國主義戰爭，提出了一種經過大幅修改的觀點。持這種歷史修正論觀點的人雖然只占大眾的一小部分，卻爭取到了很多自由民主黨的核心政客。他們的宣傳幾乎針對國內，也受到境內自由派的強烈抵制。除了日本，幾乎沒有哪個地方會同意從正面的角度看待日本在一九四五年以前對亞洲各地的侵略行為。[11]

相反地，中國則是對自己在大戰中的地位，生產了一套歷史修正論的主張：一九四五年能夠擊敗日本帝國，中國功不可沒，如今該為這些犧牲收取報償了。如同我在前幾章所講，中國內部有很大一票人都同意，中國對於擊敗日本的貢獻應該獲得重視。不同於日本的歷史修正論述，中國重新探索戰時歷史是為了走向國際。但這些論述和日本有一樣的問題：政治意義遠大於史學價值。

從這場爭議的出現，可以看出冷戰是如何妨礙亞洲在戰後訂立條約和成立多國組織，並建立起穩定的區域架構。中國說得沒錯，一九五一年的《舊金山和約》原本是亞洲戰事的最終協議，但中華人民共和國卻被排除在外。只不過，中國會被排除，其實爭議雙方都有責任。美國拒絕承認毛澤東政權，不讓這個新興國家參與區域協議的制定。而中國則在史達林的支持下協助北韓進攻南韓，也幾乎斷了與美國及早和解的機會。

二〇一五年七月三十日，習近平在軍事科學院的集體學習會＊上發表演說，強調：「安排這次學習，目的是回顧中國人民抗日戰爭的偉大進程，肯定中國人民抗日戰爭為世界反法西斯戰爭勝利做出的偉大貢獻，展現我們維護第二次世界大戰勝利成果和國際公平正義的堅定決心。」不過他也提醒：「同中國人民抗日戰爭的歷史地位和歷史意義相比，同這場戰爭對中華民族和世界的影響相比，我們的抗戰研究還遠遠不夠……要推動國際社

＊譯注：中國共產黨定期舉辦的黨員培訓會，學習內容通常以實踐領導人的思想和政治理念為主軸。

會正確認識中國人民抗日戰爭在世界反法西斯戰爭中的地位和作用。」[12]

中國拿二戰在國際關係上參照比附，也不是什麼新奇的發展。中國本來就常把某段時期的歷史事件歸為「國恥」，用來強調自己在近世備受欺侮，所以完全有權捍衛自身的地位。[13]另外在近幾年，像是明代鄭和航向東南亞，以及東非等地的歷史，也重新引起人們的興趣，被拿來和新的擴張政策相比擬。[14]

中國在國際關係上利用二戰的歷史，一直都有很明確的目的。比如在二〇一三年重啟一九四三年開羅會議以來的釣魚臺／尖閣諸島問題，就是為了解決和日本之間未竟的領土爭議。二〇一五年九月的天安門廣場閱兵，一部分是為了提醒全球社會，強調中國參與反法西斯同盟的貢獻，另一部分則是要展示中國有能力開展新友誼、可以承擔對世界的責任。另外，中國也一直堅持對日本的戰爭罪行依法索取賠償，還有聲明對南海的主權，哪怕後者的依據是國民黨在一九四五年勝利後，為了在亞洲確立地位所提出的主張。

中國想要主張的是，它能在亞洲有今天的地位，有部分是因為它參與了世界大戰，催生出主宰亞洲至今的秩序。它希望自己在亞洲所行使的經濟和軍事權力，能夠和這些主張背後模糊的道德立場結合在一起。接著，讓我們看看中國近年來參與國際秩序，具體上是怎麼和二戰歷史扯上關係的。

開羅會議的第二春

二〇一四年一月八日，英國電視節目《新聞之夜》（*Newsnight*）主持人派克斯曼（Jeremy Paxman）在節目上邀請了中日兩國的駐英大使，一同討論西方媒體甚少關注的釣魚臺群島／尖閣諸島主權爭議。在節目中，中國大使劉曉明表示，這個爭議的源頭正是出在一九四三年的開羅會議。派克斯曼通常被視做英國廣播公司最博學多聞的採訪員，卻也承認他對開羅會議的理解不多。[15]

但派克斯曼不是唯一感到困惑的人。二〇一三年十一月是開羅會議的七十週年，不過西方世界幾乎沒人注意此事；但在中國和臺灣，這件事卻獲得極大的關注。一九四三年的開羅會議，是中國在二戰中唯一被英美視為盟友平等看待的會議（蘇聯對日本保持中立，因此沒有出席）。數十年來，這場會議只會在中國的歷史文件中草草帶過，畢竟當時代表中國的領導人是蔣介石，不是毛澤東。但隨著蔣介石這段歷史得到容忍，中國也就有機會可以拿開羅會議來證明，自己在上個世紀對人類文明最重要的時刻裡，是站在同盟國這一邊。維琪政府的記憶影響了法國的戰後歲月，還讓史學家胡梭寫出《維琪症候群》，開羅會議同樣讓中國的外交決策者念念不忘，我想這或許也可以叫做「開羅症候群」。[16]

在二戰期間的高層會議裡，開羅會議的影響談不上非常深遠。會中有些議題也從未徹底解決：比方說同盟國讓海軍在東南亞發動作戰以收復緬甸的計畫，在會後大約一個月就取消了。[17] 但蔣介石和羅斯福、邱吉爾平起平坐，卻有非常強烈的象徵意義。此外，一九四三年十二月一日在會後所發布的公報，也確定了一旦歐戰結束，同盟國就會終結日本帝國在亞洲的野心，再無任何模糊之處。

讓中國外交決策者大感興趣的，正是這份公報。中國人從《開羅宣言》讀出來的「深意」，很大一部分取決於他們心中解決亞太領土爭議的方式。根據《開羅宣言》，同盟國的立場是：

三國之宗旨，在剝奪日本自從一九一四年第一次世界大戰開始後，在太平洋上所奪得或占領之一切島嶼，在使日本所竊取於中國之領土，例如東北四省、臺灣、澎湖群島等，歸還中華民國。

宣言還提到：「其他日本以武力或貪欲所攫取之土地，亦務將日本驅逐出境。」[18]由於冷戰期間中美關係不睦，瓦解日本帝國幾乎是完全按照美國的指示進行。《舊金山和約》和《中日和約》（Treaty of Taipei）分別在一九五一年和一九五二年簽訂，正式結束了亞洲戰事；但兩份和約不只排除了中華人民共和國，更阻斷了進一步的戰後協議發展，因為此刻的日本成了美國的冷戰盟友，而中國變成了敵人。

釣魚臺／尖閣諸島的爭議也沉睡了數十年，直到二〇一〇年代初才被喚醒，讓東海上的這八座無人小島布滿了緊張的氣氛。部分問題出在這些島嶼的近海可能蘊有礦產，但最主要的還是主權上的象徵意義。中國對於島嶼所有權的解讀，正顯示出二戰的遺緒有著非常靈活的用途。《開羅宣言》的第一部分並未直接提到釣魚臺，而日本是在一八九五年的甲午戰爭中取得釣魚臺，所以不適用「自從一九一四年」這段話。[19]不過在二〇一三年，開羅會議七十週年之際，中國的新聞媒體卻大肆報導說這段話讓中國能根據國際法領有釣魚臺／尖閣諸島。《環球時報》的一篇文章解釋了背後的理路：

在《開羅宣言》發布七十週年的前夕，國內外學者都呼籲國際社會共同維護現有的國際秩序。該宣言規定，所有日本由中國竊得的領土，都必須回歸中國。專家認為，英、中、美於一九四三年發表的《開羅宣言》，對於二戰後國際秩序的重建，有著極大意義。

中國駐埃及大使也強調了宣言發布紀念日的意義。

中國大使宋愛國於週六表示，《開羅宣言》是中日之間解決釣魚臺問題的法律基礎……

中國通訊社引用中國社會科學院研究員李理的話：「《開羅宣言》與二戰時期的其他文件一起，提供了中國對臺灣及其附屬島嶼行使主權的法理依據，也奠定了

> 戰後的國際格局。」
>
> 共產黨機關報《人民日報》則在週日表示，日本正嘗試否認歷史事實和《開羅宣言》所蘊含的精神，同時有意破壞國際秩序。[20]

這些中國官方消息來源，簡直是拿歷史變了一手漂亮的戲法，暗示中共政府可以徑直利用蔣介石在一九四三年《開羅宣言》中留下的遺產，兌現一九四五年《波茨坦宣言》裡說的：「《開羅宣言》之條件必將實施，而日本之主權必將限於本州、北海道、九州、四國及吾人所決定之其他小島之內。」

更複雜的是，臺灣的馬英九政府（二〇〇八—二〇一六）也支持這些島嶼應歸於「中國」的主權之下。由於《開羅宣言》說的是釣魚臺群島等土地應歸還於「中華民國」，而蔣介石政權的正當繼承者，到底是臺北還是北京，又成了另外一個亂源。

不過二〇一五年由溫德光和胡明剛執導的中國電影《開羅宣言》中，對開羅會議的處理更是滑稽（問題也沒那麼嚴重）。這部戰爭英雄史詩片的海報上，除了羅斯福和邱吉爾，竟然還出現了史達林和毛澤東，引起中國網路上各方影評人的無情嘲笑。畢竟後面這兩個人都沒有出席開羅會議，而真正出席的蔣介石卻不見於電影宣傳之中。為了配合當代需求，海報作者直接把歷史結局改成了符合中共歷史修正論的版本，強調開羅會議對領土主權的重要性。[21] 於是中國網友做了各種不同的惡搞版本，讓歐巴馬、海珊（Saddam Hussein）甚至《魔戒》人物咕嚕（Gollum）都出席這場會議。[22]

電影本身倒不像海報畫得那麼偏頗，蔣介石等國民黨人物都有出場，邱吉爾講話的美國口音也很迷人，不過很多方面確實都符合目前的政治主旋律。像是在某一場戲中，飾演羅斯福的演員就宣布：「戰爭改變了中國，中國的戰爭改變了世界。中國已經成為一個負責任的大國。」一九四三年的中國很難稱得上是「負責任的大國」，不過這已經成了二〇〇〇年代「和平崛起」的主流論述。[23]

閱兵：地緣政治大場面

二〇一五年九月三日，中國政府在北京市中心舉行了盛大的閱兵典禮。時逢二戰結束七十年，讓這次閱兵和以往大不相同。通常會在這麼備受矚目的地方舉行閱兵典禮，一定跟中國共產黨歷史有什麼關係。中國政府利用這次閱兵釋出訊息，實現國內的政治目的，同時向外界展現中國在國際上的角色。

然而，外界的反應相當謹慎。二戰時期的重要盟國之中，只有俄羅斯派出高階政要——總統普丁親自出席。美國派了駐中代表、前參議員博卡斯（Max Baucus），英國則遣前財政部長克拉克（Kenneth Clarke）觀禮，前英國首相布萊爾（Tony Blair）也現身了，但並非以英國代表團的身分參加。至於法國代表則是外交部長法畢斯（Laurent Fabius）。中國應該會想看到英美兩國派出更高層的人士，代表二戰時期的同盟關係延續至今。但這兩個國家如今都對出席中國的軍事展演活動相當謹慎，更不用說是在一九八九年屠殺抗議民眾的地點觀看這樣的活動了。

日本首相安倍晉三雖然獲邀，但並未出席。[24]不久之前才上臺的北韓領導人金正恩也沒有，目前尚不清楚他是拒絕出席，還是根本沒有受邀。金正恩的缺席也使南韓總統朴槿惠的現身更加耐人尋味，雖然南韓與美國之間的同盟關係緊密，但中國藉由對日本的同仇敵愾，與南韓建立了重要的貿易關係，讓朴槿惠願意在這個重要的日子露面。朴槿惠的出席展現出亞太地區中等強國（middle power）的一種新策略：在中美兩大強國之間尋找求生之路，同時不必被迫選邊。

至於俄羅斯總統普丁出席閱兵儀式，則表達了中俄關係比一九四五年以來更緊密。蘇聯確實在二戰期間與中國站同一邊，但在戰爭的大部分時間中，都未與中國直接結盟。（蘇聯空軍在一九三七至一九三八年提供了必要的援助，卻一直到一九四五年八月，戰爭快結束的時候才正式宣戰。）中國在二〇一三年慶祝《開羅宣言》簽署七十週年，但其實史達林當年在該會議隔了幾週之後，就在另一場德黑蘭會議中推翻了各國在開羅會議達成的大部分結論。至於決定戰後亞洲命運的波茨坦會議，史達林也並不怎麼想讓中國加入。羅斯福當時熱切希望提高（由國民黨統治的）中國的地位，史達林卻對此意興闌珊。

儘管如此，中俄關係在二〇一〇年代升溫，仍意味著俄羅斯必定會在閱兵典禮中位列上賓。從二〇一〇年代中國學術界的歷史書寫，也能明顯看見兩國各式各樣的眉來眼去。此時的史家開始強調中國和蘇聯在戰爭中有著比西方列強更精采的成就，同時也努力平衡兩國的傷亡人數，淡化彼此合作的歷史。這種拿死亡人數拚面子的實例之一就是，近來中國的文獻常常提到在抗日戰爭中有三千五百萬人受難；這個數字同時計入了死者和傷者，為的是要壓過更為人所知的兩千萬名蘇聯受難者。[25]

真正的戰時盟友對這場閱兵典禮相當低調，反倒是最近才交上的朋友十分搶眼。另外還有十七個中國精挑細選的國家，也各自派出了部隊加入閱兵隊伍，這些國家包括俄羅斯、白俄羅斯，以及位於中亞的哈薩克、吉爾吉斯、塔吉克；屬於東南亞國協的寮國與柬埔寨；處在南亞的巴基斯坦與阿富汗等等，都是來自中國想藉著「一帶一路」計畫尋找新安全夥伴的地區。反倒是二戰時期曾讓中國駐兵，而且在緬甸戰役時曾共同作戰的印度，這次卻沒有加入。古巴和委內瑞拉等社會主義國家也都在行列之中。真正算得上民主國家的只有塞爾維亞、墨西哥、蒙古和萬那杜。這個原本要紀念二戰的場合，實際上卻被用來結交新夥伴，順便吹噓一下已然褪色的舊日夥伴關係。

南海爭議

南海爭議大概是中國這幾十年來牽扯的領土衝突中，最重要的一個。我打算把這起爭議的千頭萬緒留給日後數不盡的政治和歷史論戰。[26]（整體來說，這場爭議是因為中國宣稱擁有西沙群島、南沙群島，以及南海大部分海域的主權，但遭到一些東南亞國家強烈反對。）不過，這起爭議有一點直接牽涉到中國戰後面臨的處境：一九四六至一九四七年間，國民黨在南海劃出了自己的控制範圍，這條線有時也被叫做「九段線」*，因為它最初在地圖上是以一連串的虛線標示。照理說，南海爭議和二戰歷史沒有什麼關聯，畢竟日本從未直接參與過現在的爭端。然而圍繞此爭議的種種論點，都可以回歸到蔣介石政府在一九四五年後為了重塑區域情勢所提出的領土主張。[27]

學術界的歷史書寫一直和國際關係的風雲變換脫不了關係，南海爭議也不意外。著名歷史學家陳謙平在二〇一七年發表過一篇論文，引用了大量的第一手文獻來支持中國在南海的主權。陳謙平認為：「在第二次世界大戰過後，身為四巨頭之一的中華民國依循國際法，還有《開羅宣言》及《波茨坦宣言》所訂立的亞太新秩序，取回了南海各島嶼的主權。」藉著重新命名這些島嶼，以及投送海軍力量，「中國政府向世界宣告其主權。」[28]

這份論文有意思的地方，是陳謙平做了扎實的歷史研究。當然，他認為中國方面的文獻資料理應被承認為正確的歷史。不過更有趣的是，他迴避了國民黨和共產黨政權之間的主權衝突。現今對中國外交政策的分析，多半都假設現在的共產黨政府是繼承一九四〇年代的國民政府。

國民黨對南海的主權聲明，在一九四七年所遭受的反對比現在小得多，這點可以從冷戰的脈絡來解釋。戰後由國民黨統治的中國屬於親美陣營，所以相較於毛澤東政府，美國

*譯注：中華民國在一九四七年劃定的線共有十一段，周恩來在一九五三年移除了北部灣上位於海南島和越南之間的兩段。

比較能忍受國民黨爭取南海島嶼的主權。時至今日，中共仍同時秉持著好幾個自相矛盾的主張：首先它暗示，國民政府在一九四九年以前擁有主權和正當性，但內戰的前提卻是要否認這一點；中華民國的主權在一九四九年後並未延續，逃到臺灣以後，它對南海島嶼的主張就沒有效力了；然而國民黨在一九四〇年代的主權聲明，卻可以延續到中華人民共和國（所以才需要為國民黨的大陸時期政權恢復名譽）。

中國政府仍未找到可以利用國民黨歷史，又可以操之於股掌之間的平衡點。二〇一四年，《環球時報》就批評國民黨面對外國侵略者時態度軟弱，告誡「國粉」不要對國民政府時期有「病態的緬懷」。然而中共近年的國際戰略，卻又強調至少在一九四九年大敗以前，國民政府的外交成就都有其正當性且意義重大，應該予以敬重。

不過共產黨在二〇一〇年代的海洋主張，確實有一點是延續自一九四〇年代的國民黨，就是想要終結亞洲的帝國主義。反對帝國主義在這兩個政黨的政策中都位居要角。不過，國民黨是在戰爭剛結束時做出這些主張的，當時傳統的帝國主義仍是一大問題。日本帝國雖然正在瓦解，但大英帝國、法蘭西和荷蘭王國仍亟欲控制東亞和東南亞的諸多殖民地。到了距離大戰結束只剩兩年的一九四三年，中國也對主權問題讓步了。一九四五年的中國雖然技術上已經是主權國家，實際上還是非常貧弱。不但經濟凋敝，又被國共內戰撕得四分五裂。在歐洲殖民地尚未獨立建國的一九四六至一九四七年，中國提出領土主張，其實是企圖成為這些未獨立地區的楷模。

如今再度拿出這些主張時，中國的經濟和政治地位都已不可同日而語。但它仍一直採用前一個時代的論調。首先，中國依然把自己描述成國際秩序的受害者，這招有效地讓人想起，中國並未主動尋求或是挑起與日本之間的戰端。其次，中國也積極把自己形塑成南方半球開發中國家的導師，聲稱面對華盛頓共識下形成的「新帝國主義」，一帶一路可以提供拒斥西方霸權的可靠手段。

正義、道德、外交

中國回顧抗戰和戰後的歲月，主要是想證明國際社會應該承認其領土主張，還它一個公道。「開羅症候群」指的就是中國為了取得釣魚臺／尖閣諸島和南海主權，想方設法增強自己的論點。

這段歷史的用途在於它的道德意涵。中國一直無法建立起道德分量足夠的敘事。一直有人想從中國對經濟發展的價值中找出這種道德基礎，比如一帶一路等投資計畫協助開發中國家建造了許多基礎設施；習近平提倡的「命運共同體」也蘊含了這種觀點。但至少在二〇一〇年代，這個路線都沒什麼道德號召力，反而讓人關心起中國的「債務外交」和威權政治。

相反地，利用集體戰爭回憶的各種面貌來建立道德敘事、爭取國際地位，一直是中國的拿手好戲。其中最主要的手段，是控訴日本在戰爭期間強徵慰安婦，還有把中國的經歷比做納粹大屠殺。並且中國不只為自己討公道，而是期望國際社會除了看見中國的實力，也看見中國的德行；期望東亞地區乃至於整個世界，都認為中國不是一個只顧自身利益的現實主義國家。

為自己爭取正義，的確也可能立足於更廣闊的道德基礎，金恩博士（Martin Luther

King）和曼德拉（Nelson Mandela）的奮鬥皆是如此，不過中國為抗戰歷史討公道的主張，一直沒有獲得廣泛支持。這種困境也催生了一派論述，是將世人熟悉、以歐洲為主角的二戰，和中國在二戰時期的經歷相比較，以對這段歷史提出新的詮釋。

類比日本和納粹德國

中國搶占道德高地的敘事策略中，有一個做法是把中國的戰時經歷，特別是南京大屠殺，比做納粹占領下的歐洲。納粹大屠殺如今已被公認為最具代表性的戰爭暴行，一方面是因為納粹政權意圖滅絕整個種族，一方面則是因為這些罪行竟如工業生產般冰冷無情。納粹大屠殺的類比在中國日漸流行，反映了這種論述策略的兩個目標：首先是讓人覺得中國的抗日戰爭具有道德目的，再來是反制日本主張國際地位。[29]

一九九〇年代，中國開始在國內學術界和大眾文化中，強調二戰期間與美國的盟友關係，並透露出利用這層歷史淵源的意圖。記者馬利德（Richard McGregor）指出，早在一九九〇年代中期，一些中國領導階層就開始到美國推廣這個想法了。[30] 他提到中國國防部長遲浩田在一九九六年到華盛頓特區演說時，就帶了一片在廣西省被擊落的美軍 B-24 轟炸機殘骸。遲浩田和美國國防部長裴利（William Perry）的談話，提及了中國在二戰期間的犧牲；另外，他在國防大學的演說中也提及兩國在第二次世界大戰時的「誠摯合作」。[31] 同一年，中國人民解放軍總參謀部情報部長熊光楷也受邀前往美國大屠殺紀念館。報導中的他說：「真是可怕！但歷史上沒有誰比日本軍人更殘忍的了。說真的，中國也該有自己的大屠殺紀念館。」[32]

多年來，南京大屠殺都象徵著日本侵華所帶來的苦難。當然，關於南京的論述往往出自現代政治的考量。把中國抗戰時的苦難說成是「大屠殺」，有可能讓人把這些罪行和納粹對歐洲猶太人、羅姆人、辛提人的種族滅絕計畫，以及對其他所謂「次等」族群的殘殺畫上等號。日本占領中國期間確實暴虐無道，也在南京以外的地方做出了無數暴行，但日本並沒有想要滅絕中國人。另一方面，雖然在一九四五年以後，日本的報章、電視、社群媒體和大眾文學，都對戰爭罪行有許多討論，但多半是聚焦於太平洋戰爭；公眾對侵華戰爭的討論相對少得多，有時甚至輕描淡寫成「事故」。中國經常指控日本從未面對戰爭時的作為。但只要了解一下日本政壇和大眾文化，就知道絕非如此，「戰爭責任」的問題早已深深嵌入戰後日本人的身分認同了。不過，相較於珍珠港事件後與盟軍開戰，日本的確很少討論在中國的所作所為，這更加劇了中國人的憤怒。因為正如前面所說，就連其他同盟國，也未必都承認或覺得中國是盟軍的一員。

這種差別待遇讓中國政府想方設法，好比支持研究者調查日本對中國平民發動的細菌戰，希望世界在談到二戰中的道德問題，以及如何修復正義時，可以將中國的戰時經歷納入討論。[33]不過，中國人追尋正義的計畫一直沒有成功。原因之一是中國常常把外交弄得很難看。比如二〇一三年，中國曾為了討好南韓，在哈爾濱為一九〇九年暗殺日本首相伊藤博文的朝鮮民族主義者安重根（Ahn Jung-geun）立像紀念。[34]只是才過兩年，為了報復首爾政府接受美國出資布署反飛彈系統，北京又鼓勵人民抵制南韓的流行歌手、電視劇和觀光旅遊。中國對亞洲小國的威脅利誘反倒提醒它們，二〇一〇年代和一九四〇年代的地緣政治現實存在一大差別：雖然很多亞洲國家都想聽到日本政府承認，當年的各種苦難，都是由日本在歷史上的不義之舉所導致；但認真細究，多數人還是會認為，在二〇一〇年代的東亞，最讓人擔心的是中國而非日本。

中國尚未從抵抗日本的戰爭故事中，成功找出能真正收服亞洲人心的敘事。對各地來說，日本占領所留下的影響十分複雜。比如南韓在戰後對日本充滿敵意，但全國最顯赫的人物朴正熙（Park Chung-hee）總統，卻曾在日本軍隊擔任高官。而緬甸獨立的領導人翁山（Aung San）在二戰期間也和日軍有過密切合作。其他亞洲國家都同意，要理清日本占領的意義很難，唯有中國試著忽略這些複雜性。比方說，汪精衛的通敵政權，其實沒在政治上留下什麼重要的遺緒。這是因為汪精衛政權只統治了一小部分的中國，能遺留下來的組織遺產相對較少。但儘管是敵人，國民政府仍有可能在戰後吸納汪精衛政權的基層官員，就像很多納粹低階官員後來都在東、西德繼續任職。一九四九年以後，到底有多少曾服務汪精衛政權的官員留在地方，這點仍不得而知，但他們大概也不會公開承認自己跟漢奸政府有什麼牽扯。

其他國家雖然對日本仍有怨懟，但這些戰爭記憶並不會讓它們更容易接受當代中國在亞洲的擴張。有一個修辭路線或許可以提供中國想要的敘事框架，那就是像下一節所講的，把一帶一路描繪成馬歇爾計畫（Marshall Plan）的後繼者，但中國拒絕使用這個類比。

回到中國這些年來愈來愈常用的納粹大屠殺這個類比。方軍在二〇〇〇年比較了戰後的日本和德國：前者持續否認戰爭罪行，後者則在教育中普遍宣導納粹的恐怖。[35]在這之後就有愈來愈多的討論，把歐洲的種族滅絕和中國的戰爭經歷連結在一起。於是在二〇〇〇年代，人們又對二戰時期移民上海的猶太難民重新燃起興趣。北京中國人民抗日戰爭紀念館一直到二〇一八年為止，都會介紹協助猶太人逃離歐洲的中國人。[36]二〇〇八年，上海摩西會堂改建的猶太難民紀念館開幕，又在二〇一九年擴建。[37]中國學者也被鼓勵前往以色列研究納粹大屠殺。[38]

把中國在戰時所受的苦難比做納粹大屠殺，讓很多歐洲人坐立不安，特別是其中還別有地緣政治的用心。二〇一四年三月，習近平赴德進行國是訪問的先遣團隊曾暗示，希望能安排參觀柏林的歐洲被害猶太人紀念碑（Denkmal für die ermordeten Juden Europas），此舉在外交上引發了一陣騷動。德國官方擔心習近平的目的並不全是為了緬懷納粹受害人，更多是想譏刺日本沒有為其戰爭罪行道歉，最後這次參訪也未能成行。[39]

幾個月後，又發生了一場與戰時記憶有關的爭議。二〇一四年六月，日本首相安倍晉三試圖啟動修憲，以便增強日本自衛隊的功能。而中國當局也尖銳回應，公開了一系列有關日本戰爭暴行的檔案照片，並申請將有關南京大屠殺的文件加入聯合國教科文組織的世界記憶名錄（Memory of the World register）。日本在二〇一五年對中國的申請提出強烈抗議，但直到二〇一九年，日方提出的資料才被正式受理。日本外務省表示：「儘管日本政府一再請求，原應維持公平、中立的教科文組織仍將這些文件列入世界記憶名錄，我們感到非常遺憾。」[40] 日本政府更進一步暗示要設法改革教科文組織，以免未來還有這種申請案；中國的回應則是暗示會提供該組織更多捐款。

中國在提升國家道德地位及尋求「正義」的路上，踢到的鐵板簡直不可勝數。一個原因是，這世界實在沒什麼興趣看一個已經超級強大的國家吵著索要正義。中國在一九四五年走出戰火以前，為了維持作戰能力，基本上早就把自己摧毀得差不多了。但是在二〇一〇年代，多數人都已經不知道，或是不認得那些年的中國。支持為世界第二大經濟體「修復正義」的人並不多，更何況這份正義本身就充滿爭議。（另外，許多日本政客也辯稱，一九七〇年代與一九八〇年代對中國的開發援助，已經達成補償的效果了。）

要讓人想起中國同樣為二戰的大義出了一份力，並不容易。無論在東亞還是其他地方，各國看待中國的經濟成長雖然謹慎，但也樂見其成，認為這樣可以造就繁榮。二〇一九年春天，聯合國祕書長宣布要支持一帶一路倡議中，和永續發展目標（Sustainable Development Goals）相符的部分，這對中國來說更是意想不到的成功。[41]但只有這樣，仍無法證明中國體制本身的道德價值。在冷戰期間，美蘇體制都生產了自己的道德論述。立論基礎都是聽起來差不多的自由、和平、民主，但世界觀卻截然相反，也都有各自的擁護者和反對者。雙方的話語雖然對立，卻同樣以二戰為歷史的轉捩點，各自利用這份遺產來證明自由資本主義或社會主義的優越性。既然大戰結束已有七十餘年，中國又不太能提出吸引人的模式，取得奈伊所說的那種無需強硬手段就可以影響他國的「軟實力」，那麼北京提出二戰論述的成效，當然就遠遠不如預期了。[42]

新馬歇爾計畫？

中國追求道德地位的過程一直沒什麼建樹，這讓人更不能理解，為何每當有人把一帶一路倡議比做「中國的馬歇爾計畫」，中國就要極力否認？畢竟這可是中國的國際戰略中，少數有過的正面修辭效果。

馬歇爾計畫和二戰的餘波脫不了關係。這個計畫經美國總統杜魯門（Harry S. Truman）批准，由時任國務卿馬歇爾執行，提供一百二十億美元（約等於二〇一八年的一千億美元）協助西歐的戰後重建。二〇一三年，習進平發表了調整中國在歐亞大陸定位的戰略構想，也就是「共建絲綢之路經濟帶和二十一世紀海上絲綢之路」政策，簡稱為「一帶一路倡議」。海外媒體注意到倡議中八兆美元的基礎建設預算，於是開始稱此為「中國的馬歇爾計畫」。比方說在二〇一六年七月，有個Podcast節目邀請了兩名麥肯錫顧問公司（McKinsey）的資深合夥人，其中一位就這麼告訴主持人：「有些人說這是第二個馬歇爾計畫。不過我想說的是，馬歇爾計畫顯然是二戰過後歐洲能夠重建的主因，而它的規模還只有一帶一路倡議的大約十二分之一……這真的是很大的野心，也是很大一筆錢。」[43]馬歇爾計畫這個比喻，對於中國的官方論述似乎是一份大禮，特別是這話還出自麥肯錫這種舉世聞名的國際顧問公司。雖然有些人懷疑計畫的可行性，但這種比喻幾乎只有好處。中國成功提出了它在地緣政治上的野心，而西方世界也將其視做二十世紀最大的開發計畫之一，覺得中國可以跟美國一樣「做好事，得好報」。[44]

所以中國之後飛快閃躲任何和馬歇爾計畫的比較，就顯得格外幽默了。在麥肯錫那集Podcast的前一年，中國官方的英文報紙《中國日報》上就出現了一篇文章叫做〈「一帶一路倡議」不是中國的馬歇爾計畫〉（'Belt and Road Initiatives' No Marshall Plan of China），一開頭就駁斥這種比較：

> 許多講評人認為中國的「共建絲綢之路經濟帶與二十一世紀海上絲綢之路」倡議和馬歇爾計畫間有一些呼應之處，暗示中國會像美國對待戰後歐洲一樣，利用這個計畫在亞洲等地擴張影響力。

熟悉歷史有助於我們了解現代政治，但基於表面的相似性做出不適當的概念類比，反而會扭曲資訊，誤導政治人物做出錯誤決策。

中國表示將為「一帶一路倡議」成立一筆基金，以促進區域整合、合作及共同發展。這份倡議和馬歇爾計畫的相似之處，或許在於中國和美國一樣都承諾會協助其他國家的經濟發展。但深入分析就會發現，中國的做法和美國在戰後對西歐盟友提供的軍事及經濟援助，無論是歷史背景、動機和可能的影響，都有根本性的差異。

馬歇爾計畫是美國意圖圍堵蘇聯擴張的一部分，因此排除了所有共產國家。然而，中國的「一帶一路倡議」對所有國家開放，目的是達成雙贏結果，而不是建立區域霸權，這其中絲毫沒有冷戰的思維和雙極結構。中國絕對沒有建立同盟對付任何國家的意圖。

不像馬歇爾計畫，「一帶一路倡議」不會對成員國的政治背景有任何要求，因為中國向來提倡各國應該尊重彼此選擇社會制度及發展道路的權利。[45]

文中對馬歇爾計畫的描述有些地方說錯了。[46] 共產國家被排除在外是因為蘇聯替東方集團（Eastern Bloc）拒絕了計畫資金，並在一九四七年以莫洛托夫計畫（Molotov Plan）代之，後來又成立了經濟互助委員會。不過，馬歇爾計畫「是美國意圖圍堵蘇聯擴張的一部分」，且代表「冷戰的思維和雙極結構」，倒是西方學界常見的看法。另外，這篇文章也直接繼承了一種古早的二戰詮釋，也就是黃美真所批評的「美國一直在嘗試顛覆中國」這種敘事。中國對一帶一路的反應，顯示出其歷史觀仍停留在毛澤東那個版本，沒有想要把一九四〇年代和現代接續在一起。一個是挑戰世界的革命中國，一個是不只要維持現狀，更要延續七十年來發展歷程的中國，這兩種觀點的整合一直充滿矛盾。

巧的是，二〇一七至二〇一八年間，一帶一路的計畫範圍內，正好出現了一些質疑中國動機的聲音，而不管怎麼類比，中國或許都沒有機會讓全世界覺得一帶一路單純是樂善好施了。有些觀察者聽到負債累累的寮國為了七億美元的高鐵又舉了四．八億美元的債務，而且大部分貸款都來自中國進出口銀行，都開始緊張了起來。斯里蘭卡大筆舉債興建漢班托塔港（Hambantota）卻無力償還，這筆債務轉為股權，讓中國得以租借港口九十九年，也在國內引起許多民怨。各國見此，紛紛害怕跌入中國的長期債務陷阱，中國創作的「雙贏」劇本也和諧不起來了。47

債務外交的說法，也更進一步說明中國為何不希望一帶一路被拿來跟馬歇爾計畫比較。雖然中國也有大量貸款給委內瑞拉等少數幾個國家，還是沒辦法像美國一樣當散財童子。儘管經濟大幅成長，中國還是比美國窮得多。一九四五年的美國，比現在更徹底地控制著全球的金融體系，更能靠美元為所欲為；二〇一〇年的美元霸權已經不如以往，但在未來幾年內，人民幣或其他貨幣仍毫無機會。

除了財政，中國的敘事同樣大有問題。要說美國打算藉馬歇爾計畫控制歐洲，也不是沒有道理；實際上，馬歇爾計畫的目的之一就是要抗衡法國和義大利的共產黨。但歷史學界普遍同意，美國執行馬歇爾計畫雖然有短期的負面影響（比如支出無法立即得到回報），長期來看卻締造了相對良好的全球夥伴關係。而中國的一帶一路倡議能否做到這點，目前還看不出來。

另外一個因素則是馬歇爾本人在歐洲人眼中是二戰勝利的功臣之一，無論美國人還是歐洲人，都認為他是美國有史以來最偉大的公僕之一。但是在中國，馬歇爾的名聲就沒那麼響亮；他曾在一九四五至一九四七年間使華調停國共內戰，最後無功而返。[48]當然，其他西方人來也未必能做得更好，但無論如何，比起馬歇爾對歐洲的貢獻*，中國人更熟悉的或許還是毛澤東對他的譴責。毛澤東在一九四九年八月十八日的演說「別了，司徒雷登！」中，批評甫被召回的美國駐華大使司徒雷登（John Leighton Stuart）——

平素裝著愛美國也愛中國，頗能迷惑一部分中國人。因此被馬歇爾看中，做了駐華大使，成為馬歇爾集團中的風雲人物之一。在馬歇爾集團看來，他只有一個缺點，就是在他代表馬歇爾集團的政策在中國擔任大使的整個時期，恰恰就是這個政策徹底被中國人民打敗的時期，這個責任可不小。[49]

*譯注：除了馬歇爾計畫，馬歇爾本人也是二戰期間的陸軍參謀長，並舉薦艾森豪為盟軍總司令。

甚至有部分國民黨人也懷疑馬歇爾，因為一九四二至一九四四年間為了中國的抗戰目標與蔣介石鬧不和，最後遭到撤換的中國戰區參謀長史迪威將軍，就是馬歇爾的門生。馬歇爾一派與中國共產黨的嫌隙維持了好一段日子，不過終究還是有在癒合。司徒雷登於一九六二年逝世，死前曾表示希望能葬在他半生從事學術與外交工作的中國。四十多年過後，他終於遺願得遂，遷葬杭州。但馬歇爾計畫這個類比，對現在的北京來說還是太過了；不是每個二戰的比喻都能合乎中國的心願。

中國爭取控制戰後國際秩序的態度原本還算含蓄，但在二〇一六年川普當選美國總統後，就無預警地強硬了起來。川普的政治修辭，比如威脅和所謂「付出太少」的盟友拉開距離，最後都沒有付諸實行，但顯然美國已經不再認為自己應該扮演全球秩序中（伊肯伯里所謂）的「自由主義利維坦」（liberal leviathan）。[50] 川普只不過是第一個質疑戰後秩序能否繼續有效的美國領導人。在二〇一七至二〇一九年間，美國先後退出或威脅退出《跨太平洋夥伴協定》（Trans-Pacific Partnership）、《巴黎協定》（Paris Agreement）、《伊朗核協議》（Iran nuclear deal）等條約，還不斷行使否決權，阻撓世界貿易組織的新法官任命，試圖癱瘓其運作。習近平常在各種備受矚目的場合，宣稱中國也是戰後秩序的奠基者之一。而當最重要的發起人美國顯得不再渴望掌控這份秩序，就讓中國有機會可以強化自己在歷史和政治語言中的分量，以挽救秩序的姿態在國際間爭取正當性。[51]

關於中國到底願意付出多少來建立一套堅實的規範體系，以維持甚至改變一九四五年以後的秩序，目前還沒有共識。比起打造新的國際治理體系，中國在印度洋等戰後秩序比較薄弱的區域，顯然更渴望強化在經濟和軍事上的影響力。但在二戰遺緒豐厚的地方，中國就會絞盡腦汁把它們那套敘事和某種國際秩序綁在一起。正如那位討論《東風雨》和《太平洋戰爭》的司馬平邦所說，中美之間爭奪戰爭記憶的角力是「兩國政治、經濟、文化博弈的另一種延續」。[52]

注釋

1. 影評人艾德禮（Derek Elly）對《東風雨》不乏肯定，該評論發表於：Sino-Cinema, 6 Feb. 2017, http://sino-cinema.com/2017/02/06/review-east-wind-rain/.
2. 司馬平邦與名博沙龍，〈再評《東風雨》：中美為何同時重寫太平洋戰爭史？〉，《中國文明網》，二〇一〇年四月九日，載於：http://www.wyzxwk.com/Article/wenyi/2010/04/137204.html。司馬平邦何許人也，請參見：https://baike.baidu.com/item/%E5%8F%B8%E9%A9%AC%E5%B9%B3%E9%82%A6。
3. 請參見：Rosemary Foot, John Lewis Gaddis, and Andrew Hurrell, eds. *Order and Justice in International Relations* (Oxford, 2002).
4. 胡喬木，〈略談八年抗戰的偉大意義〉，頁二五一。
5. 胡喬木，〈略談八年抗戰的偉大意義〉，頁二五一—二五二。
6. 平心而論，許多西方論者也犯了這個錯誤。
7. 關於開羅會議的軍事意義，請參見：Hans van de Ven, *War and Nationalism in China, 1925-1945* (London, 2003), 38-45.

8.《開羅宣言》內容請參見："The Cairo Declaration," Nov. 26, 1943, History and Public Policy Program Digital Archive, Foreign Relations of the United States, Diplomatic Papers, The Conferences at Cairo and Tehran, 1943 (Washington, DC: United States Government Printing Office, 1961), 448-449, 或瀏覽：https://digitalarchive.wilsoncenter.org/document/122101.pdf?v=d41d8cd98f00b204e9800998ecf8427e.

9. 黃美真、張濟順、金光耀，〈建國以來抗日戰爭史研究述評〉，頁一〇〇。

10. 可見於新美國世紀計畫（Project for the New American Century）等智庫的分析，例如：Maria Ryan, *Neoliberalism and the New American Century* (New York, 2010), 71-90.

11. 關於安倍晉三利用日本的半官方機構，在二戰記憶的議題上遊說海外學者和政治社群，請參見：Jeff Kingston's disturbing piece, "Japanese revisionists' meddling backfires," *Critical Asian Studies* 51, no. 3 (2019): 435-450.

12. 習近平，〈讓歷史說話，用史實發言，深入開展中國人民抗日戰爭研究〉。

13. William Callahan, *China: The Pessoptimist Nation* (Oxford, 2012), chs. 2-4.

14. 關於鄭和，可參見例如：Liao Danlin, "An Animated Struggle," *Global Times*, 5 Dec. 2013, http://www.globaltimes.cn/content/830115.shtml.

15. "Chinese, Japanese Ambassadors Appear on BBC after Voldemort Accusations," China Digital Times, https://chinadigitaltimes.net/2014/01/chinese-japanese-ambassadors-appear-bbc-voldemort-accusations/; "Japanese and Chinese Ambassadors on Island Dispute," BBC Newsnight, https://www.youtube.com/watch?v=sbLaPRh71Tc.
16. Henry Rousso, *The Vichy Syndrome: History and Memory in France since 1944*, trans. Arthur Goldhammer (Cambridge MA, 1991).
17. Rana Mitter, *China's War with Japan, 1937-1945: The Struggle for Survival* (London, 2013) [published in North America as *Forgotten Ally: China's World War II* (Boston, 2013)], 312-314.
18. 關於《開羅宣言》的文本，請參見："The Cairo Declaration," Nov. 26, 1943, Wilson Center Digital Archive, https://digitalarchive.wilsoncenter.org/document/122101.pdf ?v=d41d8cd98f00b204e9800998ecf8427e.
19. 中國外交部的正式立場，可參見中華人民共和國外交部的網站：http://www.fmprc.gov.cn/mfa_eng/topics_665678/diaodao_665718/t973774.shtml. 日本外務省的正式立場則可參見：The official Japanese Ministry of Foreign Affairs position is available on the website of the Ministry of Foreign Affairs of Japan, https://www.mofa.go.jp/region/asia-paci/senkaku/qa_1010.html#q10.

20. “70 Years of Cairo Declaration,” *Global Times*, 2 Dec. 2013, http://www.globaltimes.cn/content/829107.shtml; 亦可見：“China Urges Japan for Introspection on 70th Anniversary of Cairo Declaration,” *Global Times*, 3 Dec. 2013, www.globaltimes.cn /content/829433.shtml.
21. 請參見：Rana Mitter, “Presentism and China’s Changing Wartime Past,” *Past and Present* 234, no. 1 (2017): 263-274.
22. Tom Phillips, “Bloggers Ridicule Chinese Film Placing Mao Zedong at Key Wartime Conference,” *Guardian*, 17 Aug. 2015.
23. 這句話可見於《開羅宣言》預告片：https://www.youtube.com/watch?v=9N6d9hCBv5E。
24. “China to Invite Foreign Forces to Join Military Parade for War Anniversary,” *Guardian*, 26 Mar. 2015.
25. He Na, “New Figures Reveal Chinese Casualties,” *China Daily*, 15 July 2015. 本文提出，在四年的戰爭中，死者和傷者加起來共有三千五百萬。
26. 請參見：Bill Hayton, *The South China Sea: The Struggle for Power in Asia* (New Haven, CT, 2014). 本書對此爭議有詳盡的描述。
27. Stephen Chen, “China’s Claims in South China Sea ‘Proposed by Continuous Boundary for the First Time,’ ” *South China Morning Post*, 22 Apr. 2018.

28. Chen Qianping, "The Nationalist Government's Efforts to Recover Chinese Sovereignty over the Islands in the South China Sea after the End of World War Two," *Journal of Modern Chinese History*, 11, no. 1 (2017), 73.
29. 中國的抵抗某方面來說和法國很像，只不過國共兩黨撐得比另一邊的法國政府要久。
30. Richard McGregor, *Asia's Reckoning: China, Japan, and the Fate of U.S. Power in the Pacific Century* (New York, 2017), 196.
31. 演講內容請參見：U.S.-China Relations, C-Span, 10 Dec. 1996, https://www.c-span.org/video/?77263-1/us-china-relations.
32. McGregor, *Asia's Reckoning*, 196.
33. 請參見：Catherine Lu, *Justice and Reconciliation in World Politics* (Cambridge, 2017). 對於導致這些案件的細菌戰，相關研究可參見例如：Zhao Xu, "The Long Fight for Justice," *China Daily*, 7 July 2016.
34. Julian Ryall, "China, Korea Reject Complaint from Japan over Statue of Assassin," *South China Morning Post*, 20 Nov. 2013.
35. 方軍，《我認識的鬼子兵》，頁二六七。

36. 作者個人觀察，二〇一八年六月。
37. Zhang Kun, "Jewish museum in Shanghai to Be Expanded," *China Daily*, 20 Feb. 2019, http://www.chinadaily.com.cn/a/201902/20/WS5c6cf89ca3106c65c34ea5fa.html.
38. Gil Stern Shefler, "Yad Vashem Program Aims to Teach Chinese about Shoah," *Jerusalem Post*, 21 Oct. 2010.
39. Adam Taylor, "This Is Why Germany Doesn't Want China Anywhere near Berlin's Holocaust Memorial," *Washington Post*, 28 Mar. 2014.
40. "Japan Hits Out as Unesco Archives Nanjing Massacre Documents," *South China Morning Post*, 10 Oct. 2015.
41. "UN Poised to Support Alignment of China's Belt and Road Initiative with Sustainable Development Goals, Secretary-General Says at Opening Ceremony," United Nations, press release, 26 Apr. 2019, https://www.un.org/press/en/2019/sgsm19556.doc.htm.
42. Joseph S. Nye Jr., *Soft Power: The Means to Success in World Politics* (New York, 2004).
43. "China's One Belt One Road; Will It Reshape Global Trade?" McKinsey and Company, podcast transcript, July 2016, https://www.mckinsey.com/featured-insights/china/chinas-one-belt-one-road-

will-it-reshape-global-trade.

44. Simon Shen and Wilson Chan, "A Comparative Study of the Belt and Road Initiative and the Marshall Plan," *Palgrave Communications* 4 (27 Mar. 2018): article no. 32 (2018), https://www.nature.com / articles/s41599-018-0077-9.

45. " 'Belt and Road Initiatives' No Marshall Plan of China," *China Daily*, 31 Jan. 2015.

46. Benn Steil, *The Marshall Plan: Dawn of the Cold War* (London, 2018).

47. Lucy Hornby and Archie Zhang, "Belt and Road Debt Trap Accusations Hounds China as It Hosts Forum," *Financial Times*, 23 April 2019. 有關一帶一路倡議，可參見：Eyck Freymann, *One Belt One Road: Chinese Power Meets the World* (Cambridge, MA, 2020).

48. 關於馬歇爾使華的新評價，請參見：Daniel Kurtz-Phelan, *The China Mission: George Marshall's Unfinished War, 1945-1947* (New York, 2018).

49. Mao Zedong, "Farewell, Leighton Stuart!" 18 Aug. 1949, *Selected Works of Mao Tse-tung*, vol. 4, Marxists Internet Archive, https://www.marxists.org/reference/archive/mao/selected-works /volume-4/ mswv4_67.htm.

50. John Ikenberry, *Liberal Leviathan: The Origins, Crisis, and Transformation of the American World*

Order (Princeton, NJ, 2011).

51. 尤可參見習近平二〇一八年一月在「達沃斯世界經濟論壇」上的演講。演講全文可見中國環球電視網：https://america.cgtn.com/2017/01/17/full-text-of-xi-jinping-keynote-at-the-world-economic-forum.

52. 司馬平邦與名博沙龍，〈再評《東風雨》〉。

結語
漫長的戰後

多數參與過二戰的國家，都對戰後時光有一段清晰的記憶，人們在那段時光裡一面重建基礎設施，一面重新想像社會。歷史學家賈德（Tony Judt）的鴻篇《戰後》（*Postwar*）曾在歐洲歷史界引起激烈論戰，他認為西歐的社會民主共識（social democratic consensus）*，

*譯注：戰後重建至一九七〇年代被稱為「黃金時代」，當時許多歐洲國家內的政黨之間對於國家的角色和政策工具都達成共識，認為國家應該協助人民脫離「貧困、疾病、無知、汙穢和失業」等處境，實行福利國家政策。

是歐洲大陸戰時經驗的成果。[1] 一九五一年簽訂《舊金山和約》以來，就一直有人在說日本已經度過了戰後時期，但其實整個國家仍和戰後時期奮戰了數十年。不管是歐洲還是亞洲，多年戰亂所遺留的影響都極為浩大，或許只有當最後一個倖存者逝去，人們才有可能忘卻這些震撼與記憶；但話說回來，歐洲至今都還飄蕩著第一次世界大戰的幽影，所以一代人的死去或許也還不夠。

然而中國從未經歷這樣的戰後時光。在中文裡，「戰後」一詞從未像在日文裡一樣頻繁用於形容一九四五年以後的歷史。史家筆下的一九四五至一九四九年，幾乎都是國共內戰的摧殘，而這段時期也是國民政府的尾聲；當代的中國史是從一九四九年中華人民共和國建國才開始的。至於一九四九年到一九七〇年代，則是冷戰和毛澤東時代。在中國發展史的年表上，重要的是一九四九年以後的「新中國」展望，而不是回顧一九三〇年代與一九四〇年代的血腥衝突；把目光放在那場沒有多少人想記得的戰爭「之後」，實在意義不大。而我們前面也說過，經過一整個毛澤東時代後，人們對抗日戰爭的滿目瘡痍，只記得官方表彰的忠烈英靈，或是慶祝共產黨獲勝時那些脫離現實的表演。

中國共產黨不太需要取用戰時歲月的遺產，因為中國共產革命就是他們自己的意識型態神話。從一九二一年建黨，到「兩萬五千里長征」、「領導」抗日戰爭，最後在一九四九年「解放」國家，中共起源故事的力量，足以排擠掉二戰中所有無關共產黨的元素——國民政府、美國，以及最該死的漢奸。毛澤東時代又立下意識型態的綱領：哪怕使用暴力，也要不擇手段進行階級鬥爭。在中華人民共和國的建國之初，遍地都是土改、鬥爭、對地主的迫害，最後建立了一套幾乎是世代相傳的階級制度。[2] 到了文革時期，階級已經淪為制式口令（shibboleth），失去了分析工具的意義。[3] 文化大革命時期也充斥著仇外和民族情緒，而且這種民族情緒主要的基礎也不是歷史故事，而是對「帝國主義」和「外部敵人」百般簡化的言語。不過，當時「八個樣板戲」中，至少還有《紅燈記》是以抗戰為背景。

隨著一九七六年毛澤東逝世和文化大革命結束，中共迎來了轉捩點，並在一九八一年以《關於建國以來黨的若干歷史問題的決議》否定了上個時代的政策。文化大革命打破了人們對階級鬥爭的幻想，也嚇壞了倖存下來的領導人。新的時代需要有新的意識型態信仰。所以，原本在毛澤東時期不適合討論的二戰經驗，突然都有可能成為意識型態的壓艙石。毛澤東時代的中國完全與西方隔絕；而在二戰時期，中國卻一心爭取西方的盟約。毛澤東時代的中國經濟自給自足；而在二戰時期，中國卻是和整個世界經濟相依為命。毛澤東時代的中國只關心在國內進行以及向全世界輸出階級革命；而在二戰時期，中國卻加入「反法西斯同盟」，亟力穩定由民族而非階級所主導的世界秩序。很快地，胡喬木等人就開始著手根據中國人共通的戰爭經驗，打造一套新的民族主義論述。

一九八〇年代初的政治環境對這次的論述轉向非常有利。暴力的階級鬥爭已然過時，跨越階級的民族主義才是新的時尚。同一時間，臺灣也發生了政治改革。在當時，北京和臺北都正從威權走向自由，統一合併看起來十分有望。（不過到了二〇二〇年代，愈來愈強硬的中國，和高度自由多元的臺灣之間，似乎已經不太可能合得來了。）對日關係的轉變也產生了影響。在毛澤東時代初期，中日之間並沒有正式關係，但非正式接觸讓兩國在經濟上有了緊密關係。[4] 在中國如果太強調日本侵華的罪行，就不太可能在冷戰中把日本從美國身邊拉開。然而，隨著中美恢復關係，還有中日於一九七二年恢復正式邦交（從一九三八年開戰以來首次），刻意淡化日本的戰爭罪行就顯得沒什麼必要了。一九八二年日本修訂教科書的爭議，正好讓中國有機會拿日本侵華的事情激起國內的民族情感。

本書的主題，就是從當時到現在以及未來將延續到二〇二〇年代所發生的一切。從學術研討會到電影大螢幕；從天安門廣場的抗戰勝利紀念日閱兵，到樊建川在成都郊外的博物館；從崔永元的紀錄片節目，到國粉部落客的手機螢幕，每個地方都可以看到中國正在將二戰的記憶重新編入國族情感之中。

中國從未遺忘或是否認二戰的日子，但在毛澤東時代，二戰往往屈居附屬地位；新的論述則把它帶到了眾人面前。然而，重提抗日戰爭也創造了一個過去談國共內戰或文化大革命時從未存在過的東西：中國的戰後時期。不只是抗戰的那些日子，國共內戰這段尷尬的餘波也一同回魂，糾纏著當代中國人對現代史的認識。西方歷史學家也應該習慣「中國的戰後時期」這個概念。就像在美國、英國、歐洲或日本，戰後時期代表的是一九四五年以後，整個社會在戰爭餘燼中重新凝聚的歲月；而在中國，戰後時期對於中國國內的民族主義，和中國對國際秩序的認知，都有很大的影響。把中國前一個歷史階段的起點從一九四九年拉回到一九四五年，讓戰後歷史多出了一條新的軌跡，接續起一連串在毛澤東時代不太重要，但對於現今的中國內外都意義非凡的問題。

二戰記憶復興，以及國民黨在其中的角色，都關係到中國如何在國際間找到新的角色定位。從中國在抗日戰爭紀念館裡強調自己是聯合國的創始成員，以及羅斯福在電影《開羅宣言》中說出中國是「盡責的世界強國」，就可以看出端倪。習近平說中國是第一個在《聯合國憲章》上簽名的國家，並不斷提到原本「基於規則」的秩序在二〇二〇年代正遭受威脅，基本上都是想要增強這些論述，把中國定義成戰後秩序的繼承人和守護者。中國憑著戰時的犧牲，主張自己也是這個體系的主人，就凸顯出中國很想被當成「創始的見證者」。在中國看來，見證者的身分具有某種分量，可以幫助它繼承國民政府的海域和領土主張——無論這些主張是戰時，比如一九四三年在開羅會議上，還是戰後，像是一九四六至一九四七年對南海宣示主權。

中國現在會自認為是反對霸權、「和平發展」的國家，也是回顧抗戰歲月得來的自信；在抗戰期間，蔣介石曾經明確支持印度和其他亞洲國家獨立、終結西方對亞洲的支配。換個角度想，現在的中國也可以說一帶一路倡議是為了清理西方（也就是美國）霸權在亞洲的殘餘勢力，促進區域和平發展的新手段。於是，蔣介石在戰後的歷史定位，就變得有點像薛丁格的貓：中國必須堅持，國民黨在抗戰期間及一九四九年之前的主張都有正當性，但共產黨在一九四九年擊敗國民黨也同樣是天命所歸。

分歧的二戰集體記憶也塑造了一個國共內戰遺留至今的斷層：臺灣地位。二〇一五年夏季是二戰結束七十週年，我出席了兩場有關中國在二戰角色的學術聚會。第一場在臺北舉行，負責主題演講的是中華民國在臺灣的總統馬英九。馬英九表示，他所屬的國民黨非常認同二戰對於現代中國和當代的海峽兩岸關係都是關鍵的塑造階段。另一場則是在北京。相較於臺北的會場有很多美國人，這裡則是有一大票俄羅斯人，不過整體散發的訊息其實很像：對日抗戰是現代中國形成的關鍵。現場甚至簡短認同了國民黨的角色。一年後，民進黨贏得臺灣的總統大選。該黨認為臺灣是一個正在成形的民族國家，有自己的歷史發展軌跡，不適合從中國大陸的戰爭中尋找自己的正當性。雖然臺灣學術界仍不斷培養研究二戰史的學者，但二戰遺緒的政治意義在大陸與日俱增的同時，卻在臺灣日漸流逝。

在中國努力改造身分的過程中，抗戰和戰後經歷，主要還是在國內發揮影響力。首先，一九八〇年代過後為國民黨的抗戰紀錄平反，為的就是要跟臺灣找到共通話題。但政府沒有預料到的是，鬆綁歷史詮釋也讓各方勢力得以推展自己的目標。對於西南地區被迫在國民政府地區當少年兵、流亡或躲空襲的老一輩人，這三十年來被迫壓抑的回憶終於可以喘口氣，說說自己的故事了。有些人談的是英勇的當年，但很多人訴說的只是現代戰爭中充斥人民生活的死亡而已。其他有能力寫作或拍片的人，也在作品中創造了新的比喻或隱而不宣的批判：馮小剛的《一九四二》是借河南大饑荒批判大躍進；崔永元則是向國民黨老兵請教，現在的年輕人是否能跳出戰壕保衛國家。另外，就如同中國的一切事物，戰爭的集體記憶也被社群媒體改變了，「國粉」和「毛粉」每天都在網路上為了二戰史中的雞毛蒜皮戰到血流成河。這種新的追憶方式，被當作社會的安全閥。政府非常清楚，不同地方對這場戰爭的紀念方式，可能會和北京口中的版本有所出入。但這樣的意識型態療癒非常有效，也不太可能動搖中共的權力，不過像《八佰》這種爭議性大的親國民黨電影，終究還是會被禁止上映。

創造新的集體記憶還有一個沒有講明但也不難看出來的目的，就是彌合國共內戰造成的創傷。在毛澤東時代，唯一被允許的國共內戰史，就是英勇的共產黨擊敗了國民黨的反動敵人。就算在二十一世紀，共產黨統治的正當性仍有一大部分離不開一九四九年的勝利，根本不可能認真重新討論敵人的角色。在越南，共產黨當局正逐步允許人們稍微紀念為南越作戰的軍人。而在中國，只要統一臺灣的議題仍在爭論，大陸就幾乎不可能允許人們紀念內戰中的國民黨死者。如此一來，為國民黨的抗戰老兵恢復名譽就成了某種替代品，讓人可以拐彎抹角地提起那道七十多年後依然清晰可見的傷痕。

在美國、歐洲和日本，戰後時期都是一段不尋常的歷史，因為在二戰結束過後，這些地方都經歷了很長一段太平盛世。從一九四五年二戰結束後，中國從來未曾平靜：首先有國共內戰，接著是階級鬥爭、韓戰，最後又有文化大革命。就連一九七八年後相對和平的時期，都有一九八九年那場劇烈的風波，以及隨之而來的屠殺。*一直到最後這段時期，

*譯注：指六四事件。

中國才開始「改革開放」，過上比較接近西方和日本人戰後的日子。一九八〇年代以來，中國作家、學者、電影人和政客所使用的語言，都暗示了為何二戰仍有這種意識型態的威力。至少在懷舊情懷的有色眼鏡下，戰時是一段人民大眾犧牲奉獻、團結一心、超越消費主義的歲月。當時的中國有著清晰明確的外部敵人；不像在其他戰事裡，盡是中國人打中國人。但老實說，像這樣戴上玫瑰色眼鏡看待抗日戰爭，有很高的誤導性：那個時代有數以百萬計的人死於沙場，對於社會與經濟的紐帶，也是摧殘多於繫連。另外偶爾也會聽到有人懷念文化大革命，這種情懷雖然同樣是誤導，但影響力不如抗戰。

在西方和日本，有關二戰最有力的宣傳之一，是這場戰爭造就了自由的戰後時代。這個說法隱隱約約促成了人們對二戰最重要的回憶。在這個故事裡，蘇聯和東歐背離了常理，而二戰最重要的遺產，就是無論勝利者（西方）還是戰敗者（日本），皆鞏固了一套多元、福利導向的民主政體。但中國無法以任何有意義的方式契合此一敘事。這就像是問說，如果戰後的中國由國民黨統治，參與了由美國制定的亞洲秩序，但仍在國內維持蔣介石的威權政府，會是什麼狀態？這種問題沒有什麼實際意義。（不過從一九四六年的憲法來看，當時正有慢慢自由化的趨勢。）共產黨在一九四九年獲勝，就抹消了任何國民黨把中國建設成戰後亞洲強國的可能性了。無論在中國還是在西方，一直沒有什麼人討論中國在既有的秩序中是不是值得尊敬的戰後國家；人們討論的往往是它算不算一個成功的革命國家，還有它是不是想顛覆現有的秩序。我們以為戰後的世界一步步走向民主，但這似乎跟中國一點關係也沒有。

二〇一〇年代的發展多少改變了這種想法。一九九〇年代是民主的黎明，當時世界各地的獨裁政府看起來早晚都會隕落，二〇〇〇年代的威權政府也接連倒下。但二〇〇八年金融海嘯過後，空有民主的技術顯然無法阻止民粹領導人當選並破壞自由價值。巴西的波索納洛（Jair Bolsonaro）、菲律賓的杜特蒂（Rodrigo Duterte）、土耳其的艾多根（Recep Erdogan），還有印度的莫迪（Narendra Modi），只算是這類領導人比較有名的例子。不過最著名的還是二〇一六年當選美國總統的川普。他不只藐視國內的自由價值，而且從上任第一天起，對待戰後歐亞秩序的態度，充其量只能說是愛理不理。起初兩年，川普並未摧毀太多戰後秩序的基礎，特別是對亞洲，不過他的言辭中總暗示他可能會動手。他的用詞和態度都清楚透露，他不認為羅斯福、杜魯門、邱吉爾，以及史達林和蔣介石所建立的秩序，有什麼內在價值。羅斯福把美國比做「民主的兵工廠」似乎也激不起他的共鳴。二戰時的人們害怕民主會變成獨裁，這種恐懼現在換了另一種型態——人們怕的是自由國家不必有太多改變，就會失去自由。在二〇二〇年代的序幕，人們對自由價值似乎沒多少信心。

這股反自由的論述風潮幫了中國一個大忙，讓它更容易說服別人，威權和民主國家之間沒有根本的差異，只是程度的問題罷了。中國也因此更強調二戰的意義。與其勉強把中國戰時的犧牲說成是為了民主，中國領導人可以把這些付出呈現為，在幫中國選擇的政治立場鋪路：一是對國家的成就帶著強烈驕傲，坐鎮當今的國際秩序；二是守護和國民之間的社會契約，集體經濟福祉優先於個人權利。[5]相較之下，自由世界說二戰是為了個人和集體的權利而打，聽起來就很空虛了。中國在國際社會上討回公道的努力，也因此有了分量——公道就是中國在亞洲的角色更加重要，而在中國看來，這個角色是在一九四九年被搶走的。中國也認為，拿二戰敘事來說服其他國家是有用的，讓它們相信中國是靠著七、八十年前在二戰中的犧牲奉獻，才贏得如今的道德地位，在東亞和世界上扮演要角。

未來，我們會聽到中國要求在亞洲和全球秩序中，扮演更重要的角色。有的要求根本就是威脅。中國完全不怕以反自由、非合作的手段來運用權力。它會在南海布署軍事力量、以經濟杯葛傷害臺灣；也會大加資助一帶一路倡議，為教科文組織、世界貿易組織、亞洲基礎設施投資銀行等機構投注資金。這一切的基礎，都是中國在二戰中的角色。北京現在正主張中國是一九四五年後世界秩序的創造者，這份秩序所面臨的威脅來自美國，而非中國。它要創造一個記憶迴路，提升自己在國內外的地位和權威，並挑戰長久以來讓人們相信是美國解放了亞太的記憶迴路。[6]

冠狀病毒在二〇二〇年三月席捲全球之際，中國又宣稱自己是全世界最快、最有效率克服病毒的國家。習近平把這件事說成是「中國打贏了」一場「人民戰爭」，而「人民戰爭」一詞，正是來自毛澤東在二戰期間領導的游擊戰。[7]隨著中國的勢力漸增，世界也將會更認真注意它想說的故事。無論有沒有意識到，我們都活在中國漫長的戰後世代之中。

注釋

1. Tony Judt, *Postwar: A History of Europe since 1945* (London, 2005).
2. Felix Wemheuer, *A Social History of Maoist China: Conflict and Change, 1949-1976* (Cambridge, 2019).
3. Lynn T. White III, *Policies of Chaos: The Organizational Causes of Violence in China's Cultural Revolution* (Princeton, NJ, 1989).
4. Amy King, *China-Japan Relations after World War Two: Empire, Industry and War, 1949-1971* (Cambridge, 2016).
5. 關於中國如何在國際秩序上利用「全人類的安全」這個概念，請參見：Rosemary Foot, *China, the United Nations, and Human Protection: Beliefs, Power, Image* (Oxford, 2020).
6. 「被美國解放」這個記憶迴路有個好例子，就是紐奧良國家二戰博物館的「邁向東京」展區。
7. "Moment of Truth: Xi Leads War on COVID-19," Xinhuanet (10 March 2020), http://www.xinhuanet.com/english/2020-03/10/c_138863611.htm. 以類似語調談論中國贏得對抗病毒的人民戰爭者，還有這些文章：http://www. xinhuanet.com/politics/leaders/2020-02/10/c_1125555826.htm; http://www.

xinhuanet.com/politics/2020-03/10/c_1125689049.htm. 關於對日抗戰被以哪些新奇的方式運用在政治上，請參見：Hongping Annie Nie, "Gaming, Nationalism, and Ideological Work in Contemporary China: Online Games Based on the War of Resistance against Japan," *Journal of Contemporary China* (2013), 22:81, 499-517.

謝辭

我很榮幸能在二〇一四年五月受邀到貝爾法斯特女王大學的懷爾斯講座（Wiles Lectures），讓我有機會想到本書中探討的觀點。懷爾斯講座要求授課者「促進文明史的研究，鼓勵將歷史思維延伸到更廣闊的領域」，這不但是我寫作本書所秉持的精神，也讓我領會到一九五三年以來，負責在此授課的講師，以及他們講授的專題，有多麼了不起。

我要感謝女王大學的格雷（Peter Gray），以及懷爾斯信託基金（Wiles Trustees），特別是史密斯（Steve Smith）和已逝的貝利（Christopher Bayly），正是他們兩人的對談讓整場講座如此難忘。另外，李悅歆（Jennifer Altehenger）、畢可思（Robert Bickers）、博思源

（Felix Boecking）、凱斯卡特（Adam Cathcart）、張莉莉（Lily Chang）、陳怡君（Janet Chen）、沈艾娣（Henrietta Harrison）、強生（Matthew Johnson），這八位跟我一起在貝爾法斯特共事的學者也給我許多幫助，感謝他們對講座友善而嚴格的批評。

在那之後的幾年，許多牛津的同事和其他地方的朋友，都提供了許多建議，幫這本書增色不少。有關中國的二戰，我最感謝的就是方德萬。這些年來，和熱心的傅高義（Ezra Vogel）開中日戰爭討論會，跟入江昭（Akira Iriye）、顧若鵬（Barak Kushner）和文安立（Arne Westad）談論更廣大的歷史背景，和陸克文（Kevin Rudd）研究中國當代的民族主義，都讓我學到非常多。我也要感謝來自中國的同事願意和我討論這本書，提供許多有價值的參考資料；出於不難猜到的原因，我隱去了一些人的名字，以免他們被盯上。富特（Rosemary Foot）和哈欽斯（Graham Hutchings）對整份書稿提供的建議，詳細到已經不只是出於我們的交情了。另外還有兩位匿名讀者的回饋也讓我獲益良多。聶洪萍（Annie Hongping Nie）提供了無價的研究觀點，為我打開了關鍵的視野。我也要感謝哈佛大學出版社積極樂觀的編輯麥德摩（Kathleen McDermott）、羅賓斯（Louise Robbins）出色的校對，還有懷利版權經紀公司（Wylie Agency）的查爾方特（Sarah Chalfant）和普倫（James Pullen）兩位模範經紀人。如果書中還有什麼錯漏，那一定是我的疏忽。

本書的研究有很大一部分都是得益於萊弗爾梅信託基金（Leverhulme Trust）的資助，他們把二〇〇七至二〇一三年間的研究領導獎（Research Leadership Award）頒給了我；本書也是我靠這份慷慨的資助所完成的第二本作品。在世界各地的研究機構裡，都有曾接受過這筆資助的新興學者會繼續研究和傳授二戰遺緒。

第四章的基礎是我在〈China's 'Good War': Voices, Locations, and Generations in the Interpretation of the War of Resistance to Japan〉這篇論文中提出的概念，該文收錄於《Ruptured Histories: War, Memory, and the Post—Cold War in Asia》一書中，由賈格爾（Sheila Miyoshi Jager）主編，哈佛大學出版社於二〇〇七年發行。第六章則是擴寫自最初於〈Behind the Scenes at the Museum: Nationalism, History and Memory in the Beijing War of Resistance Museum, 1987-1997〉這篇文章中處理的題目，發表於二〇〇〇年三月的《中國季刊》（*China Quarterly*）。

如果少了家人的支持，我也沒辦法完成這本書。我的母親斯瓦蒂（Swasti）在本書的寫作期間過世了；我知道她會讀得很開心，可惜我已經沒有機會跟她討論了。我的父親帕沙（Partha）、妻子凱薩琳（Katharine）、女兒馬拉維卡（Malavika）、姊妹帕米娜（Pamina），以及他們各自的家人，都在我寫作的時候給予我關愛和支持。

國家圖書館出版品預行編目 (CIP) 資料

正義之戰：中日戰爭激發中國新民族主義／芮納．米德（Rana Mitter）著；劉維人、廖珮杏、盧靜譯．-- 第一版．-- 臺北市：遠見天下文化，2023.10
392 面；21×14.8 公分．--（社會人文；BGB507）
譯 自：China's Good War: How World War II Is Shaping a New Nationalism
ISBN 978-986-525-173-4（平裝）

1. 中國大陸研究　2. 民族主義　3. 中日戰爭

574.1　　110006977

社會人文 BGB507

正義之戰

中日戰爭激發中國新民族主義

China's Good War: How World War II Is Shaping a New Nationalism

作者 — 芮納・米德 Rana Mitter
譯者 — 劉維人、廖珮杏、盧靜

總編輯 — 吳佩穎
責任編輯 — 張彤華
封面設計 — 張議文
校對 — 凌午（特約）

出版者 — 遠見天下文化出版股份有限公司
創辦人 — 高希均、王力行
遠見・天下文化　事業群榮譽董事長 — 高希均
遠見・天下文化　事業群董事長 — 王力行
天下文化社長 — 林天來
國際事務開發部兼版權中心總監 — 潘欣
法律顧問 — 理律法律事務所陳長文律師
著作權顧問 — 魏啟翔律師
社址 — 臺北市 104 松江路 93 巷 1 號
讀者服務專線 — 02-2662-0012 ｜傳真 — 02-2662-0007；02-2662-0009
電子郵件信箱 — cwpc@cwgv.com.tw
直接郵撥帳號 — 1326703-6 號　遠見天下文化出版股份有限公司

電腦排版・製版廠 — 中原造像股份有限公司
印刷廠 — 中原造像股份有限公司
裝訂廠 — 中原造像股份有限公司
登記證 — 局版台業字第 2517 號
總經銷 — 大和書報圖書股份有限公司｜電話 — 02-8990-2588
出版日期 — 2023 年 10 月 27 日第一版第一次印行

定價 — NT 500 元
ISBN — 978-986-525-173-4
EISBN — 9789865251901（EPUB）；9789865251895（PDF）
書號 — BGB507
天下文化官網 — bookzone.cwgv.com.tw

天下文化
BELIEVE IN READING